Dietmar Franke/Burkhard Zicke/Frank Zils (Hrsg.)

Arbeits- und Übungsbuch
Geprüfter Personalfachkaufmann/
Geprüfte Personalfachkauffrau

Dietmar Franke/Burkhard Zicke/Frank Zils

Arbeits- und Übungsbuch Geprüfter Personalfachkaufmann/ Geprüfte Personalfachkauffrau

Luchterhand 2008

Bibliografische Information der Deutschen Bibliothek
Die Deutsche Bibliothek verzeichnet diese Publikation in der Deutschen Nationalbibliografie; detaillierte bibliografische Daten sind im Internet über http://dnb.ddb.de abrufbar.

ISBN 978-3-472-07012-2

www.wolterskluwer.de
www.luchterhand-fachverlag.de

Umschlagkonzeption: Futurweiss Kommunikationen, Wiesbaden
Satz: TypoScript GmbH, München
Druck: Wilco, NL

∞ Gedruckt auf säurefreiem, alterungsbeständigem und chlorfreiem Papier

Die Bearbeiter

Dr. Dietmar Franke

Unternehmensberater und Lehrbeauftragter an der Universität des Saarlandes; Mitglied des Dozententeams der DGFP und Referent auf den Gebieten Personalmanagement und Arbeitsrecht

Dr. Frank Frieß

Tätigkeit als Referent in der beruflichen Erwachsenenbildung, Personalmanagement Saarbrücker Zeitung Verlag und Druckerei GmbH, zur Zeit tätig als Trainer in den Bereichen Führung, Organisationsentwicklung, Medienmanagement, Kontakt: f.friess@kabelmail.de

Cornelia Lindow

Personalfachkauffrau (IHK) und Sozialversicherungsfachangestellte, Personalleiterin in einem Krankenhaus der Paracelsus-Kliniken Deutschland, Dozententätigkeit im Personalwesen, Kontakt: cornelia-lindow@pk-mx.de

Prof. Dr. Achim Weiand

Professor für Internationales Management mit dem Schwerpunkt Personal und Organisation in internationalen Unternehmen an der Fachhochschule Hof, Kontakt: achim.weiand@fh-hof.de

Burckhard Zicke

Unternehmensberater, Mitglied im Arbeitskreis für die Aufgabenstellung zum/zur Geprüften Personalfachkaufmann/-frau beim DIHK sowie im Prüfungsausschuss bei der IHK Hannover, Kontakt: burckhard.zicke@t-online.de

Dr. Frank Zils

Personalleiter bei Life Scan Johnson & Johnson Company, Berater für Führungskräfteentwicklung und strategieorientierte Personalentwicklung bei der DGFP, Kontakt: fzils@ocdde.jnj.com

Inhaltsübersicht

Vorwort

Dieses Buch war überfällig. Wir kommen damit den Wünschen vieler Leser unseres Lehrbuches „Geprüfter Personalfachkaufmann/Geprüfte Personalfachkauffrau" nach, das demnächst in der 4., wesentlich überarbeiteten Auflage, erscheinen wird.

Erstmalig erscheint ein Arbeits- und Übungsbuch, das angehende Personalfachkaufleute vom ersten Tag an begleiten wird und zuverlässige Antworten auf die Fragen der Abschlussprüfung gibt.

Fragen und Lösungsansätze orientieren sich, wie schon das Lehrbuch, konsequent an dem Rahmenstoffplan und den Rechtsverordnungen. Dies erleichtert das Auffinden der zugehörigen Textstellen in dem Lehrbuch.

Dieses Buch spiegelt die Fragestellungen, Lösungsansätze, Schwierigkeitsgrade und den Umfang der schriftlichen Abschlussprüfungen wider.

Einmalig ist die Ergänzung durch das Kapitel „Situationsgebundenes Fachgespräch", in dem Sie – Schritt für Schritt – von der Themenwahl über die Anfertigung der Präsentation bis zum Prüfungsgespräch angeleitet werden. Musterpräsentationen und Prüfungsfragen ergänzen diese Handlungsanleitung sinnvoll.

Dieses Buch wird ständig an die rechtlichen und personalwirtschaftlichen Veränderungen angepasst. Die Herausgeber sind deshalb für Anregungen und Kritik von möglichst vielen Lesern dankbar. Nur so konnte auch dieses Arbeits- und Übungsbuch entstehen.

Herausgeber, Autoren und Verlag wünschen allen Lesern viel Freude bei der Arbeit mit diesem Buch und dem daraus resultierenden Lern- und Prüfungserfolg!

Burckhard Zicke

Lern- und Arbeitstechniken

Ein paar nützliche Tipps zum Umgang mit diesem Buch

Sie halten ein Arbeits- und Übungsbuch in den Händen, aber kein neues Lehrbuch. Sie werden mit einzelnen Fragen zu den vier Handlungsbereichen, aber auch mit Fällen und Prüfungssimulationen konfrontiert – immer versehen mit Lösungsansätzen. Das letzte Kapitel zeigt Ihnen Wege auf, wie Sie das Situationsgebundene Fachgespräch angehen. In diesem Teil finden Sie Präsentationen und zugehörige Fragen aus Prüfungsgesprächen.

Die Übereinstimmung mit dem Rahmenstoffplan zum „Geprüften Personalfachkaufmann/Geprüfte Personalfachkauffrau" ist gewollt. Da sich auch unser Lehrbuch konsequent an diese Gliederung hält, werden Sie keine Probleme haben, vom Lehrbuch in das Arbeitsbuch und umgekehrt umzusteigen.

Wir haben uns auch von den bundeseinheitlichen Abschlussprüfungen leiten lassen, aber im Mittelpunkt stehen Fragen und Lösungsansätze zu den einzelnen Kapiteln der vier Handlungsbereiche. Hier setzt Ihre Arbeit und Ihre Übung an, und die sollte, wenn Sie einen Lehrgang besuchen, vom ersten Tag an erfolgen. Zeitnah vor Ihrer Prüfung haben Sie die Möglichkeit, Ihre Fähigkeiten und Kenntnisse wie in einer Abschlussprüfung unter Beweis zu stellen.

Sie arbeiten ganz allein mit diesem Buch, was nicht ausschliesst, dass Sie auch in Lern- und Arbeitsgemeinschaften damit grosse Erfolge erzielen werden. Sie bestimmen Ihr Lerntempo und Sie verschaffen sich auch ein Feedback zu Ihrem immer grösser werdenden Lernerfolg.

Zu den Fragen und Lösungsansätzen

Ihre Abschlussprüfung soll handlungsorientiert und praxisnah sein. Das gelingt natürlich nur ansatzweise, indem immer wieder versucht wird, einen Bezug zur Personalarbeit und Personalpolitik in den Unternehmen herzustellen. Ohne Faktenwissen werden Sie keine Prüfung bestehen, ohne praktische Fertigkeiten und Kenntnisse die Fragen nur unzureichend beantworten. Beides ist notwendig! Versuchen Sie also immer, wo es geht, in Ihren Antworten – auch unaufgefordert – diesen Praxisbezug herzustellen.

Sie werden vergeblich „Musterlösungen " finden. Je offener eine Frage formuliert ist, umso mehr Wege zu einer Lösung gibt es. Das ist auch in Ihrer Abschlussprüfung so. Auch Sie werden mit unseren Lösungsansätzen nicht immer übereinstimmen. Aber darin liegt der Vorteil dieses Buches: indem Sie jede Lösungsskizze kritisch analysieren, sich mit Teilen der Lösung identifizieren, sich andere Antworten nicht zu eigen machen werden, setzen Sie sich intensiv mit der Fragestellung und den Antwortalternativen auseinander. Merken und marken Sie deshalb nur die Bestandteile einer Lösungsskizze, die Sie auch verwenden würden! Und ergänzen Sie im Buch die Lösungsansätze sofort mit Ihren Beiträgen!

In einem entscheidenden Punkt haben wir die Struktur der Abschlussprüfungen verlassen. In den Einzelfragen zu den Handlungsfeldern in den Handlungsbereich 1–4 fehlen Angaben zu den erreichbaren Punkten, die Abschlussprüfungen am Ende eines jeden Handlungsbereiches enthalten Punktangaben und entsprechen wieder den bundeseinheitlichen Prüfungen. Warum?

Die Abschlussprüfungen orientieren sich an einer bestimmten Taxonomie, die wiederum in Verbindung mit den erreichbaren Punkten Rückschlüsse auf den Schwierigkeitsgrad der Frage zulässt. Hinzu kommt, dass in vielen Fragen ein eindeutiger Hinweis auf die Zahl der erwarteten Antworten enthalten ist. „Nennen Sie 3 Vorteile von ... (6 Punkte)" bedeutet eben, dass Sie für jede (richtige) Nennung 2 Punkte erhalten. Damit ist es Ihnen in der Prüfung möglich zu erkennen, ob Sie die Frage umfassend genug beantwortet haben.

„Nennen Sie ..." heisst, dass Sie aufgefordert werden, stichwortartig oder in Kurzsätzen Wissen, Kenntnisse, Fakten wiederzugeben.

„Beschreiben Sie ..." bedeutet, dass Sie in ganzen Sätzen Sachverhalte niederschreiben, die von Ihnen nicht kommentiert oder begründet werden müssen.

„Erläutern Sie ..." ist in dieser einfachen Taxonomie die höchste Stufe. Auch hier werden Sie aufgefordert, in ganzen Sätzen (Aufsatzstil) zu antworten. Hinzu kommt, dass Ihre Antworten einen Praxisbezug erkennen lassen, dass sie – auch unaufgefordert – begründet werden, dass Sie mit Beispielen Ihre Antwort untermauern.

Nun kann man die gleiche Frage statt mit „Nennen Sie..." auch mit „Erläutern Sie ..." beginnen. Wenn Sie die Abschlussprüfungen der vergangenen Jahre vergleichen, werden Sie feststellen, dass die Inhalte sich teilweise wiederholen, aber der Schwierigkeitsgrad differiert. Deswegen finden Sie in unseren Fragen – mit Ausnahme der simulierten Abschlussprüfungen – auch keine Punktangaben. Streben Sie deshalb immer Ihre individuelle Maximallösung an!

Aus dem gleichen Grund haben wir uns entschlossen, in unseren Lösungsskizzen teilweise auch dort stichwortartige Antworten zu geben, wo Sie aufgefordert werden, ganze Sätze zu formulieren. Das hat den Umfang dieses Arbeits- und Übungsbuches ganz erheblich gesenkt.

Offene Fragen – abweichende Antworten

Je offener eine Frage formuliert ist, desto mehr Lösungsansätze wird es geben. Dies gilt vor allem für Fragen, die von Ihnen eine Entscheidung für oder gegen etwas abverlangen, oder Antworten, in denen eine persönliche

Meinung erwartet wird. Sie kennen das von den Fragen und Fällen aus dem Handlungsbereich 2 (Arbeitsrecht) Halten Sie sich vor Augen, wie kontrovers in den einzelnen Instanzen der Arbeitsgerichtsbarkeit teilweise geurteilt wird. Von Ihnen wird nicht verlangt, dass Sie jedes Urteil eines Landes- oder des Bundesarbeitsgerichts kennen. Sofern Sie Ihre Meinung oder Entscheidung plausibel begründen, wird von den Prüfern auch Ihre Lösung akzeptiert werden müssen.

In den offiziellen Lösungsansätzen zu den Abschlussprüfungen steht dann immer der entscheidende Satz „Jede andere, zielführende Lösung des Prüflings muss akzeptiert werden!“ Das sollte Ihre mögliche Angst oder Skepsis etwas reduzieren und Sie ermutigen, bei solchen Fragen auch Ihre Meinung kundzutun oder kritisch zu werden, ohne sich bei jedem Satz zu fragen, ob der Prüfer diese Ansicht auch teilt.

Keine Fundstelle im Lehrbuch?

Abschlussprüfungen sind lehrbuchunabhängig gestaltet. Und das ist gut so, sonst müsste man Ihnen eine offizielle Literaturliste aushändigen. Auch unsere Fragen decken sich häufig nicht mit den entsprechenden Textstellen in unserem Lehrbuch aus dem gleichen Verlag.

Dieses Arbeitsbuch enthält so spannende Fragen zu Qualitätszirkeln, zu Balanced Scorecards, zu Employee Self Service und anderen Inhalten, die Sie nicht oder für Sie nur unzureichend dargestellt in einem Lehrbuch finden. Das ist auch in den bundeseinheitlichen Abschlussprüfungen so. Und deswegen haben wir diese Fragen auch aufgenommen, um Sie zu ermutigen, sich damit näher auseinanderzusetzen. Wenn sie in Ihrem Lehrgang nicht thematisiert wurden, fragen Sie danach!

Die Simulation der Abschlussprüfungen

Am Ende eines jeden Handlungsbereiches finden Sie jeweils zwei komplette Abschlussprüfungen. Hier haben wir versucht, uns ganz eng an die bisherigen Prüfungen anzulehnen, was Taxonomie, Formulierungen, Punktevorgaben und Lösungsansätze betrifft.

Nehmen Sie sich diese Prüfungen erst vor, wenn Sie sich sicher sind, dass Sie alle Inhalte des Handlungsbereiches beherrschen!

Gehen Sie dabei so vor, wie die Abschlussprüfung es von Ihnen verlangt – sonst ist es keine Simulation des „Ernstfalls“. Dazu einige Tipps, die von Ihren Dozenten in den Lehrgängen sicher ergänzt werden.

Zeitmanagement

Für die vier Handlungsbereiche haben Sie unterschiedliche Bearbeitungszeiten zur Verfügung:

Handlungsbereich 1	120 Minuten
Handlungsbereich 2	150 Minuten
Handlungsbereich 3	150 Minuten
Handlungsbereich 4	150 Minuten

Beachten Sie, dass von diesen Zeiten „Einlesezeiten“ abgehen, die bei manchen Prüfungen mit viel Text ganz erheblich sind.

Eine einfache Faustregel besagt, dass jeder Punkt einer Minute Bearbeitungszeit entspricht. Dann haben Sie aber auch noch nach Abzug der Lesezeit eine gehörige Reserve.

Vorgehensweise

Lesen Sie zunächst die vollständige Prüfung mit allen Aufgaben einschliesslich der geschilderten Ausgangssituation im Überblick. Als Ergebnis legen Sie sich anschliessend fest auf die Reihenfolge Ihrer Bearbeitung, d. h. die Aufgaben, die Sie am besten bearbeiten können, als erstes usw. Sie verhindern damit, dass Sie sich gleich am Anfang festbeißen und so viel Zeit verlieren. Umgekehrt haben Sie schon nach relativ kurzer Zeit ein halbwegs sicheres Gefühl, die Mindestpunktzahl von 50 Punkten zum Bestehen erreicht zu haben.

Lesen Sie vor jeder Beantwortung die Aufgabe nochmals durch, mit dem Kugelschreiber oder dem Marker in der Hand, um ganz sicher zu sein, dass Sie alles beantworten werden. Bringen Sie auch gleich auf dem Aufgabenblatt Ihre persönlichen Bemerkungen an, teilweise in Stichworten schon wesentliche Inhalte Ihrer Lösung. Das fliesst nicht in die Bewertung ein!

Beantworten Sie aber auf jeden Fall alle Aufgaben, auch wenn Sie nach hinten in Zeitnot geraten. Eine nicht beantwortete Aufgabe ergibt 0 Punkte, eine Aufgabe, die Sie nur noch ganz knapp stichwortartig beantworten konnten, bringt Ihnen Teilpunkte, die notenentscheidend sein können. Selbst Hinweise auf dem Konzeptpapier, das Ihnen zur Verfügung gestellt wird, werden in der Regel noch berücksichtigt.

Es gibt Fragen in der Abschlussprüfung, bei denen Sie auch nach mehrmaligem Durchlesen keinen Zugang haben. Sie sitzen davor und wissen nicht, was man von Ihnen genau will. Bevor Sie gar nichts schreiben, beantworten Sie diese Frage einleitend z. B. mit „Ich gehe davon aus, dass Gegenstand der Frage ...... ist“ oder „Im folgenden gehe ich davon aus, dass in dem Betrieb ein Betriebsrat vorhanden ist“. Arbeiten Sie mit Annahmen, damit der Prüfer weiß, dass Sie mit dem Verständnis der Frageformulierung ihre Probleme hatten, aber nach Ihren selbst geschaffenen Prämissen diese Frage beantwortet haben.

Verwenden Sie für jede Aufgabe ein neues Lösungsblatt bzw. eine neue Lösungsseite. Gerade wenn Sie Ihr Zeitmanagement eingehalten haben, ergeben sich für Sie gegen Ende der Bearbeitungszeit immer noch Möglichkeiten, Ihre Antworten zu ergänzen. Das sieht am saubersten aus, wenn Sie diese Ergänzungen (oder Streichungen) auf dem gleichen Blatt vornehmen können.

Ist Ihnen in der Aufgabe die Zahl der Lösungen vorgegeben, schreiben Sie nur die Anzahl der Lösungen nieder, die von Ihnen abverlangt wird. Natürlich wissen Sie mehr, aber es gibt dafür keine Bonuspunkte!

Wenn Sie immer schon Probleme mit der Formulierung hatten: Schreiben Sie kurze, einfache Sätze, versuchen Sie nicht den Schreibstil in Ihrem Lehrbuch oder in diesem Arbeitsbuch wiederzugeben. Bei unserem gelingt das allein schon deshalb nicht, weil unterschiedliche Autoren auch unterschiedliche Stile prägen! Alles, was Sie in der Vorbereitung selbst formuliert haben, wird auch langfristig in Ihrem Gedächtnis haften bleiben.

Und nun ans Werk – wir wünschen Ihnen viel Erfolg in der Arbeit mit diesem Buch!

Handlungsbereich 1 „Personalarbeit organisieren und durchführen“

1.1 Personalbereich in die Gesamtorganisation des Unternehmens einbinden

Aufgabe 1

Eine kürzlich durchgeführte Organisations- und Prozessanalyse in Ihrem Unternehmen hat erhebliche Schwachstellen im Personalbereich identifiziert, so zum Beispiel

- Fehlende Gesamtübersicht der Mitarbeiter über den Personalbereich
- Mangelnde Zuständigkeitsregelungen der Personalsachbearbeiter untereinander
- Überlastung der Personalleitungsfunktion
- Lange Entscheidungs- und Kommunikationswege sowohl top-down als auch bottom-up
- Fehlender Bezug des Personalbereiches zur „Basis“
- Ressortdenken und Kostenvernachlässigung

a) Welche Form der Aufbauorganisation ist mit großer Wahrscheinlichkeit Ursache für diese Schwachstellen? (Einlinien / Mehrliniensystem)
b) Nennen Sie drei Gestaltungsformen für den Personalbereich, von denen Sie eine Verbesserung erwarten können!
c) Erläutern Sie, welche Vorteile das Referentensystem gegenüber der bisherigen Gestaltungsform bringt!

Lösungsansatz

a) Schwachstellen

In der Aufgabe sind typische Schwachstellen eines Personalbereichs beschrieben, der als Ein-Linien-System organisiert ist.

b) Organisationsformen

Ansätze zu einer Verbesserung bieten insgesamt alle Formen der divisionalen Organisation, wie z. B.

Burkhard Zicke

- Referentensystem
- Spartenorganisation
- Matrixorganisation
- Projektorganisation

Von diesen Formen der Aufbauorganisation geht die grösste Wirkung aus.

c) Vorteile des Referentensystems

Das Referentensystem ist die Umsetzung der Spartenorganisation im Personalbereich. Durch diese Gestaltungsform wird vor allem der Dienstleistungsgedanke gegenüber den Mitarbeitern berücksichtigt. Die Betreuung der Mitarbeiter von zusammengehörenden Betriebsteilen, die in der Hand eines Referenten liegt, erstreckt sich auf die gesamte Palette der herkömmlichen Personalarbeit von der Anwerbung bis zum Ausscheiden des Mitarbeiters. Der Referent betreut damit einen abgegrenzten, überschaubaren Personenkreis, der je nach dem Betreuungsquotienten zwischen 100 und 500 Mitarbeitern liegen dürfte. Dieser Quotient hängt davon ab, ob der Referent Routineaufgaben, z. B. mit Hilfe eines leistungsfähigen Personalinformationssystems, erledigen kann bzw. ob zeitraubende Arbeiten wie die Lohn- und Gehaltsabrechnung dezentralisiert werden können.
Der Referent ist häufig durch die verschiedenartigen Aufgabenstellungen gleichmässiger ausgelastet. Der Wirkungsgrad der Personalarbeit nimmt erheblich zu, weil die vielschichtigen Probleme jeweils durch eine Person in ihrer Gesamtheit behandelt und nicht als Teilaufgaben von verschiedenen Sachbearbeitern wahrgenommen werden.
Optimale personelle Entscheidungen bei Diszplinarfragen, Kündigungen, Beförderungen, Versetzungen und Fragen der Personalentwicklung sind möglich durch Kenntnis der inviduellen Hintergründe des Arbeits- und Leistungsverhaltens der betreuten Mitarbeiter und durch die Zusammenarbeit mit dem direkten Vorgesetzten.
Die Personalarbeit wird durch Verkürzung der Informationswege rationeller abgewickelt.
Die Organisation des Personalwesens lässt sich durch Vergrösserung, Verkleinerung oder Zusammenlegung der Referate bei gleichbleibender Qualität flexibler gestalten.

Aufgabe 2

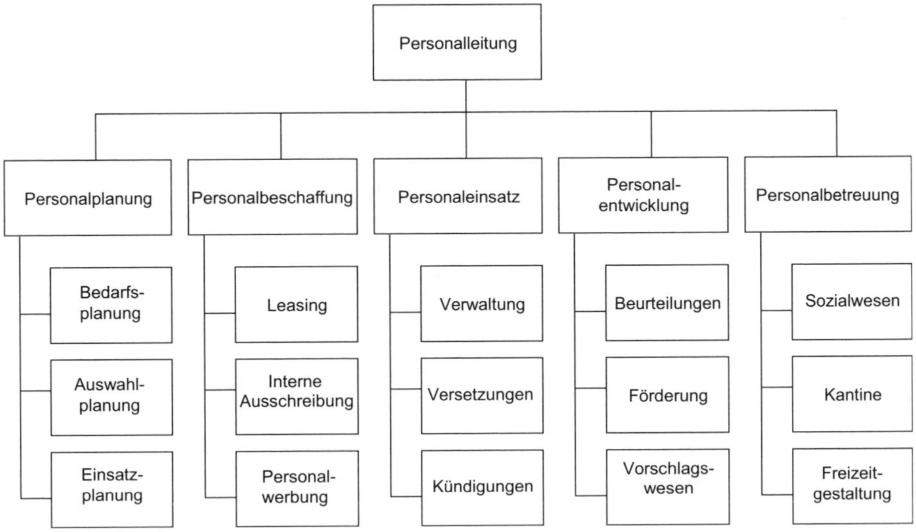

Der Organisationsplan (Organigramm) für den Personalbereich Ihres Unternehmens hat die dargestellte Struktur.

a) Beschreiben Sie, welche Informationen für die Aufbau- und Ablauforganisation dieser Organisationsplan enthält!
b) Erläutern Sie, nach welchem Grundprinzip dieses Organigramm erstellt wurde!
c) Erläutern Sie, welche Vor- und Nachteile diese Organisation für den Personalbereich haben kann!

Lösungsansatz

a) Informationen

Dieser Organisationsplan enthält im einzelnen Hinweise auf

- die Festlegung der Teilaufgaben in Stellen
- die Stellengliederung und ihre Zusammenfassung zu Abteilungen
- die Rangordnung der Stellen und Instanzen
- das Gestaltungsprinzip, in diesem Falle die Funktionsgliederung
- das System der vertikalen Kommunikationswege (Dienstwege, Anordnungswege)
- die Instanzentiefe und Instanzenbreite
- die Kommunikationsstruktur

b) Grundprinzip

Das zugrunde liegende Gestaltungsprinzip ist das Verrichtungsprinzip oder die Gliederung nach Funktionen (Funktionalorganisation).
Hierbei werden die Tätigkeiten nach ihrer Art gegliedert. Dies ermöglicht einen hohen Grad an Spezialisierung und die Erteilung von Anweisungen nach dem Prinzip der Einheit der Auftragserteilung.

c) Vor- und Nachteile

Die Vorteile des Ein- Linien-Systems liegen darin, dass die Funktionsträger durch einen einheitlichen Instanzenweg miteinander verbunden sind, also durch eine einheitliche Linie der Auftragserteilung. Der Dienstweg ist nicht nur „top down", sondern auch „bottom up" einzuhalten. Das ergibt insgesamt die straffste denkbare Form der Aufbauorganisation. Es sind klare Zuständigkeiten gegeben, Kontrollen sind relativ einfach durchzuführen.
Nachteile dieser Form bestehen in einer häufigen Überlastung der Leitungsspitze und in der fehlenden direkten Abstimmung zwischen gleichrangigen Instanzen. Den unteren Instanzen und Stellen fehlt in der Regel die Gesamtübersicht über den Personalbereich. Die Entscheidungswege sind häufig zu lang, insbesondere bei einer grossen Instanzentiefe. Diese Form führt nicht selten zu einer Überbetonung hierarchischen Denkens und begünstigt den Hang zur autoritären Führung.

Aufgabe 3

Das Personalreferentensystem soll die Zusammenarbeit des Personalbereichs mit den Führungskräften fördern. dabei ist eine sinnvolle Aufgabenteilung zwischen Referent und Führungkraft zweckmässig.

Beschreiben Sie, wie diese Aufgabenteilung aus Ihrer Sicht vorgenommen werden kann!

Lösungsansatz

Verantwortung der Führungskräfte

Der Vorgesetzte ist Verantwortlicher für Personalfragen. Zu seinem unmittelbaren Verantwortungsbereich gehört u. a.

- der Mitarbeitereinsatz
- die Entscheidung für die jeweilige Aufgabenstellung der Mitarbeiter
- die Durchführung von Zielvereinbarungen
- das Führen von Mitarbeitergesprächen
- die Information und Kommunikation der Mitarbeiter

Die Verantwortung des Personalbereichs

Der Personalreferent versteht seine Aufgabe als Berater der Führungskräfte. Ihm obliegt

- die Betreuung der Mitarbeiter
- die Zusammenarbeit mit dem Betriebsrat
- das (dezentrale) Personal-Controlling
- die Personalverwaltung

In Fragen

- der Bedarfsplanung
- der Mitarbeiterauswahl und
- der Mitarbeiterentwicklung

ist eine Zusammenarbeit und damit gemeinsame Verantwortung unerlässlich.

Aufgabe 4

Der Personalbereich Ihres Unternehmens umfasst insgesamt 40 Mitarbeiter und ist funktional gegliedert. Die Unternehmensleitung möchte auch im Personalbereich Qualitätszirkel bilden.

a) Erläutern Sie das Grundprinzip von Qualitätszirkelarbeit!
b) Nennen Sie Aufgabengebiete im Personalbereich, die durch die Arbeit von Qualitätszirkeln verbessert werden können.
c) Erläutern Sie 5 Vorteile, wenn die bestehende formale Organisation langfristig durch Qualitätszirkel ergänzt wird!

Lösungsansatz

a) Grundprinzip

Qualitätszirkel stellen als Ergänzung der formalen Organisation ein situatives Organisationsmodell dar. Durch die Einbeziehung von Mitarbeitern in die Lösung von Problemen aus dem Arbeitsablauf, der Arbeitsumgebung oder der Arbeitsumwelt soll die Leistungsbereitschaft oder -fähigkeit erhöht und ein Beitrag zur Qualitätssicherung erreicht werden. Organisatorisch betrachtet stellen Qualitätszirkel die Institutionalisierung von Gruppenprozessen in die betriebliche Formalorganisation dar. Die Themen der Qualitätszirkelarbeit sollen den Arbeitsbereich von Gruppen berühren. Der Qualitätszirkel soll vorwiegend Schwachstellenanalysen im eigenen Arbeitsbereich durchführen, Entwicklungsvorschläge aus dem eigenen Bereich bearbeiten und Schnittstellenprobleme zu benachbarten Bereichen erkennen und lösen.

b) Aufgaben für Qualitätszirkel

Personalarbeit unter Einsatz von Qualitätszirkeln lässt ich insbesondere auf folgenden Gebieten verwirklichen:

- Formularwesen
- Fehlzeiten- und Fluktuationsbeeinflussung
- Informationswesen, Mitarbeitergespräche
- Aus- und Weiterbildung, Mitarbeiterförderung
- Vorschlagswesen
- Innerbetriebliche Zusammenarbeit, Konfliktmanagement
- Organisationsentwicklung, Betriebsänderungen
- Personalbedarfsplanung

c) Vorteile

Als Ergänzung zur formalen Organisation haben Qualitätszirkel längerfristig entscheidende Vorteile, z. B. in

- der Steigerung der Informationsqualität
- der Verbesserung des Arbeitsklimas
- der Verbesserung der Leistungsfähigkeit des Unternehmens
- der Steigerung der Motivation der Mitarbeiter
- der Persönlichkeitsbildung der Mitarbeiter

Aufgabe 5

Ein mittelständisches Unternehmen, die modulbau gmbh, produziert an vier verschiedenen Standorten in der Bundesrepublik Deutschland Zubehörteile und Baugruppen für die Automobilbranche, in

Nürnberg	Autositze und Armaturenbretter	240 MA
Flensburg	Lichtmaschinen und Anlasser	190 MA
Aachen	Dachgepäck- und Fahrradträger	230 MA
Dresden	Scheinwerfer und Rücklichter	320 MA

Der Firmensitz und die Geschäftsleitung befinden sich mit den zentral gesteuerten Abteilungen Marketing, Finanzen und Personal in Hannover. Dort sind insgesamt 120 Mitarbeiter im kaufmännischen Bereich tätig.

Das Organigramm der Personalabteilung der modulbau gmbh enthält folgende Stellen und Instanzen:

1 Sachbearbeiter	Abrechnung AT-Angestellte
2 Sachbearbeiter	Interne Weiterbildung
1 Sachbearbeiter	Personalaktenführung
1 Sachbearbeiter	Personalbedarfsplanung
3 Sachbearbeiter	Gehaltsempfänger
1 Bereichsleiter	Personalentwicklung
1 Sachbearbeiter	Personaleinsatzplanung
1 Sachbearbeiter	Assessment Center
1 Bereichsleiter	Personalplanung
1 Abteilungsleiter	Personal- und Sozialwesen
1 Bereichsleiter	Löhne und Gehälter
1 Sachbearbeiter	Freiwillige Sozialleistungen
1 Sachbearbeiter	Personaleinführungsplanung
2 Sachbearbeiter	Betriebliche Ausbildung
1 Bereichsleiter	Personalverwaltung
1 Sachbearbeiter	Betriebsrenten

1 Sachbearbeiter	Führungskräftetraining
2 Sachbearbeiter	Personalkorrespondenz
1 Sachbearbeiter	Personalstammdatenpflege
1 Sachbearbeiter	Personalbeschaffungsplanung
2 Sachbearbeiter	Abrechnung Lohnempfänger
1 Bereichsleiter	Sozialwesen

Zusätzlich sind Stellen eingerichtet für

- Tarifpolitik (Personalleitung)
- Arbeitsrecht (Personalleitung)
- Projektleitung „Outsourcing" (Personalplanung),

die beratend für die in den Klammern angegebenen Stellen tätig sind.

a) Zeichnen Sie das Organigramm der Personalabteilung der modulbau gmbh!

b) Vor einem Jahr hat eine Unternehmensberatung eine Betriebsklimaanalyse durchgeführt und der Geschäftsleitung einen Mängelkatalog überreicht, der u. a. folgende Punkte enthält:

   - Lange, umständliche Informationswege von Hannover zu den anderen Standorten und umgekehrt
   - Mangelnde Betreuung der Mitarbeiter in den Standorten aufgrund der räumlichen Entfernung und damit verbundenen Anonymität der Kollegen in Hannover
   - Zu wenig Kompetenzen bei der regionalen Personalplanung und -beschaffung
   - Häufige personelle Engpässe wegen geringer Flexibilität in der Personalplanung und Personalbeschaffung
   - Zu viele Ausfälle von Mitarbeiterfortbildungen wegen zu geringer Beteiligung der einzelnen Standorte

Erarbeiten Sie einen Vorschlag zur Reorganisation des Personal- und Sozialwesens, der geeignet ist, diese Mängel zu beseitigen.

Lösungsansatz

a) Organisationsplan

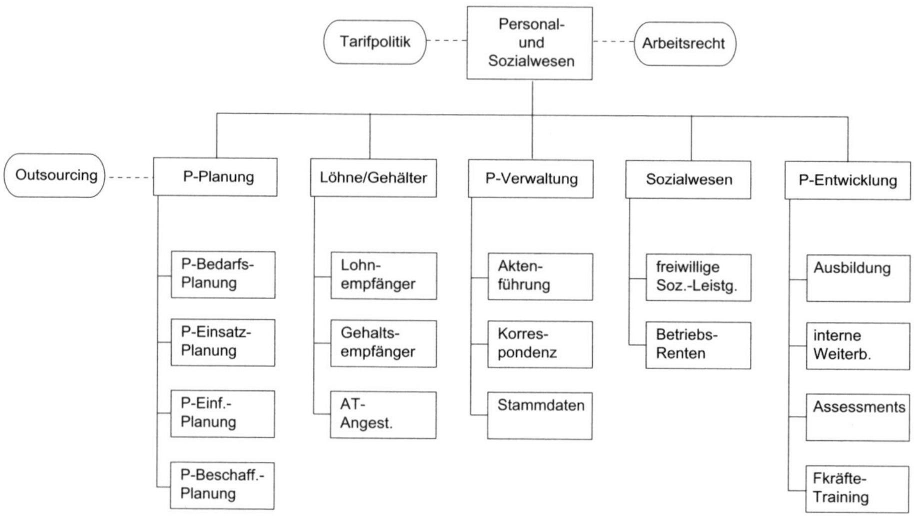

b) Reorganisation des Personalbereiches

Der Personalbereich sollte grundlegend reorganisiert werden. Dabei muss entschieden werden, welche Funktionsbereiche in Hannover zentralisiert bleiben.

Dazu gehört insbesondere

- die Abrechnung von Löhnen und Gehältern, um Kosten und Personal durch die Nutzung eines leistungsfähigen Personalinformationssystems einzusparen. Die benötigten Daten können problemlos online aus den vier Standorten nach Hannover übermittelt werden
- die Personalentwicklung, die einer der kostenträchtigsten Funktionsbereiche ist. Durch die Zentralisierung ist eine optimale Auslastung in den Veranstaltungen gegeben, das Trainingspersonal kann günstiger eingekauft werden, die Veranstaltung können jedoch – Auslastung vorausgesetzt – auch an den einzelnen Standorten stattfinden
- das Sozialwesen, um eine gerechte Verteilung der betrieblichen Sozialleistungen vornehmen und ggf. über ein Cafeteriasystem Kosteneinsparungen erzielen zu können
- die Personalverwaltung, um den Schriftverkehr einheitlich abwickeln zu können, ein einheitliches corporate image aufrecht zu halten und ggf. über eine Digitalisierung der Personalakten dennoch standortspezifische Aufgaben schneller bearbeiten zu können.

An den einzelnen Standorten sollte

- jeweils ein Referent vor allem die Aufgaben im Bereich der Personalplanung und -beschaffung in Absprache mit der Zentrale in Hannover stand-

ortspezifisch gestalten. Die regionalen Arbeitsmärkte und die Anforderungen an das benötigte Personal können so besser berücksichtigt werden
- der Referent auch die Betreuung der Mitarbeiter besser wahrnehmen können. Der Referent kennt seine Kollegen, und die Kollegen kennen den Referenten, während die Mitarbeiter in der Zentrale weitgehend anonym bleiben. Der Referent kann in Abstimmung mit der Zentrale so auch bessere und schnellere Entscheidungen treffen, d. h. die Informationswege werden deutlich verkürzt, Schnittstellenprobleme reduziert.
- in enger Zusammenarbeit mit den Vorgesetzten können Engpassprobleme vor Ort schneller und effizienter gelöst werden, da am Standort der Referent bessere Kenntnis von der Struktur und Zusammensetzung der Beschaffungsmärkte besitzt.

1.2 Personalwirtschaftliches Dienstleistungsangebot gestalten

Aufgabe 1

Nennen Sie 5 Kunden des Personalbereiches und erläutern Sie an je einem Beispiel die Funktion des Personalbereiches als Dienstleister.

Lösungsansatz

- Die Geschäftsleitung ist Abnehmer von Daten und Informationen aus dem Personalbereich, für die dieser die Instrumente (Personalinformationssystem, Lohn- und Gehaltsabrechnung, Personalakten usw.) bereitstellt.
- Die Führungskräfte sind auf die Beratung durch die Mitarbeiter im Personalbereich angewiesen, wenn es um Daten und Informationen ihrer Mitarbeiter geht, desgleichen ist die Personalabteilung für die Planung, Steuerung und Kontrolle von Personalentwicklungsmassnahmen verantwortlich.
- Die Mitarbeiter sind Kunden, weil die Personalabteilung eine Informationspflicht und Beratungsfunktion in allen Fragen, wie z. B. der Lohn- und Gehaltsabrechung oder der Sozialleistungen hat.
- Der Betriebsrat ist Kunde des Personalbereiches aufgrund gesetzlicher Vorschriften (BetrVG) und kann seine Aufgaben ohne die Informationen aus dem Personalbereich nicht wahrnehmen.
- Die Kollegen im Personalbereich sind gleichzeitig Kunden, weil es natürliche Schnittstellen zwischen den Funktionsbereichen gibt und jeder auf die Zuarbeit durch seine Vorgänger angewiesen ist, um selbst erfolgreich zu sein.

Aufgabe 2

Die Effizienz und Effektivität der Personarbeit können an der Dienstleistungsqualität einerseits und der Servicequalität andererseits gemessen werden. Erläutern Sie an je zwei Beispielen, was Sie darunter verstehen!

Lösungsansatz

Dienstleistungsqualität

- Unternehmensleitung, Führungskräfte und Mitarbeiter erwarten von der Personalarbeit, dass sie innovativ ist, z. B. für ein Anwesenheitsmanagement die nötigen Instrumente und Methoden bereitstellt oder für die Entwicklung eines Innovationsmanagements ein zeitgemässes Konzept vorlegt.

- Es werden Dienstleistungsqualitäten im Bereich der Koordination erwartet, z. B. zwischen Führungskräften und dem Personalbereich in disziplinarischen und arbeitsrechtlichen Fragen oder in Angelegenheiten der Personalentwicklung.

Weitere Kriterien für Dienstleistungsqualität sind z. B.

– Planungskompetenz	Prognosen, Bedarfe, Strategien
– Konflikthandhabung	Interessensausgleich, Schlichtung, Moderation
– Repräsentation	Vertretung nach aussen, PR-Arbeit

Servicequalität

Dazu gehören elementare Kompetenzen wie z. B.

- Höflichkeit. Den Mitarbeitern des Personalbereiches wird oft nicht zu Unrecht Arroganz und Überheblichkeit vorgeworfen und dies mit der Nähe zur Unternehmensleitung begründet. Freundlichkeit und Aufmerksamit bei aller notwendigen Verbindlichkeit sind Indikatoren für ein Selbstverständnis als Dienstleister.
- Kommunikation. Es wird eine offene Kommunikation erwartet. Das schliesst nicht aus, dass es sensible Bereiche gibt, die nicht kommuniziert werden können oder dürfen. Aber die Bereitschaft und Fähigkeit, die Mitarbeiter mit den nötigen Informationen zu versorgen, ist ein Element der Servicequalität.

Weitere Kriterien sind z. B.

– Reaktionsfähigkeit	Schnelligkeit, Termineinhaltung, Unmittelbarkeit bei Anfragen aus der Belegschaft
– Verlässlichkeit	Richtigkeit und Glaubwürdigkeit in allen personellen Angelegenheiten
– Verständnis	für die individuellen Bedürfnisse der Mitarbeiter

Aufgabe 3

Sie wollen die Zufriedenheit von Mitarbeitern und Führungskräften mit dem Personalbereich messen. Nennen Sie für beide Zielgruppen je 5 Kriterien, die Gegenstand einer einfachen schriftlichen Befragung sein können!

Lösungsansatz

Kriterien für Mitarbeiterbefragung

- persönliche Beratung
- Erreichbarkeit der Personalabteilung
- fachliche Beratung
- zeitliche Abwicklung Ihrer Anfragen
- Informationsfluss Personalabteilung – Mitarbeiter
- Einsatz für die Interessen der Mitarbeiter
- Umgangsformen

- vertrauliche Behandlung der Anliegen der Mitarbeiter
- Bereitstellung von Fortbildungsangeboten
- Konfliktlösungen

Kriterien für Führungskräftebefragung

- rechtliches Know-how Ihrer Ansprechpartner im Personalbereich
- Personalbeschaffung für Ihre Mitarbeiter
- Bereitstellung von Kennzahlen und Statistiken
- Termintreue
- Kostenbewusstsein
- Umsetzung von gemeinsam erarbeiteten Zielen
- Wahrung der Vertraulichkeit
- Sensibilität
- Empathie

Aufgabe 4

In vielen Unternehmen wird die Frage gestellt, welchen Beitrag das Personalmanagement an der Wertschöpfung des Unternehmens leistet. In grossen Unternehmen besteht die Möglichkeit der Einrichtung eines eigenen Profit-Centers.

a) Erläutern Sie, welche strategischen Überlegungen mit der Bildung eines Profit-Centers bzw. Wertschöpfungscenters verbunden sein können!
b) Beschreiben Sie 3 Vorteile, die ein Profit-Center „Personal" bietet!

Lösungsansatz

a) Strategische Überlegungen

Ein Profit-Center ist eine selbständige Organisationseinheit, die für ihre Dienstleistungen auch die Verantwortung für Kosten und Erfolg übernimmt. Neben Leistungen und Service muss demzufolge auch der Preis für die Dienstleistungen stimmen. Dieser Preis wird marktgerecht gestaltet und ist nach Angebot und Nachfrage an den Wünschen der internen Kunden ermittelt.
Dabei steht der Personalbereich im Wettbewerb mit anderen Anbietern, z. B. Unternehmensberatungen, freiberuflichen Trainern und Dozenten, gewerbsmässigen Abrechnern usw. Sollte der Preis überhöht sein und/oder nicht leistungsgerecht aus der Sicht der Kunden ausfallen, haben diese das Recht, auf andere externe Anbieter auszuweichen.
Bei dieser Organisationsform muss sich die Personalabteilung strukturieren wie ein Unternehmen im Unternehmen – oder muss komplett outgesourct werden. Zusätzlich zu der Geschäftsführungsfunktion muss also ein Rechnungswesen vorhanden sein, was meistens der Fall ist. Neu sind die Funktionen Marketing und Vertrieb für die angebotenen Dienstleistungen.

b) **Vorteile**

Vorteile der Personalabteilung als Profit-Center sind z. B.

- die Dienstleistungen können auch für externe Kunden angeboten werden
- die Personaler üben sich in unternehmerischem Denken, vor allem im Kostenbewusstsein
- durch den ständigen Kontakt und die Aquisitionsbemühungen wird das Dienstleistungsangebot verbessert und erneuert
- es werden Gewinne erwirtschaftet, was in dem klassischen Selbstverständnis des Personalbereichs nicht möglich ist
- als Profit-Center kann und muss die Personalabteilung schneller auf individuelle Kundenwünsche reagieren
- durch Kostentransparenz und Preisgestaltung lassen sich Einsparpotenziale erzielen

1.3 Prozesse im Personalwesen gestalten

Aufgabe 1

Mit dem Einführen des Dienstleistungsgedankens in einem Unternehmen wird ein ständiger Prozess von Planung, Umsetzung und Evaluation in Gang gesetzt.

Stellen Sie diesen Vorgang als einfachen Prozess dar!

Lösungsansatz

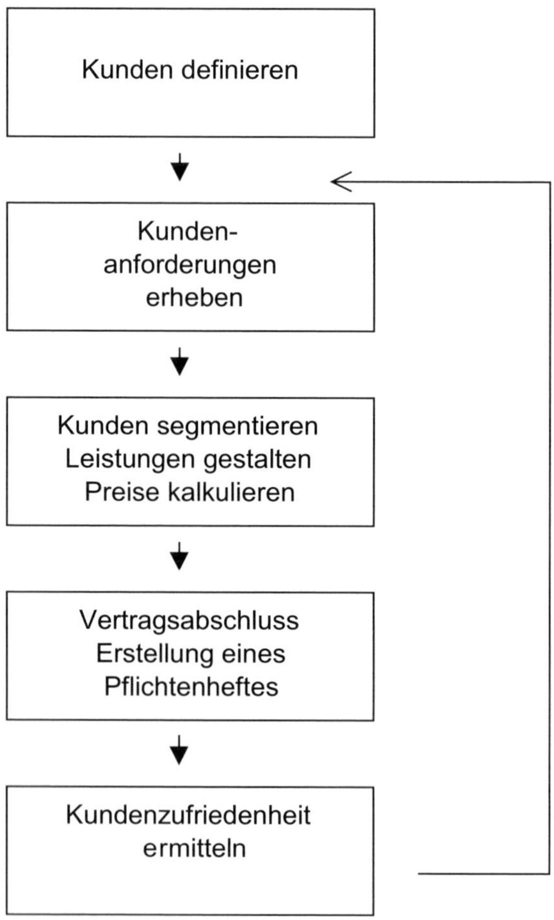

Burkhard Zicke

Aufgabe 2

Sie haben im letzten Jahr erfolgreich ein Referentensystem eingeführt. Nunmehr beschliessen Sie, auch ihre Geschäftsprozesse im Personalbereich zu überprüfen mit dem Ziel der Einführung eines Prozessmanagements.

a) Erläutern Sie, welche Fortschritte Sie sich in ihrer Personalarbeit durch ein Prozessmanagement versprechen!
b) Erläutern Sie den Führungskräften in Ihrem Unternehmen am Beispiel des Geschäftsprozesses „Bewerbungsmanagement" die einzelnen Phasen der Prozessgestaltung!

Lösungsansatz

a) Fortschritte der Personalarbeit

Durch die Neugestaltung von Prozessen im Personalmanagement werden finanzielle, personelle und zeitliche Ressourcen frei, die überwiegend im administrativen Bereich der Personalarbeit gebunden waren und daher nicht als wertschöpfend angesehen werden konnten. Fortschritte können z. B. sein

- Schaffung von Transparenzen hinsichtlich der Zuständigkeit der Mitarbeiter
- Vermeidung von hohen Liege- und Durchlaufzeiten von Personalangelegenheiten
- Koordination der Tätigkeiten in unterschiedlichen Organisationseinheiten
- Vermeidung der Wiederholung von bereits erledigten Aufgaben
- Vermeidung von unnötigen Transportwegen
- Vermeidung von Mehrfachdatenerhebungen
- Reduzierung von Kosten
- Erhöhung der Kundenorientierung

b) Prozessgestaltung

1. Phase „Prozessdefinition"

In dieser Phase machen sich alle für das Bewerbermanagement Beteiligten Gedanken über den inhaltlichen Umfang dieses Prozesses, definieren Anfang, Ende und Ziele des Prozesses.

2. Phase „Prozessstrukturierung"

Der vorher definierte Prozess „Auswahl von geeigneten Bewerbern auf eine Stellenanzeige" wird in einzelne Teilprozesse zerlegt, z. B.

- Filtern aller Bewerbungen, die nicht die Mindestanforderungen erfüllen
- Überprüfung des Bewerberanschreibens auf identifizierende Merkmale mit der Anzeige
- Durchführung einer Lebenslaufanalyse anhand von vorgegebenen Kriterien usw.

Diese Teilprozesse werden werden zeitlich erfasst, dadurch ergibt sich später die Durchlaufzeit des Gesamtprozesses.

Zu dieser Phase gehört vor allem eine Analyse von Stärken und Schwächen im bisherigen Ablauf der Bewerberauswahl, zum Beispiel auf Schnittstellenprobleme hin.
Für die neuen Teilprozesse werden Messgrössen festgelegt, die ein Prozesscontrolling ermöglichen, z. B. Bearbeitungszeiten für eine Lebenslaufanalyse oder Fristen für den Versand aller Absagen.
Als letzter Schritt in dieser Phase müssen die Verantwortlichen für die Teilprozesse benannt werden und ein Verantwortlicher für den Gesamtprozess.

3. Phase „Prozessdurchführung"

Der neu gestaltete Prozess wird offiziell freigegeben oder eingeführt. Dazu gehört eine Information aller Beteiligten und ggf. eine entsprechende Schulung. In der Anfangsphase wird es notwendig sein, den Prozess zu begleiten, um auftretende Schwachstellen sofort zu entdecken und abzustellen. Das Bewerbermanagement wird praktiziert.

4. Phase „Prozessverbesserung"

Dazu gehören nach einer vorher festgelegten Erprobungszeit eine Beurteilung von allen Prozessbeteiligten und die Evaluation der bisherigen Prozesseinführung mit der Maßgabe der Wiedereinstiegs in die Phase 1–3, wo erforderlich.

Aufgabe 3

Neben der vollständigen und realistischen Bestandsaufnahme, bestehend aus Erhebung und Dokumentation der aktuellen Prozesse, ist die Analyse des erhobenen Materials eine Schlüsselstelle für ein erfolgreiches Prozessdesign.

Nennen Sie 5 Analysetechniken, die dafür in Frage kommen!

Lösungsansatz

Als Techniken kommen u. a. in Frage

- ABC-Analyse
- Mengen-, Zeit- und Kostenanalyse
- Prozessportfolio
- Prozess-Datenfluss-Analyse
- systematische Problemanalyse (SWOT-Analyse)
- Szenariotechniken
- Supervision
- Risikoanalyse
- Benchmarking, Branchenvergleiche
- Analyse von Prozesskennzahlen
- Entscheidungsbaumtechnik (Ishikawa)

Aufgabe 4

Für eine erfolgreiche Prozessdurchführung ist es wichtig, dass die Prozesse präzise beschrieben werden. Sie werden gebeten, für die betrieblichen Ausbilder ihres Unternehmens beispielhaft eine solche Prozessbeschreibung zu erarbeiten. Als Muster dient die Prozessbeschreibung „Gestaltung des 1. Ausbildungstages für einen neuen Auszubildenden"!

Lösungsansatz

Prozessaufgabe	Gestaltung der 1. Ausbildungstages für einen neuen Auszubildenden
Prozessanstoss	Meldung des Auszubildenden am Empfang
Prozessquelle	Abschluss eines Berufsausbildungsvertrages mit dem neuen Auszubildenden
Anfangsaktivität	Begrüssung und Empfang durch den Ausbildungsleiter im Eingangsbereich
Endaktivität	Auszubildender verlässt am Nachmittag den Betrieb und stempelt sich aus (Zeiterfassung)
Hauptaktivitäten	– verwaltungstechnische Eintrittsformalitäten – Vorstellung der für den ersten Ausbildungsabschnitt verantwortlichen Ausbilder – Bekanntmachen mit den Mitarbeitern und anderen Auszubildenden – Sicherheitsbelehrungen
Prozessziele	Der Auszubildende erhält die notwendigen ersten Informationen Der Auszubildende soll in den Kreis der für ihn Verantwortlichen aufgenommen werden

Aufgabe 5

Nachdem der Personalbereich Ihres Unternehmens zum Profit-Center umorganisiert wurde, ist eine vorrangige Aufgabe, Zielmärkte und Kundengruppen festzulegen, um daraus resultierend Geschäftsprozesse und Leistungen abzuleiten, die den Kunden am ehesten gerecht werden. Welche Fragen sind in diesem Zusammenhang für Sie relevant?

Lösungsansatz

Mit folgenden Fragen können Sie dieses Problem aufschlüsseln:

- Wer sind die Kunden unseres Profit-Centers, interne und externe?
- Auf welche Kundengruppen wollen wir uns in Zukunft konzentrieren?
- Welche Leistungen erwarten unsere Kunden heute und in Zukunft?

- Welche Leistungen können wir unseren Kunden derzeit anbieten?
- Welche Leistungen sollen zusätzlich angeboten werden?
- Wie zufrieden sind unsere Kunden mit den heute angebotenen Leistungen?
- Was sind die kritischen Erfolgsfaktoren und die kritischen Prozesse bei unseren Kunden?
- Welche Probleme beschäftigen unsere Kunden am meisten und wie kann unser Profit-Center bei der Problemlösung helfen?

Burkhard Zicke

1.4 Projekte planen und durchführen

Situationsbeschreibung

Ihr Unternehmen, die Metall AG hat rund 6.000 Mitarbeiter und ist ein metallverarbeitendes Unternehmen. Damit gehört es zu den Unternehmen, bei denen die bisherigen Lohn- und Gehaltstarifverträge durch das neu verhandelte EntgeltRahmenAbkommen (ERA) ersetzt werden, das keine Trennung mehr im Entgeltbereich zwischen Arbeitern und Angestellten vorsieht.

Für Ihren Tarifbereich wurde verhandelt, dass es ab der Einführung des ERA nur noch 11 Entgeltgruppen gibt, in die alle bisherigen Lohn- und Gehaltsgruppen überführt werden müssen. Da die bisherigen Eingruppierungen nicht mehr gelten, müssen auf betrieblicher Ebene neue so genannte Niveaubeispiele für die einzelnen Entgeltgruppen definiert werden und alle bisherigen Stellen neu eingruppiert werden. Dies bedeutet auch, dass alle Mitarbeiter einer neuen Entgeltgruppe und damit auch einem neuen Grundentgelt zugeordnet werden müssen. Diese Eingruppierung beeinflusst damit direkt das Einkommen des Mitarbeiters sowie die Personalkosten des Betriebes. Zudem gibt es neben diesem Grundentgelt die Möglichkeit, betrieblich abgestimmte Leistungsentgelte zu entwickeln, die die Beiträge des Arbeitnehmers zur Wertschöpfung des Betriebs widerspiegeln sollen. Diese konkrete Überführung ist Sache der Betriebsparteien und damit Verhandlungsgegenstand zwischen Betriebsrat und Vorstand. Die Einführung von ERA muss von heute an innerhalb von 2 Jahren abgeschlossen sein. Für diesen Projektauftrag sind Sie als Projektleiter benannt worden.

Die Personalabteilung des Unternehmens ist funktional gegliedert in die Abteilungen

- Personalverwaltung einschl. Lohn- und Gehaltsabrechnung, Renten, Abgaben an Krankenkassen, Berufsgenossenschaften, Finanzämter
- Zeiterfassung
- Planung, Marketing & Recruitment,
- Controlling & Arbeitsrecht
- Personalentwicklung sowie
- Kantinenbetrieb.

Diese Ausgangssituation gilt für alle nachfolgenden Aufgaben!

Aufgabe 1

Ein gutes Projektmanagement identifiziert wichtige Stakeholder, die Einfluss auf das Projekt nehmen können, sowie deren Interessen. Erstellen Sie eine Liste mit den wichtigen Stakeholdern und deren Interessen, die es bei der Einführung von ERA zu berücksichtigen gilt.

Lösungsansatz

Betriebsrat (BR)	– BR wünscht eine buchstabengetreue Umsetzung von ERA. – BR wünscht möglichst wenige Widersprüche der Mitarbeiter wegen einer – aus ihrer Sicht – schlechten Eingruppierung. Der BR wird deshalb den in ERA vorgesehenen Anpassungsfonds maximal ausschöpfen. – Der Betriebsrat muss unterschiedlichen Anspruchsgruppen (Angestellte und Arbeiter) gerecht werden, die sich alle zum ersten Mal in einem gemeinsamen Tarifwerk wiederfinden.
Mitarbeiter (MA)	– MA wünschen schnelle und passgenaue Information über konkrete Auswirkungen von ERA für sie persönlich. – MA wünschen keine Veränderungen, die sich negativ auswirken auf das eigene Entgelt. Die meisten MA sind gegen eine Anhebung des flexiblen Entgeltanteils zu Lasten eines fixen Grundentgelts. – MA wünschen sich eine Möglichkeit zur Entgeltsteigerung.
Gewerkschaften	– Gewerkschaften wünschen sich eine buchstabengetreue Umsetzung von ERA. – Gewerkschaften wünschen reibungslose Einführung von ERA als „Erfolgsstory" und als Zeichen für Reformwillen. – Gewerkschaften stellen Ressourcen zur Unterstützung der Betriebsräte zur Verfügung, sehen aber auch Grenzen der Belastbarkeit ihrer eigenen Mitarbeiter. – Prinzipiell: Deckungsgleiche Interessen wie BR und MA
Führungskräfte (FK)	– FK sehen die Möglichkeit, durch die Einführung von ERA „Altlasten" und Ungerechtigkeiten in der bisherigen Entgeltstruktur ihrer Mitarbeiter zu beseitigen. – FK wünschen keine (zusätzliche) Unzufriedenheit bei ihren Mitarbeitern wegen ERA; deshalb eventuell Neigung zu Kompromissen, die aus der Sicht der Personalabteilung nicht gerechtfertigt sind. – FK wünschen eine stärkere Anreizwirkung für leistungsstarke Mitarbeiter. – FK wünschen möglichst wenig eigene Belastung durch die Einführung von ERA neben ihrem Tagesgeschäft. – FK wünschen sich passgenaue Informationen vorab über ERA, die Einführung und die Auswirkungen auf ihre Mitarbeiter. – Die meisten FK selbst sind als außertarifliche Angestellten von ERA nicht betroffen, beobachten aber die Auswirkung von ERA auf ihre eigene Entlohnung.

Vorstand (V)	– V wünscht möglichst kostenneutrale Umsetzung von ERA, so dass Lohn- und Gehaltskosten in der Summe konstant bleiben oder nur moderat steigen. GF wünscht ständig Informationen über finanzielle Auswirkungen von Zwischenergebnissen bei den Verhandlungen. – V wünscht keine (zusätzliche) Unzufriedenheit bei den Mitarbeitern wegen ERA; deshalb eventuell Neigung zu Kompromissen, die aus der Sicht der Personalabteilung nicht gerechtfertigt sind – V wünscht sich einen größeren Anteil leistungsbezogener Entgeltbestandteile oder einen höheren Anteil an Entgeltbestandteilen, die an das Unternehmensergebnis gekoppelt sind.
Personalabteilung (P)	P ist in der Verhandlungssituation mit dem BRT an vorderster Front und muss zusätzlich die eigenen Systeme umstellen, so dass viel Arbeit auf P zukommt. Viele notwenigen Arbeiten (z. B. Umstellung der IT-Systeme) werden nicht gesehen und honoriert werden, verursachen aber einen hohen Arbeitsaufwand. Zusätzlich darf bei der Umstellung kein Fehler in der Entgeltabrechung geschehen. – P will eine zügige Umsetzung von ERA mit möglichst wenig zusätzlichem Arbeitsaufwand. – P wünscht sich eine möglichst „pflegeleichte" ERA-Einführung (z. B. geringe Anzahl an tariflichen Niveaubeispielen). – P wünscht sich die Behebung von „Altlasten" (z. B. „falsche" Eingruppierung von Arbeitnehmern).
Arbeitgeber-Verband (AGV)	– AGV wünscht buchstabengetreue Umsetzung von ERA als Verhandlungsergebnis mit Gewerkschaften – AGV wünscht reibungslose Einführung von ERA als „Erfolgsstory" und als Zeichen für Reformwillen. – AGV stellt Ressourcen zur Unterstützung der Unternehmen zur Verfügung, sieht aber auch Grenzen der Belastbarkeit seiner eigenen Mitarbeiter. – Prinzipiell: Deckungsgleiche Interessen wie Vorstand

Aufgabe 2

Von der richtigen Besetzung der Projektgruppe, der Teilprojekte und des Lenkungsausschusses hängt das gute Funktionieren innerhalb des Projekts ab. Wen „wünschen" Sie sich als Mitglied in ihrem Lenkungsausschuss? Begründen Sie die Wahl der Mitglieder.

Dr. Achim Weiand

Lösungsansatz

Im Lenkungsausschuss (auch Steuerkreis genannt) sitzen die Auftraggeber für das Projekt, die die Projektziele vorgeben und auch die Zielerreichung kontrollieren. Sie geben die benötigten Ressourcen frei. In der Regel ist im Lenkungsausschuss niemand vertreten, der im Projekt selbst „Hand anlegt".

- Wichtig ist es, dass dasjenige Mitglied des Vorstands direkt im Lenkungsausschuss vertreten ist, das den Personalbereich verantwortet. Durch diese Besetzung wird sichergestellt, dass es kurze Informations- und Entscheidungswege gibt und das zuständige Vorstandsmitglied direkt involviert ist. In der MetallAG wird dies der Arbeitsdirektor sein.
- Ebenfalls wird in der Regel dasjenige Mitglied des Vorstands dazu gehören, das für Finanzen zuständig ist, da die Einführung von ERA beträchtliche Auswirkungen auf die finanzielle Situation des Unternehmens haben kann.
- Sollte das Unternehmen mehrere Standorte haben, dann wird wahrscheinlich jeweils ein Vertreter jedes Standortes im Lenkungsausschuss vertreten sein, um die spezifischen Interessen seines Standortes zu vertreten. Eventuell müssen dann im Lenkungsausschuss auch Kompromisse zwischen den unterschiedlichen Interessen der Standorte geschlossen werden, um ein Auseinanderdriften der Standorte durch das Entstehen von allzu komplexen und spezifischen Regelungen zu vermeiden.

Aufgabe 3

Zur Planung und Steuerung von Projekten ist es unerlässlich, die wichtigsten Aufgabenblöcke des jeweiligen Projekts zu identifizieren. Welche wichtigen Themenbereiche müssen im Projekt „Einführung von ERA" bearbeitet werden?

Lösungsansatz

Projektmanagement

- Koordination der einzelnen Teilprojekte
- Verhandlungsleitung mit dem Betriebsrat
- Kommunikation mit den Auftraggebern im Lenkungsausschuss; regelmäßige Statusberichte
- Controlling des Projekts in Bezug auf Kosten, Zeit und Qualität der Vereinbarungen und der Umsetzung (im aktuellen Ist-Zustand für das laufende Projekt aber auch in Bezug auf die finanziellen Auswirkungen der Vereinbarungen)
- Zusammenarbeit/Abstimmung mit dem Bereich Controlling wegen Rechenmodellen zur Bestimmung der finanziellen Auswirkungen
- Adressatengerechte und rechtzeitige Kommunikation mit den Betroffenen (Mitarbeitern, Führungskräfte, Betriebsrat)
- Schulungskonzept v. a. für Führungskräfte

Dr. Achim Weiand

- Überprüfung, welche bisherigen betrieblichen Regelungen neu gefasst werden müssen (Regelungsabsprachen, Betriebsvereinbarungen); Umsetzung

Grundentgelt

- Definition von betrieblichen Niveaubeispielen für die neuen Entgeltgruppen des ERA
- Entwicklung, falls notwendig, von Zusatzstufen
- Definition von Erschwerniszulagen
- Verhandlungen mit dem Betriebsrat
- Eingliederung aller Arbeitnehmer in die neuen Entgeltgruppen
- Behandlung von Einsprüchen von Arbeitnehmern gegen ihre Eingruppierung

Leistungsentgelt

- Ist-Aufnahme zu bisherigen Regelungen
- Erarbeitung neuer Regelungen zum Leistungsentgelt
- Überprüfung auf finanzielle Auswirkungen und Praktikabilität
- Verhandlungen mit dem Betriebsrat

Schnittstellen zwischen der Personalabteilung und der Informationstechnik

- Spezifikation der Auswirkungen von neuen Entgeltgruppen auf die bisherigen EDV-Programme (z. B. Entgeltabrechung oder Stellenbesetzung)
- Anpassung der bisherigen EDV-Programme auf die neuen Entgeltstufen: Maßnahmenplanung, Aufwandsabschätzung, Zeitplanung, Umsetzung, Controlling; eventuell Beschäftigung von externen Beratern

Aufgabe 4

Projekte sind dann erfolgreich, wenn bereits im Vorfeld mögliche Risiken entdeckt werden und entsprechende Gegenmaßnahmen zielgerichtet ergriffen werden. Erstellen Sie deshalb eine Risikoanalyse, indem sie die wichtigsten von Ihnen identifizierten Risiken in der folgenden Matrix nach Eintritts-Wahrscheinlichkeit und Risiko-Auswirkung eingliedern.

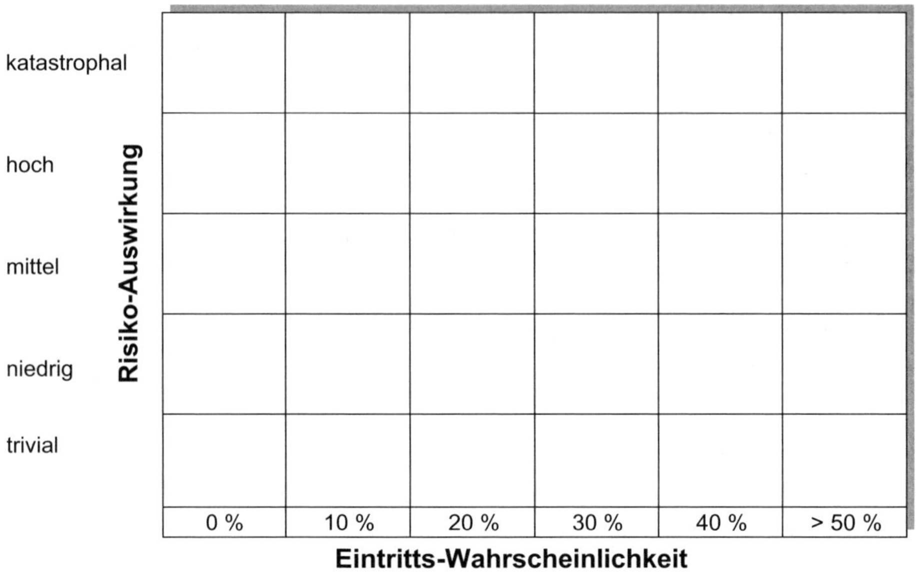

Lösungsansatz

1) MA legen viele Widersprüche ein
2) Keine konstruktive Mitarbeit des Betriebsrates; Betriebsrat stellt unerfüllbare Forderungen; Verhandlungen stecken fest
3) Umstellung der EDV-Systeme auf neue Grundentgelt verursacht unverhältnismäßig hohe Kosten; Frage nach der Sinnhaftigkeit der Umstellung
4) Umstellung der EDV-Systeme ist fehlerhaft gelaufen, so dass Entgeltabrechnungen fehlerhaft sind
5) Schnittstellen zu anderen EDV-Systemen nicht ausreichend definiert/berücksichtigt
6) Externe Berater sind im benötigten Projektzeitraum nicht verfügbar
7) Keine Akzeptanz von ERA bei den Führungskräften
8) Vorstand macht Zugeständnisse an Betriebsrat, die einen unverhältnismäßig hohen Aufwand für das Projekt oder hohe laufende Zusatzkosten verursachen
9) Alte Systeme zum Leistungsentgelt sind nicht/nur schwer überführbar in neue Systematik zum Leistungsentgelt
10) Abschätzung der entstehenden Kosten schwierig wegen schlechter Datenlage
11) Schlechte Koordination der Teilprojekte von ERA
12) Schulungs- und Kommunikationskonzept ist unzureichend
13) Abwanderung von hoch qualifizierten Mitarbeitern aus der Personalabteilung

Die Überführung dieser aufgelisteten Risiken in eine Matrix mit den Achsen Eintrittswahrscheinlichkeit und Risiko-Auswirkung erlaubt einen schnellen visuellen Überblick über die Risiken und eine Priorisierung.

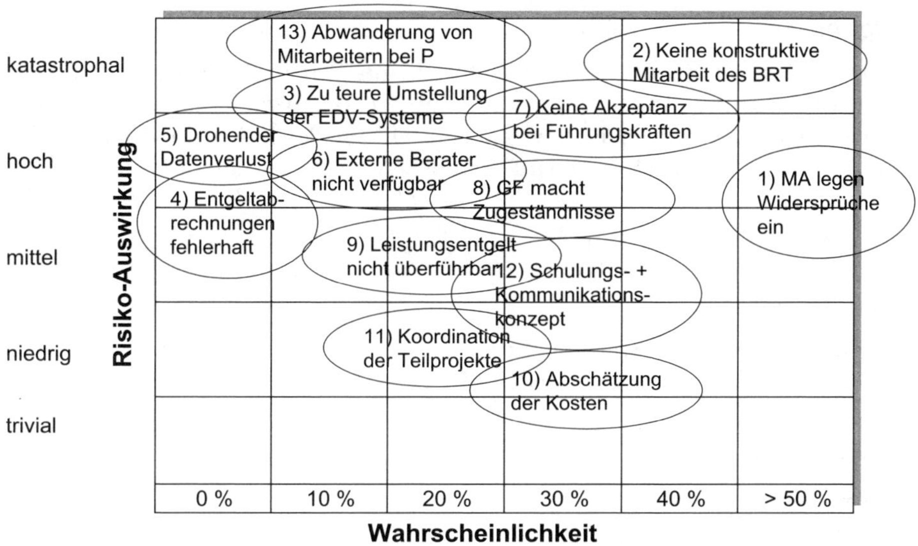

1.5 Informationstechnologie im Personalbereich nutzen

Aufgabe 1

In Ihrem Unternehmen sind IT- Systeme bisher nur in den Bereichen Personalverwaltung und Abrechnung zum Einsatz gekommen. Die mittlerweile veraltete Software soll ersetzt werden durch ein Paket, das modular aufgebaut und erweiterbar ist. In der nächsten Zeit sollen vor allem für Aufgaben in

- der Personalbedarfsplanung
- der Aus- und Weiterbildung
- der Personalstatistik

IT-Lösungen gefunden werden. Erläutern Sie zu jedem Aufgabenbereich 3 für Sie wichtige Umsetzungsbeispiele!

Lösungsansatz

Personalbedarfsplanung

- Stellenpläne und Stellenbesetzungspläne
- Zugangs-/Abgangstabellen
- Personalbestandslisten
- Schichtpläne
- Arbeitsrichtwerte
- Stellenbeschreibungen
- Anforderungsprofile

Aus- und Weiterbildung

- Laufbahn- und Nachfolgepläne
- Beurteilungssysteme
- Ausbildungspläne
- Angebotsvergleiche von Weiterbildungsanbietern
- Kostenkalkulationsprogramme

Personalstatistik

- Urlaubsplanung
- Krankheitsstatistik
- Personalstrukturstatistik
- Unfallstatistik
- Kennzahlensysteme

Aufgabe 2

Erläutern Sie beispielhaft, was Sie unter ESS (Employee Self Service) verstehen!

Lösungsansatz

Wörtlich übersetzt heisst ESS „Mitarbeiter – Selbstbedienung". Das bedeutet, dass Mitarbeiter und Manager einen Teil der personenbezogenen Daten in den Grenzen des Bundesdatenschutzgesetzes und anderer Rechtsnormen selbst verwalten und pflegen.
Im Wesentlichen erstreckt sich ESS auf die Datenerfassung durch die Mitarbeiter, weil hier die grösste Kompetenz vorhanden ist. Der Mitarbeiter kann z. B. geänderte Adressen oder einen neuen Familienstatus oder Geburten von Kindern selbst eingeben, anstatt wie bisher über Meldezettel u. ä. damit den Personalbereich zu beauftragen. Dies führt bei geringem Schulungsbedarf für die Mitarbeiter zu einer Entlastung der Personalarbeit.
Darüber hinaus ermöglicht ESS den Abruf von Informationen z. B. über Weiterbildungsangebote oder innerbetriebliche Stellenausschreibungen oder Änderungen im Cafeteria-System per Internet oder Intranet von jeder Stelle und von jedem Ort aus – auch von zu Hause.
Die Anmeldungen zu Seminaren oder das Ausfüllen von Formularen und Bescheinigungen geschehen online unter Papierverzicht.
Urlaubsanmeldungen und -genehmigungen können auf elektronischem Wege erfolgen und zwar durch Weiterleitung des Vorgangs per workflow und elektronische Unterschrift.
ESS kann Zeiterfassungssysteme und betriebliche Ausweiskontrollen überflüssig machen. Die Mitarbeiter können sich jederzeit einen Überblick und einen Ausdruck ihrer Arbeitszeitkonten verschaffen.

Aufgabe 3

Erläutern Sie 4 Aufgaben des Datenschutzbeauftragten näher!

Lösungsansatz

Zu den wesentlichen Aufgaben des Datenschutzbeauftragten gehören

- das Erstellen und Pflegen einer Liste über alle Dateien mit personenbezogenen Daten unter Angabe der Inhalte und Empfänger der dort gespeicherten Daten,
- die Überwachungspflicht, die Einhaltung aller Schutzbestimmungen bei Eingabe, Speicherung und Verarbeitung personenbezogener Daten,
- die Überwachung bei Berichtigung, Sperrung und Löschung von personenbezogenen Daten,
- die Überwachung einer ordnungsgemäßen Nutzung vorhandener Programme, hier insbesondere die Zugriffmöglichkeiten auf Personaldaten,

- die Belehrung der mit der Verarbeitung von Personalarbeit beschäftigten Mitarbeiter über einschlägige Datenschutzbestimmungen,
- die Verpflichtung und Überwachung der Mitarbeiter hinsichtlich des Datengeheimnisses.

Aufgabe 4

Zur technischen und organisatorischen Datensicherung gehören zuverlässige Kontroll- und Sicherungsmassnahmen.

Erläutern Sie drei Kontrollmassnahmen und die dazugehörigen Sicherungsmassnahmen!

Lösungsansatz

Kontrollmaßnahmen	**Sicherungsmaßnahmen**
Zugangskontrolle	Closed-shop-Betrieb
Unbefugten den Zugang zu Anlagen mit personenbezogenen Daten verwehren	Sicherungszonen schaffen Zutritt nach Ausweiskontrolle
Speicherkontrolle	Benutzerpaßwort
Unbefugte Eingabe, Kenntnisnahme, Veränderung oder Löschung gespeicherter Personaldaten verhindern	Dateipaßwort
Zugriffskontrolle	Dateipaßwörter
Systembenutzungsberechtigte dürfen nur zu jenen Daten Zugriff haben, die für ihre Arbeit erforderlich sind	Zugriffsprotokoll Zugriffsbeschränkungen auf bestimmte Terminals
Eingabekontrolle	Terminaljournale
Es muß feststellbar sein, durch wen und wann Personaldaten eingegeben worden sind	
Transportkontrolle	Chiffrierung der Übertragungsdaten
Es ist zu verhindern, daß Personaldaten beim Transport oder der Übermittlung gelesen, verändert oder gelöscht werden können	Abschirmung der Übertragungsleitungen Strenge Personalauswahl bei persönlichem Transport

Aufgabe 5

Sie wollen ihre bisherige Standardsoftware durch ein zeitgemässes Programmpaket ersetzen. Ihnen liegen zahlreiche Angebote vor, die Sie vergleichen müssen. Erläutern Sie 5 Auswahlkriterien näher!

Burkhard Zicke

Lösungsansatz

Auswahlkriterien können sein

- Kosten der Software einschliesslich einer nötigen Beratung dazu
- Zeitbedarf für die Einrichtung der Software in dem Unternehmen
- Vergleich des Leistungsspektrums der neuen Softwareangebote
- Kosten für die Qualifizierung der Mitarbeiter
- Kosten für die technische Bereitstellung
- Serviceleistungen der Anbieter (Erweiterungspakete)
- Möglichkeit der Anpassung der Standardsoftware an die individuellen Anforderungen
- Schnittstellen zu anderen bereits vorhandenen Systemen
- Kosten für die Übernahme von vorhandenen Daten
- Einrichtung von Datensicherungsinstrumenten für die neue Software

1.6 Beraten und Fachgespräche führen

Aufgabe 1

Erläutern Sie 5 Arten und Ursachen von betrieblichen Konflikten!

Lösungsansatz

Zielkonflikte sind dann gegeben, wenn Personen verschiedene Absichten haben. Häufige Ursachen für Zielkonflikte sind

- mangelnde Absprachen
- mangelnde Koordination.

In Beurteilungs- oder Wahrnehmungskonflikten interpretiert jede Partei die Sachlage aus ihrem persönlichen Blickwinkel. Der Blickwinkel selbst hängt davon ab, wo und auf wessen Seite man steht und über welche Informationen man verfügt. Häufige Ursachen für diese Konfliktart sind

- mangelnde Information
- unterschiedlicher Kenntnisstand
- unterschiedliche Einstellungen
- mangelnde Fähigkeit, sich in andere hineinversetzen zu können.

Verteilungskonflikte ergeben sich häufig aufgrund der subjektiv als ungerecht empfundenen Zuteilung von Ressourcen (Mitteln). Auch bei Verteilungskonflikten geht es meist nur nach außen um die Sache. Der innere Konfliktauslöser ist in der Regel die mangelnde psychologische Zuwendung. Im Arbeitsleben wird oft die Höhe des Gehaltes als Gradmesser der beruflichen Wertschätzung und Anerkennung gesehen. Ursachen für Verteilungskonflikte sind

- mangelnde Ressourcen
- ungerechte Verteilung
- fehlende psychologische Zuwendung.

Die meisten Menschen in unserem Kulturkreis gehören einer Vielzahl von Gruppen an: Familie, Paar-Beziehung, Arbeitsgruppe, Vereine, Freundes- und Bekanntenkreis. Gruppen bieten ihren Mitgliedern Orientierung und Identität. Gleichzeitig wird von jedem Gruppenangehörigen ein bestimmtes Rollenverhalten erwartet. Dies kann leicht zu inneren Konflikten führen. Ursachen für Rollenkonflikte sind

- häufig wechselnde Rollenübernahme
- Rollenunsicherheit und
- das Unvermögen, sich in verschiedenen Rollen hineinbegeben zu können.

Beziehungskonflikte ergeben sich aus Antipathien und Kommunikationsstörungen. Sie haben ihre Ursache in der Persönlichkeitsstruktur der Beteiligten. Eigene Unzulänglichkeiten werden verdrängt und auf andere Personen übertragen. Die häufigsten Ursachen sind außerdem

- Verstimmungen
- vorausgegangene Konflikte
- unterschiedliche Wertesysteme.

Aufgabe 2

Konflikte stören ganz erheblich jede Art von Teamarbeit. Nennen Sie je 5 äussere Indikatoren für Konflikte in der Gruppenarbeit, auf die Sie als Teamleiter achten!

Lösungsansatz

Kommunikation

- aggressiver Kommunikationsstil
- verhärtete Diskussionen
- Killerphrasen, Schlagworte
- Themen zerreden
- ständig aneinander vorbei reden
- Information ist unzureichend oder bewusst irreführend
- keine Kompromissbereitschaft
- Schuldzuweisungen

Verhalten

- sich zurückziehen
- Weigerung, Arbeiten zu übernehmen
- Abwesenheit
- Unaufmerksamkeit, Passivität
- Vermeidung von Augenkontakt
- Flucht in andere Arbeiten
- Aggressionen

Die Gliederung in „Kommunikation“ und „Verhalten“ ist bei der Antwort nicht nötig, da sie in der Frage nicht ausdrücklich verlangt wird!

Aufgabe 3

Erläutern Sie an einem Beispiel den Prozess einer Konfliktentstehung!

Lösungsansatz

1. Phase – Konflikttentfachung

Ein Konflikt entsteht häufig aus nichtigen Ursachen, aus persönlichen Animositäten, aus Machtansprüchen oder aus einer Interessensverteidigung heraus.
„ Mitarbeiter A. aus der Lohnabrechnung erfährt auf einer Betriebsversammlung von der geplanten Einführung eines Personalinformationssystems, zu dem die Mitarbeiter des Personalbereichs durch inhouse-Schulungen qualifiziert werden sollen“

2. Phase – Konfliktwahrnehmung

Ob man einen Konflikt bagatellisiert, realistisch sieht oder ihn aufbauscht: die Ursache für eine verzerrte Konfliktwahrnehmung liegt stets in der Persönlichkeitsstruktur des vom Konflikt Betroffenen.
„A. ist 58 Jahre alt und hat sich bisher immer erfolgreich um Schulungen im EDV-Bereich gedrückt, weil er Angst vor der neuen Technik hat und seinen Arbeitsplatz bedroht sieht“

3. Phase – Konfliktanalyse

Wenn ein Konflikt bzw. dessen Ursache falsch analysiert wird, kann auch keine optimale Entscheidung zu dessen Bewältigung getroffen werden.
„ Mitarbeiter A. stellt ungerechtfertigt einen kausalen Zusammenhang her, der verzerrt so aussieht: die Einführung eines PIS bedeutet Wegrationalisierung meiner Stelle. Jede weitere Informationsbeschaffung und Auseinandersetzung lehnt A. innerlich ab“

4. Phase – Konfliktreaktion

Wie ein Betroffener auf einen Konflikt reagiert, hängt vom Verlauf der vorangegangenen Phase ab und und von der Reife des oder der Beteiligten, vor allem, wenn sie
Führungsverantwortung haben.
„Die Chance eines Fördergespräches nimmt A. nicht wahr. Als die ersten Trainings anstehen, meldet er sich regelmässig mit einer Arbeitsunfähigkeitsbescheinigung krank.“

Aufgabe 4

Als Personalreferent wird von Ihnen Konfliktlösungskompetenz verlangt. Ob und wie betriebliche Konflikte gelöst werden können, hängt zum einen davon ab, in welcher Stufe der Eskalation sich ein Konflikt befindet, zum anderen welche Konfliktlösungsstrategie Sie verfolgen wollen.

a) Erläutern Sie ein Modell der Eigendynamik von Konflikteskalationen!
b) Beschreiben Sie 5 Konfliktlösungsstrategien!

Lösungsansatz

a) Konflikteskalation

1. Phase Verstimmung

Eine Begebenheit wie zum Beispiel Tuscheln mit einer Kollegin oder eine überzogene Mittagspause bewirkt eine atmosphärische Störung

2. Phase Diskussion

Der Konflikt kommt zur Sprache. Man ignoriert die Existenz des Konfliktes

3. Phase Kontaktabbruch

Die Konfliktpartner gehen sich aus dem Weg. Sofern keine räumliche oder organisatorische Lösung möglich ist, vergrössern sich die Spannungen

4. Phase Soziale Ausweitung

Andere Personen werden in den Konflikt mit einbezogen. Jeder sucht offen oder verdeckt nach Bestätigung durch andere

5. Phase Strategiesuche

Es werden Möglichkeiten entwickelt, wie man den Gegner ausschalten oder unter Druck setzen kann.

6. Phase Anwendung von psychischem Druck

Die Konfliktbeteiligten beschäftigen sich vorrangig mit ihrem Konflikt, ignorieren und behindern sich gegenseitig, anstatt zu kooperieren

7. Phase Regelbruch

Die negativen Wahrnehmungen verschärfen sich. Eine Verschlechterung der eigenen Situation wird sofort der anderen Seite angelastet.

8. Phase Angriffe

Es erfolgen massive Angriffe und offene Behinderungen des Gegners und seiner Verbündeten

9. Phase Wirklicher Krieg

Es besteht der Wunsch, den anderen tatsächlich zu zerstören, seine berufliche Laufbahn, sein gesellschaftlichen Ansehen

Im Lösungsansatz dargestellt wurde das Modell von Glasl. In der Prüfung wird man von Ihnen nicht verlangen können, dieses Modell mit seinen 9 Stufen exakt zu beschreiben, wohl aber ein sinnvoll gestuftes, nachvollziehbares Modell mit weniger Stufen.

b) Konfliktlösungsstrategien

Es gibt grundsätzlich zwei Ausprägungen bei Konfliktösungsstrategien, die Orientierung an den eigenen Zielen und Bedürfnissen und die Orientierung an den Zielen und Bedürfnissen des anderen

Nachgeben	sich unterwerfen, eigene Ziele aufgeben, Meinungsverschiedenheiten nicht hochspielen
Konsens	gemeinsames Problem lösen, kreative Zusammenarbeit, eine beiderseits optimale Lösung finden wollen
Kompromiss	jeder weicht von seinen Maximalforderungen ein Stück ab
Flucht	Rückzug, Vermeidung, gar nichts tun, Konflikte ja nicht aufrühren
Durchsetzen	erzwingen, Ich-oder-Du, Drohungen und Macht einsetzen

Aufgabe 5

Nennen Sie 5 positive Funktionen, die Konflikte erfüllen!

Lösungsansatz

- sie weisen auf Probleme hin
- sie fördern Innovationen
- sie erfordern Kommunikation
- sie verhindern Stagnation
- sie regen Interesse an
- sie lösen Veränderungen aus
- sie stimulieren Kreativität
- sie festigen Gruppen
- sie führen zu Selbsterkenntnissen
- sie verlangen nach Lösungen

Aufgabe 6

Sie sind Leiter eines Projektteams, in dem sich zwei Mitarbeiter offenbar in einem heftigen Beziehungskonflikt befinden. Beide sind für das Projekt unverzichtbar, stören aber durch ihr Verhalten die Teambesprechungen ganz erheblich. Als von den übrigen Projektmitarbeitern erhebliche Proteste laut werden, entschliessen Sie sich, den beiden Mitarbeitern das Angebot zu einem Gespräch unter 6 Augen zu machen, auf das sich die beiden einlassen.

Erläutern Sie Ihre Schritte zu einer Konfliktlösung!

Lösungsansatz

1. Das Problem wird erkannt und definiert

- Offenlegung der unterschiedlichen Standpunkt
- Beleuchtung durch die Konfliktpartner
- Anerkennung der Lösungsbedürftigkeit

2. Alternative Lösungen werden entwickelt

- Vorschlag möglicher Lösungen
- gemeinsame Suche nach Alternativen
- Entgegennahme aller Vorschläge ohne Kritik, Bewertung und Selektion

3. Bewertung der alternativen Lösungen

- offene, ehrliche Begutachtung durch die Konfliktpartner
- gemeinsame Überprüfung auf ihre Funktionsfähigkeit

4. Die Entscheidung wird getroffen

- Überprüfung auf ihre allseitige Akzeptanz
- Zustimmung der Konfliktpartner zur Lösung wird festgestellt
- Die Lösung wird keiner Seite aufgezwungen

5. Die Entscheidung wird durchgeführt

- Maßnahmen zur Realisierung werden festgehalten
- wer hat was wann zu tun?

6. Abschließende Bewertung der Lösung

- Revision der getroffenen Entscheidung ist in beiderseitigem Einverständnis möglich

1.7 Präsentations- und Moderationstechniken einsetzen

Die letzte Ihrer Prüfungsleistungen ist das situative Fachgespräch sein, das eine Präsentation eines selbst gewählten Themas beinhaltet. Wir haben diesem Thema ein eigenes Kapitel gewidmet und diesem eine Präsentation vorangestellt, die wesentliche Merkmale eines gekonnten Vortrags und einer erfolgreichen Präsentation enthält.

Aufgabe 1

Mit der Umstellung auf das Referentensystem in Ihrem Personalbereich haben Sie und Ihre Kollegen beschlossen, wöchentlich eine Teambesprechung zu realisieren, die abwechselnd von einem der Referenten moderiert werden soll. Da Sie derjenige sind, der als erster für die Moderation verantwortlich ist, überlegen Sie sich, was die Stärken der Methode ausmacht. Erläutern Sie 3 dieser Stärken näher!

Lösungsansatz

- die Kompetenzen, das Wissen und die Kreativität aller in der Gruppe wird in der Moderation genutzt,
- diese Synergie erhöht, wie in jeder gut aufgestellten Gruppe, gleichzeitig die Qualität des Ergebnisses, wobei
- ein hierarchiefreies Klima, hier gleichberechtigte Referenten, die Motivation an der Mitarbeit erhöht.
- Störungen und Konflikte werden versachlicht und thematisiert, um die Leistungsfähigkeit der Gruppe zu erhalten,
- gemeinsam erarbeitete Ergebnisse finden in der Gruppe hohe Akzeptanz, dadurch steigt die Chance auf eine erfolgreiche Realisierung und Umsetzung.

Aufgabe 2

In einem eintägigen Workshop sollen einige Führungskräfte eine Qualifizierung zum Moderator erhalten und diese erworbenen Kompetenzen als Multiplikatoren an andere Führungskräfte per Coaching weitergeben. Nachdem einleitend die Grundsätze der Moderation erläutert wurden, soll nun jeder Teilnehmer Erfolgskriterien für ein Moderatorenprofil zusammentragen. Nennen Sie 10 Kriterien für ein Profil!

Lösungsansatz

Ein Moderator soll u. a.

- kreative Ideen beitragen
- Klärungsfragen stellen können
- Zeitgefühl haben
- Zusammenhänge erkennen
- aktiv zuhören können
- Ideen unterstützen und weiterführen können
- zusammenfassen können
- andere begeistern, motivieren können
- erreichbare Ergebnisse erkennen können
- Ziele hinterfragen können
- erkennen, wann Diskussionen beendet werden müssen
- die Bedeutung von Informationen erkennen können
- Realitätssinn haben
- Mut zur Konfrontation zeigen
- Entschlusskraft besitzen

Aufgabe 3

Ihr Unternehmen denkt darüber nach, die Kreativität und die Ideen seiner Mitarbeiter in Zukunft systematisch zu fördern, zu sammeln und zu nutzen. Eine konkrete Vorstellung in Richtung Vorschlagswesen, Ideenmanagement oder Wissensmanagement existiert noch nicht. In einer von Ihnen zu moderierenden Sitzung von Führungskräften, soll ein Vorschlag erarbeitet werden. Erläutern Sie, wie Sie sich den Ablauf dieser moderierten Sitzung vorstellen!

Lösungsansatz

1. Schritt Klärung des Ziels der moderierten Sitzung

- Was soll am Ende der Sitzung erreicht sein?
- Wie soll das Ergebnis aussehen?
- In welcher Form soll das Ergebnis vorliegen?

2. Schritt Analyse der Teilnehmer (Zielgruppe)

- Wer sind die Teilnehmer der Sitzung?
- Welche Funktion, Stellung, Entscheidungskompetenz haben sie?
- Wie sind die Interessen, Einstellungen und Erwartungen zum Thema
- Welche Konflikte könnten auftreten?

3. Schritt Auftrag klären und Ziele vereinbaren

- Regeln einer moderierten Sitzung vereinbaren
- Wozu tun wir das? (Sinn und Zweck)

- Für wen tun wir das? (Kunde)
- Was soll bis Ende der Sitzung erreicht sein? (Ergebnis)
- Woran wollen wir das Ergebnis messen? (Erfolgskriterien)

4. Schritt Zusammentragen von Informationen zum Ideenmanagement

- Fakten
- Ideen
- Ressourcen
- Risiken
- Alternativen

5. Schritt Arbeitsphase

- Auflisten von Arbeitsschritten
- Schnüren von Arbeitspaketen
- Prioritätenliste erstellen
- Teilergebnisse zusammentragen

6. Schritt Abschluss der moderierten Sitzung

- Kritische Betrachtung des Ergebnisses
- SOLL-IST-Vergleich
- Was war hilfreich, was war hinderlich in der Zusammenarbeit
- Verabredungen für die weitere Zusammenarbeit

Diese Lösung wird eine von vielen sein, die akzeptiert werden muss. Denkbar wäre auch ein Lösungsvorschlag, der einem Projektstrukturplan ähnelt oder eine allgemeine Lösung wie IST-Aufnahme, kritische Analyse, Alternativensammlung, SOLL-Konzept, Realisierung, Evaluation.

Aufgabe 4

Sie wollen mit Ihrem Team erstmalig ein Brainstorming zum Thema „Bessere Vermarktung unserer Personalarbeit“ durchführen. Dafür sind Sie als Moderator vorgesehen. Schildern Sie Ihre Vorgehensweise! Gehen Sie dabei insbesondere auf die Regeln in einer Brainstormingsitzung ein!

Lösungsansatz

1. Phase

Vertrautmachen mit der Methode, Beispiele für erfolgreiches Brainstorming schildern, Regeln erläutern und für alle sichtbar aufhängen, Lockerheit erzielen durch ein oder zwei Durchläufe mit Spasscharakter

2. Phase

Den Auftrag, die Frage oder Problem nennen, erörtern und klären

3. Phase

Regeln nochmals erklären und verbindlich machen

- Jede Idee ist willkommen und wird notiert
- Es erfolgt keine Kritik oder Bewertung der Beiträge anderer während des Brainstormings
- Jede Idee eines anderen ist Allgemeingut und darf aufgegriffen werden
- „Spinnen", d. h. unkonventionelle Ideen äussern, ist ausdrücklich erwünscht
- Masse geht vor Klasse, auf die Vielzahl der Ideen kommt es an

4. Phase

Zeit vereinbaren, für die erste Runde reichen 10–15 Minuten je nach Zahl der Teilnehmer, danach kann nach einer Pause noch eine weitere Runde von 5 Minuten angebracht sein, danach sollte das Brainstorming beendet werden

5. Phase

Die Weiterverarbeitung der gesammelten Ideen erfolgt durch

- die Gruppe selbst oder
- durch Experten

Aufgabe 5

Sie haben den Auftrag, die Ergebnisse einer Mitarbeiterbefragung zu präsentieren.

a) Erläutern Sie 5 Vorteile der Visualisierung!
b) Nennen Sie 3 Regeln der Visualisierung in Präsentationen, die Sie beachten!

Lösungsansatz

a) Vorteile der Visualisierung

Visualisierung

- nutzt den dominanten Kanal bei der Informationsaufnahme („Bild schlägt Ton")
- spricht die unterschiedlichen Funktionsweisen der beiden Gehirnhälften an
- verkürzt den Redeaufwand
- liefert einen roten Faden für den Vortrag
- setzt Schwerpunkte
- verbessert die „Haftfähigkeit" der Information bei den Zuhörern

b) Regeln

Bei der Visualisierung sollten Sie u. a. beachten

- jede Information, die mehr als 3–5 Minuten in Anspruch nimmt, sollte visualisiert werden
- sie muss auch auf 5–8 Meter Entfernung noch wahrnehmbar sein
- visualisieren Sie nur die Kerninformation
- streben Sie eine saubere Gliederung an
- verwenden Sie nur Stichworte, keine ganzen Sätze
- die grafische Qualität, Farben und Animation sind eher sekundär

„Die Visualisierung hat die Funktion, den Präsentierenden zu unterstützen, der Präsentierende hat nicht die Funktion, die Visualisierung zu unterstützen!“

1.8 Arbeitstechniken und Zeitmanagement anwenden

Aufgabe 1

Sie beoachten seit einiger Zeit bei Mitarbeitern, dass diese offenbar Probleme mit ihrer Arbeitseinteilung haben. Einerseits stellen Sie fest, dass von der Arbeitszeit ein nicht unwesentlicher Teil auf rein private Aktivitäten während des Dienstes entfällt, andererseits klagen die Mitarbeiter über Stresssymptome, Termine werden nicht eingehalten, Kundenbeschwerden über Verzögerungen u.v.m. häufen sich. Sie beschliessen, in einem ersten Schritt, dieses Zeitproblem durch eine IST-Aufnahme anzugehen und zunächst einen Fragebogen zur Selbstbeobachtung und Selbstaufschreibung zu entwickeln, der anonym bleibt.

Erarbeiten Sie exemplarisch einen Fragebogen mit 10 Symptomen für Zeitprobleme!

Lösungsansatz
Symptome in diesem Fragebogen könnten sein

- keine Zielsetzung vorhanden
- kein täglicher Plan
- unklare oder wechselnden Prioritäten
- keine selbstgesetzten Termine
- zu viel anfangen, unrealistische Zeitsetzungen
- Dinge mehrfach tun
- unklare Verantwortlichkeiten
- gefangen in Routinedetails
- Mangel an Motivation
- telefonische Unterbrechungen
- unerwartete Besucher
- Unfähigkeit, nein zu sagen
- unvollständige Informationen
- Perfektionismus
- alles wissen wollen
- Unentschlossenheit, aufschieben von Arbeiten

Alle Symptome können bei ihrem Vorhandensein von jedem Mitarbeiter bei selbstkritischer Reflexion beobachtet werden. Der Fragebogen muss nicht fremd ausgewertet werden, sondern sollte eher als Anstoss für den Mitarbeiter verstanden werden, etwas gegen seine Zeitprobleme zu tun.

Burkhard Zicke

Bei Verwendung einer Skalentechnik könnte man zwei wichtige Ausprägungen erfahren:

Relevanz des Problems
1 = grosses Problem für mich
4 = kein Problem für mich

Häufigkeit
1 = nie
4 = immer

1	2	3	4		1	2	3	4
☐	☐	☐	☐	keine Zielsetzung	☐	☐	☐	☐
☐	☐	☐	☐	kein täglicher Plan	☐	☐	☐	☐
				usw.				

Aufgabe 2

Eine Standardmethode auf dem Wege zu einer systematischen Zeitplanung ist die ALPEN – Methode. Sie überlegen, ob diese Methode Ihren Mitarbeitern helfen könnte, ihre individuelle Zeitplanung erfolgreicher zu gestalten.

a) Nennen Sie die 5 Schritte, die zur Bezeichnung der Methode geführt haben!
b) Erläutern Sie mit je zwei Beispielen, welche Aktivitäten bei jedem Schritt erforderlich sind!
c) Erläutern Sie, warum bei dieser Methode die Schriftform – auch bei Verwendung von elektronischen Zeitplansystemen – unverzichtbar ist!

Lösungsansatz

a) 5 Schritte

Aufgaben zusammenstellen
Länge der Tätigkeiten schätzen
Pufferzeiten für Unvorhergesehenes reservieren
Entscheidungen über Prioritäten, Kürzungen und Delegation treffen
Nachkontrolle – Unerledigtes übertragen

b) Aktivitäten

1. Schritt

- vorgesehene Aufgaben notieren
- Unerledigtes vom Vortag übertragen
- regelmässige Termine eintragen

2. Schritt

- hinter jede Aufgabe den geschätzten Zeitbedarf eintragen
- der Zwang zur Zeiteinhaltung zwingt zu systematischer Arbeit

3. Schritt

- nur 60 % der Zeit verplanen – 40 % für Unvorhergesehenes reservieren
- Freizeiten auch in die Zeitplanung eintragen

4. Schritt

- Prioritäten setzen (z. B. mit Hilfe einer ABC-Analyse)
- jede Tätigkeit überprüfen auf die Möglichkeit der Delegation

5. Schritt

- nicht Erledigtes auf die nächsten Tage je nach Priorität übertragen
- nach mehrfachem Übertragen Aufgabe endlich erledigen oder streichen

c) Prinzip Schriftform

- Tagespläne, die man nur im Kopf hat, verlieren an Überblick
- schriftliche Pläne entlasten das Gehirn
- ein schriftlich fixierter Plan hat den Effekt der Selbstmotivation
- schriftliche Pläne fördern die Konzentration auf das Wesentliche
- durch die Kontrolle der Tagesereignisse und -ergebnisse geht das Unerledigte nicht verloren
- der Planungserfolg wird gesteigert, weil der Zeitbedarf besser eingeschätzt werden kann und realistische Pufferzeiten eingeplant werden können

Aufgabe 3

An der Wand gegenüber Ihrem Schreibtisch hängt ein Motivationskalender mit dem heutigen Spruch „Lebenswichtige wenige Probleme vor den nebensächlich vielen Problemen in Angriff nehmen“! Erläutern Sie einem Mitarbeiter, welches Prinzip sich dahinter verbirgt!

Lösungsansatz

Es handelt sich um das Pareto-Prinzip oder die 80 : 20 – Regel. Übertragen auf das Zeitmanagement heißt dies, dass bereits 20 % ihrer Aktivitäten 80 % Erfolg oder Nutzen bringen, umgekehrt jedoch, dass man mit den restlichen 80 % Einsatz nur noch die restlichen 20 % am Gesamtnutzen einfährt.
Die Praxis sollte also so aussehen, dass man jede Tätigkeit, bevor man sie aufnimmt oder angeht, auf den grössten Nutzen überprüft.
(Für Ihre Abschlussprüfung heisst dies, dass Sie zu allererst die Aufgaben angehen sollten, die Sie sicher beherrschen und mit denen Sie die meisten Punkt einfahren können, und dann erst die vielen restlichen (Teil)-Aufgaben, die ihnen wenige Punkte bringen!)

Aufgabe 4

In Zeiten der elektronischen Datenverarbeitung, des papierlosen Büros und der Verwendung von workflow-Systemen und ESS sind Protokolltechniken teilweise aus der Mode gekommen. Dennoch gibt es auch heute noch viele Anlässe, aus denen Protokolle sinnvoll und notwendig erscheinen!

a) Erläutern Sie dies an zwei Beispielen näher!
b) Welche Formen der Protokolltechnik sind heute gebräuchlich? Nennen Sie zwei Techniken!

Lösungsansatz

a) Sinn und Zweck von Protokollen

- bei Abmahnungen ist es im Sinne der Beweissicherung erforderlich, die Anhörung des Mitarbeiters zu protokollieren
- eine auch noch so kleine Änderung eines Arbeitsvertrages bedarf der Schriftform, das gleiche gilt für Betriebsvereinbarungen
- die Ergebnisse von Mitarbeiter, -Beurteilungs- und Fördergesprächen sollten festgehalten werden, um auch anderen Stellen davon Kenntnis zu geben, z. B. wenn Fördermassnahmen oder Personalentwicklungsmaßnahmen beschlossen wurden
- Ergebnisse von Teamsitzungen oder Zielvereinbarungsgesprächen werden protokolliert und sind somit Planungs- und Kontrollinstrumente

b) Protokolltechniken

Von den grundsätzlichen Protokollarten

- Wortprotokoll
- Verlaufsprotokoll
- Kurzprotokoll und
- Ergebnis- oder Beschlussprotokoll

sind für die betriebliche Praxis eigentlich nur die beiden letzten relevant. Noch besser ist ein Simultanprotokoll, das handschriftlich angefertigt wird und auf Formblättern erstellt wird, die z. B. in jedem Zeitplanssytem, auch elektronisch enthalten sind

Aufgabe 5

Am Ende eines Workshops zum Thema „Zeit- und Selbstmanagement" beschliessen Sie mit Ihrer Gruppe 5 Regeln zum Umgang mit Zeitfressern zu formulieren und an jedem Schreibtisch zur Erinnerung plakativ anzubringen. Nennen Sie 5 Regeln, die Ihnen am wichtigsten erscheinen!

Lösungsansatz

Die Auswahl ist natürlich rein subjektiv oder als Ergebnis einer Selbstbeobachtung auch objektiv notwendig:

- Ich arbeite mit einem Zeitplansystem!
- Ich werde Arbeitsblöcke bilden (Schriftverkehr, Telefon, Internet bündeln)!
- Meine produktivsten Arbeitszeiten am Tag reserviere ich für A-Aufgaben!
- Ich plane für jeden Tag ausreichend Zeitreserven ein!
- Ich werde auch mal NEIN sagen, andere verrichten die Arbeit genau so gut
- .....

Situationsaufgabe 1 „Organisationsentwicklung in einer Bank“

Ihr Unternehmen ist die HannoverBank AG, eine Privatbank, die sich ausschließlich dem Privatkundengeschäft widmet und regional tätig ist. Sie sind einer von sieben Personalsachbearbeitern in der Personalabteilung, die für 850 Mitarbeiter zuständig ist. Ihr Personalleiter wird in zwei Jahren in den Ruhestand gehen, der Vorstand hat Ihnen bereits signalisiert, dass Sie als Nachfolger vorgesehen sind und Sie in diesem Zusammenhang mit einer Reihe von Sonderaufgaben betreut, die über Ihren eigentlichen Aufgabenbereich hinausgehen.

Das Unternehmen konnte sich in der Vergangenheit kleinerer Zuwachsraten erfreuen. Dennoch ist die Gesamtsituation nicht unkritisch. Auch Ihr Unternehmen wird in Zukunft die Personalkosten erheblich senken müssen und intern einige Umstrukturierungen vornehmen müssen, um sich am Markt behaupten zu können.

Die bisherige Aufbauorganisation des Personalwesens folgte dem jeweiligen Stand der Entwicklung Ihres Unternehmens. Sie ist rein funktional gegliedert und beinhaltet die Teilfunktionen

- Personalbeschaffung
- Personalbetreuung
- Personalentgelte
- Personalentwicklung

In der letzten Zeit wurde beratende Stellen für

- Arbeits- und Tarifrecht und
- Personalpolitik

zur Entlastung des Personalleiters geschaffen.

Alle Aufgaben stehen in unmittelbarem Zusammenhang mit der geschilderten Ausgangssituation.

Aufgabe 1 (20 Punkte)

a) Skizzieren Sie die bisherige Aufbauorganisation! Welche Bedeutung haben dabei die Stäbe? (10 P.)

b) Welche Probleme werden möglicherweise auftreten, wenn das Unternehmen noch stärker als bisher markt- und produktorientiert auftreten wird? (10 P.)

Aufgabe 2 (15 Punkte)

Ihr Unternehmen überlegt, mögliche Teilfunktionen des Personalwesens in Zukunft dauerhaft auszulagern. Erläutern Sie an einem selbstgewählten Beispiel Vor- und Nachteile des Outsourcings.

Burkhard Zicke

Aufgabe 3 (15 Punkte)

Der Vorstand beauftragt Sie, die Idee des Outsourcings in einer Projektgruppe abschliessend zu bearbeiten und eine Empfehlung in Form einer Präsentation auszusprechen. Für diese Projektgruppe sind Sie als Projektleiter vorgesehen.

a) Bestimmen Sie die Mitglieder in Ihrer Projektgruppe und begründen Sie kurz Ihre Auswahl! (5 P.)
b) Welche Regelungen sollte der Projektauftrag enthalten? (10 P.)

Aufgabe 4 (10 Punkte)

Die Information und Kommunikation zwischen dem Personalbereich und den Mitarbeitern soll durch die Einrichtung eines Intranets erheblich verbessert werden. Machen Sie einen Vorschlag, welche Ziele der Personalbereich damit verfolgt und welche Instrumente Sie den Mitarbeitern bieten!

Aufgabe 5 (20 Punkte)

Der Vorstand Ihrer Bank hat beschlossen, ein Personalinformationssystem zu implementieren. Dies ist mit der Schulung von allen Mitarbeitern im Personalbereich verbunden, für die die Mitarbeiter reihum für jeweils drei Wochen freigestellt werden und zum Trainingscenter des Softwareherstellers nach München fahren müssen. Ein 58jähriger Mitarbeiter hat sich bereits zum zweiten Male durch „Krankheit“ dieser Schulung „entzogen“. Da sich der gleiche Mitarbeiter wiederholt sehr abfällig über das eingeführte System geäussert hat, gleichzeitig aber erkennbar mit der neuen Technologie auf Kriegsfuss steht, beschließen Sie, in einem Kritikgespräch mit dem Mitarbeiter an einer Lösung zu arbeiten.

a) Wie bereiten Sie sich auf dieses Gespräch vor? (5 P.)
b) Welche alternativen Zielsetzungen erarbeiten Sie für sich? (15 P.)

Aufgabe 6 (20 Punkte)

Sie haben erkannt, dass die Zukunft der Personalarbeit vermehrt aus Teamarbeit bestehen wird. Dabei setzen Sie auf den leistungssteigernden Effekt der Gruppenarbeit.

a) Wie kommt diese Leistungssteigerung in einer gut funktionierenden Gruppe zustande? (10 P.)
b) Welche Merkmale müssen vorhanden sein, damit Sie von einem Team sprechen können? (10 P.)

Lösungsansatz

Aufgabe 1

a) Aufbauorganisation

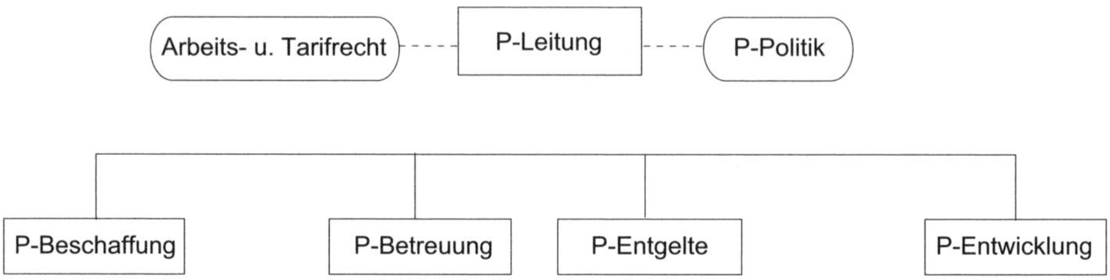

Stäbe beraten den Stelleninhaber. Sie haben jedoch keine Weisungsbefugnis. Stäbe entlasten den Stelleninhaber und leisten Vorarbeit für wichtige Entscheidungen, an denen die Stabsstelleninhaber jedoch nicht beteiligt sind.

b) Mögliche Probleme

Das Verrichtungsprinzip als Linienorganisation hat ein unterdimensioniertes Kommunikationssystem mit langen Kommunikationswegen, die Zeitverluste mit sich bringen und den Bedürfnissen nach schnellen Marktanpassungen und Kundenorientierung nicht gerecht werden.
Diese Form der Aufbauorganisation fördert das Ressort- und Sicherheitsdenken und verhindert den Blick über den eigenen Arbeitsbereich hinaus.
Die Leitungsspitze ist bei einer Linienorganisation tendenziell überlastet, Entscheidungen werden nicht auf der hierarchischen Ebene getroffen, wo sie der Sache nach hingehören. Die Tatsache, dass bereits zwei Stabsstellen eingerichtet wurden, unterstreicht dies. Eine Kunden- oder Produktorientierung erfordert wie die Reorganisationen vieler Kreditinstute zeigen, die völlige Abkehr von Liniensystemen hin zur Spartenorganisation (Profit- oder Cost-Center oder sogar Matrixorganisation)

Aufgabe 2

Mögliche Beispiele für ein Outsourcing im Personalbereich sind

- die Lohn- und Gehaltsabrechnung
- die Personalentwicklung
- die Personalverwaltung (z. B. elektronische Aktenführung)
- die Personalbeschaffung auf Führungsebene
- .....

Am Beispiel der Personalentwicklung könnte man daran denken, Potenzialanalysen und -beurteilungen, die Durchführung von Assessment Centern und die betriebliche Weiterbildung ganz oder teilweise auf Dritte zu übertragen.
Dann müsste vorher sehr genau geprüft werden, ob diese Maßnahme zu einer verbesserten Wirtschaftlichkeit führen wird, speziell aber Kostensenkungen bzw. die Umwandlung von fixen in variable Kosten und damit eine verbesserte Liquidität nach sich zieht.

Burkhard Zicke

Dann könnte durch in Zukunft klar definierte Leistungen Dritter eine verbesserte Transparenz der Leistungsprozesse in der Personalentwicklung erreicht werden.
Wird die Personalentwicklung outgesourct, erzielt man auch eine erhöhte Flexibilität bei der Inanspruchnahme von Entwicklungs- und Qualifizierungsmassnahmen, gleichzeitig eine verbesserte Leistung durch Einströmen neuen Wissens und neuer Erfahrung
Als Nachteile des Outsourcings fallen u. U. folgende Gesichtspunkte ins Gewicht:
Durch die Inanspruchnahme von Weiterbildungseinrichtungen oder Unternehmensberatungen gewähre ich diesen auch Einblick in betriebliche Prozesse. Möglicherweise gebe ich auch Daten und Informationen preis, die besser intern geblieben wären.
Habe ich mich zum Outsourcing entschlossen, ist dies nur sehr schwer rückgängig zu machen, da ich mich von Personal und Einrichtungen ebenfalls als Folge meiner Entscheidung trennen werde.
Macht die Konkurrenz ebenfalls von dem Dritten Gebrauch, gehen möglicherweise spezielle Imageaspekte verloren.

Aufgabe 3

a) Mitglieder der Projektgruppe

Personalleiter	wegen der nachfolgenden personellen Einzelmassnahmen
Jurist	wegen der besonderen rechtlichen Aspekte (Betriebsübergangsproblematik, Kündigungen, Abschluss von Verträgen mit Dritten usw.)
Leiter P-Entwicklung	kann am ehesten Auskunft über den Nutzen der Auslagerung von Entwicklungsmassnahmen geben
Vorstand	es geht um eine strategische Entscheidung, die weit über das Personelle hinausgeht
Controlling	um stets auch die Zahlen parat zu haben
Betriebsrat	um diesen ständig auf dem Laufenden zu halten und Entscheidungen transparent zu machen
Berater	sollte bei Bedarf hinzugezogen werden, um Erfahrungen mit ähnlich gelagerten Fällen einfliessen zu lassen

b) Regelungen des Projektauftrages

Ein Projektauftrag ist eine schriftliche Vereinbarung zwischen Auftraggeber, d. h. Vorstand und Lenkungsausschuss und Auftragnehmer, d. h. Projektleiter, Projektteam und -mitarbeitern. Er beschreibt die Zielrichtung des Projektes und legt wichtige Rahmenbedingungen fest. Regelungen könnten sein

- Zielsetzung
- Aufgaben der Projektgruppe
- Erwartetes Ergebnis

- Zeitrahmen
- Budget für das Projekt
- Materielle Ressourcen
- Pflichtenheft
- Meilensteine
- Reporting

Aufgabe 4

Aus der Vielzahl der Möglichkeiten hier nur eine kleine Auswahl über Ziele und Instrumente

- Informationsplattform von Informationen aus dem Personalbereich für die Mitarbeiter (top down) und von den Mitarbeitern an den Personalbereich (bottom up)
- Möglichkeit der Selbstdarstellung und Verbesserung des Images des Personalbereiches
- Einbindung von Workflows und Möglichkeiten des ESS, dadurch Verschlankung von Prozessen und Reduzierung von Bearbeitungszeiten von Urlaubsanträgen usw.
- Nutzung des Intranets für die Personalplanung und Personalbeschaffung (interne Stellenausschreibungen)
- Intranet als Instrument der Vermarktung des eigenen Personalbereichs
- Gelegenheiten für Anregungen, Verbesserungsvorschläge, Ideemanagement
- Informationen über Weiterbildungsmöglichkeiten und Entwicklungsmassnahmen für die Mitarbeiter (Seminarkatalog)
- Mitteilungsblatt für Angebote, vergünstigte Einkaufsmöglichkeiten für Mitarbeiter
- Veranstaltungskalender des Betriebes (Tag der offenen Tür, Vorträge usw.)
- Presseorgan (Einstellen von Presseberichten über Aktivitäte und Produkte des Unternehmens
- Information über laufende Projekte im Unternehmen

Aufgabe 5

a) Gesprächsvorbereitung

- Personalakte bereitlegen (Abmahnungen u. ä.)
- Bisherige Personalentwicklung nachvollziehen
- Personalbeurteilungen der letzten Jahre einsehen
- Stellenbeschreibung oder Arbeitsplatzbeschreibung zurechtlegen
- ausreichend Zeit einplanen und für Störungsfreiheit sorgen
- neutralen Raum wählen
- noch einmal Regeln für wirksame Kritik einprägen
- vorurteilsfrei an das Gespräch heran gehen
- Gesprächsleitfaden zurecht legen
- vorausschauend Einwände des Mitarbeiters berücksichtigen
- alternative Lösungen überlegen

b) Gesprächsdurchführung

Oberstes Ziel bleibt, den Mitarbeiter zur Arbeit mit dem neuen System zu bewegen, ihm die Angst vor der EDV zu nehmen und ihm so den Arbeitsplatz zu erhalten.
Sollte dies nicht gelingen, gibt es, vorausgesetzt, man will den Mitarbeiter unter Berücksichtigung seines Lebensalter und seiner Verdienste für das Unternehmen halten, die Möglichkeit einer Versetzung an einen anderen Arbeitsplatz, auch bei geringeren Bezügen. Dabei sind die Mitbestimmungsrechte des Betriebsrates zu wahren.
Überlegen, ob es Möglichkeiten der Vorverrentung, Altersteilzeit gibt (Tarifvertrag einsehen), ggf. auch das Angebot einer einvernehmlichen Trennung vorschlagen. Dies vor allem, wenn eine Versetzung aus personellen oder organisatorischen Gründen nicht gelingt.
Ultima ratio wäre die ordentliche Kündigung unter Beachtung möglicher verlängerter Kündigungsfristen (sehr problematisch, aber letzlicht durchsetzbar!) Im Falle einer hartnäckigen Verweigerung der Schulung bleibt auch die Abmahnung und ggf. eine fristlose Kündigung (aber nur, wenn eindeutig Arbeitsverweigerung nachgewiesen werden kann!)

Aufgabe 6

a) Leistungssteigerungen in einer Gruppe

In den verschiedenen Organisationsformen der Teamarbeit soll immer eine Leistungssteigerung gegenüber der individuellen Arbeitsleistung erzielt werden. In einem hoch entwickelten Team sind eine Reihe von unterschiedlichen Faktoren ausschlaggebend für diese Leistungserbringung:

- verbesserte Leistungsmotivation wirkt qualitätssteigernd
- das Team arbeitet selbstverantwortlich, jeder weiß um die Bedeutung seines Beitrages zur Teamleistung
- die Entscheidungsfindung vollzieht sich in einem Team ggf. langsamer, jedoch werden bessere, weil ausgewogenere Entscheidungen getroffen
- in einem Team werden Synergieeffekte frei, d. h. es kommt zu einem positiven Ausgleich individueller Unterschiede der Teammitglieder im persönlichen Arbeitstempo, in der Geschicklichkeit oder der Anstrengungsbereitschaft
- die Mitglieder im Team sind in der Regel besser informiert, auch informell, als bei Einzelarbeit
- es entwickelt sich ein „wir“-Gefühl in dem Team, gleichzeitig wird aber auch ein Konkurrenz- und Wettbewerbsmotiv gebildet, das „die“-Gefühl
- für Vorgesetzte wird bei Kenntnis der Gruppenstruktur die Informationsübermittlung und die Führung erleichtert
- gute Teams verfügen in der Regel über ein hohes Kreativitäts- und Informationspotential

b) Merkmale eines Teams

Ein Team stellt eine Weiterentwicklung einer Gruppe dar, d. h. Gruppenmerkmale wie

- optimale Gruppengrösse i. S. einer arbeitsfähigen Kleingruppe
- das Vorhandensein eines gemeinamen Ziels
- eine Gruppenführung (formell oder informell oder beides)
- eine organisierte Zusammenarbeit
- Spielregeln, d. h. Normen in dieser Gruppe
- unterschiedliche Rollen und eine Gruppenstruktur

werden beim Team als selbstverständlich vorausgesetzt.
Darüber hinaus gelten für hoch entwickelte Teams noch weitere Voraussetzungen, wie z. B.

- der Abbau einer störenden sozialen Binnendistanz zugunsten einer echten Gruppenkohäsion,
- das Vorhandensein von klaren Rahmenbedingungen für die Teamarbeit
- gegenseitige Akzeptanz und Toleranz als unverzichtbare Umgangformen und Verhaltensweisen in dem Team
- die Entwicklung einer eigenen Teamidentität

Situationsaufgabe 2 „Strukturwandel in der LernsoftVerlag AG“

Die LernsoftVerlag AG befindet sich in einem tiefgreifenden strukturellen Wandel. Aus einem reinen Verlag mit Spezialisierung auf Schul- und Fachbücher, der 2005 von einem Schweizer Unternehmen aufgekauft wurde, hat sich ein Unternehmen entwickelt, das Lernsoftware für Unternehmen und Weiterbildungseinrichtungen entwickelt und verkauft. Ein weiterer Zweig ist die Entwicklung von IT-gestützten Instrumenten für den Personalbereich, d.h von Zeiterfassungssystemen bis zur Digitalisierung von Personalakten in Verbindung mit einem anerkannt guten Kundensupport und Schulung. Das bisherige Verlagsgeschäft spielt für den Umsatz praktisch keine Bedeutung mehr. Seit 2005 ist die Belegschaft von 85 Mitarbeitern auf 240 Mitarbeiter angestiegen, der Anteil an neuen Arbeitsformen wie Projektarbeit hat zugenommen. Die Mitarbeiter des Verlags wurden grösstenteils übernommen, die Aufbauorganisation in Form einer Stab-Linien-Organisation wurde im Kern übernommen, durch weitere Stäbe und Bildung von Projektgruppen ergänzt. Der Personalbereich ist rein funktional gestaltet, wichtige Funktionen wie z. B. Personalentwicklung oder Personalbetreuung fehlen ganz oder werden vom Personalleiter „mitbetreut“. Das Stab-Linien-System verhindert häufig effektive und effiziente Projektarbeit. Die alten Mitarbeiter sind auf Besitzstandswahrung aus und wenig innovationsbereit und -fähig. Die Konflikte zwischen alten und neuen Mitarbeitern und deren Führungskräften häufen sich. An diesem Punkt überlegt der Vorstand der LernsoftVerlag AG, das Unternehmen organisatorisch und personell neu aufzustellen. Sie wurden nach dem Ausscheiden des alten Personalleiters vor einem Jahr eingestellt und sollen den Restrukturierungsprozess unterstützen.

Berücksichtigen Sie bei Ihren Antworten soweit möglich die betrieblichen Gegebenheiten!

Aufgabe 1 (30 Punkte)

Die Restrukturierungen sollen im Personalbereich beginnen, der sich in Zukunft als Dienstleister für alle Mitarbeiter verstehen soll.

a) Erläutern Sie am Beispiel von drei ausgewählten Kunden deren zukünftigen Erwartungen an den Personalbereich! (12 P.)
b) Beschreiben Sie Ihre Vorgehensweise hinsichtlich der Umsetzung des „Prinzips Kundenorientierung“ im Personalbereich! (18 P.)

Aufgabe 2 (20 Punkte)

Der Personalbereich soll organisatorisch auf die neuen Arbeitsformen in Ihrem Unternehmen ausgerichtet werden.

a) Erläutern Sie, welche Form der Aufbauorganisation für den Personalbereich Sie dem Vorstand der Lernsoft Verlag AG vorschlagen. Begründen Sie Ihre Entscheidung! (8 P.)
b) Stellen Sie die Reorganisation des P-Bereiches in Form einer Matrixorganisation als Skizze dar! (12 P.)

Aufgabe 3 (20 Punkte)

Die Prozesse im Personalbereich sollen überprüft und ggf. neu gestaltet werden.

a) Erläutern Sie Ihre Vorgehensweise bei der Durchführung einer Prozessanalyse! (12 P.)
b) Beschreiben Sie den Prozess „Einsichtnahme eines Mitarbeiters in seine Personalakte“ (8 P.)

Aufgabe 4 (20 Punkte)

Die Unternehmensleitung hat beschlossen, ein Ideen- und Wissensmanagement zu etablieren, um die Kreativität und Innovationsbereitschaft bei den Mitarbeitern zu fördern, zu unterstützen und zu belohnen. Dazu soll ein Projektteam zusammengestellt werden.

a) Nennen Sie Auftraggeber und Auftragnehmer in diesem Projekt! (4 P.)
b) Für dieses Projekt sind Sie als Projektleiter designiert. Sie stellen Überlegungen hinsichtlich ihrer Aufgaben an. Beschreiben Sie 5 unterschiedliche Aufgaben! (10 P.)
c) Sie haben vor, eine Kick-Off-Veranstaltung zu diesem Projekt durchzuführen. Erläutern Sie, wer daran teilnehmen soll und welche Inhalte für Sie wichtig sind! (6 P.)

Aufgabe 5 (10 Punkte)

Die Konflikte in dem Betrieb sollen entschärft werden. Die Führungskräfte sollen befähigt werden, Konfliktgespräche zu moderieren. Sie erhalten den Auftrag, einen Leitfaden für die Durchführung von Konfliktgesprächen zu entwickeln, der als Grundlage einer späteren Schulung der Führungskräfte dienen soll.

Lösungsansatz

Aufgabe 1

a) Kunden und deren Erwartungen

Geschäftsleitung erwartet u. a.

- Strategien für die Rekrutierung, den Einsatz, die Betreuung und die Entwicklung der Mitarbeiter
- Berücksichtigung von Kosten- und Wirtschaftlichkeitsprinzipien bei personellen Maßnahmen
- Personalbereich soll visionär tätig werden und neue Instrumente und Methoden entwickeln
- Personalbereich soll Veränderungsprozesse erfolgreich begleiten und steuern

Gesamtbelegschaft erwartet u. a.

- Förderung der Zusammenarbeit und Verbesserung des Betriebsklimas
- Berücksichtigung von Einstellungen, Wünschen und Meinungen der Mitarbeiter
- Versorgung der Mitarbeiter mit zeitnahen Informationen
- Aufrechterhaltung der Motivation der Mitarbeiter durch zeitgemässe Anreizsysteme

Führungskräfte erwarten u. a.

- Beratung durch den Personalbereich in rechtlichen und administrativen Belangen
- Zurverfügungstellungen von allen Instrumenten, die zur Erfüllung ihrer Aufgaben dienen wie z. B.
  - P-Beschaffung
  - Eingruppierung
  - Coaching
  - Delegation von Aufgaben
  - Gestaltung von Gruppenprozessen
  - Förderung der Weiterbildung
  - Konfliktmanagement
  - Ziellerreichung

Betriebsrat erwartet u. a.

- vertrauensvolle Zusammenarbeit
- gegenseitige Anerkennung
- Respekt der jeweiligen Position in Verhandlungen
- rechtzeitige Information über geplante personelle Maßnahmen

b) Kundenorientierung im Personalbereich

Eine schrittweise Realisierung eines neuen kundenorientierten Konzepts könnte so aussehen

1. Schritt: Festlegung auf die neue personalpolitische Zielsetzung

- Ermittlung der Kundenzufriedenheit und -erwartungen durch Mitarbeiterbefragungen, Betriebsklimaanalysen, Mitarbeitergespräche usw.
- Gegenüberstellung dieses IST-Zustandes mit dem Unternehmensleitbild und den Führungsgrundsätzen
- Geeignete Vergleiche mit anderen Unternehmen durch Benchmarking

2. Schritt: Entwicklung eines Maßnahmenkataloges zur

- Verbesserung von Service
- Optimierung der Dienstleistungen
- Verbesserung der Prozesse usw.
- Festlegung von Prioriäten, Meilensteine, einer road map

3. Schritt: Kommunikation des Konzeptes

- Abstimmung zwischen Vorstand und Betriebsrat
- Commitment des Personalbereiches
- Mitarbeiterinformationen über Intranet, in Betriebsversammlung u. a.

4. Schritt: Umsetzung des Konzeptes

- Qualifizierungsmassnahmen für alle betroffenen Mitarbeiter
- Zielvereinbarungen durchführen
- Interne Public Relation durch geeignete Vermarktung des neuen Konzeptes

5. Schritt: Evaluation und Prozessveränderung

- erneute Mitarbeiterbefragung
- Stärken-Schwächen-Analyse
- ggf. Wiedereinstieg bei Schritt 1 bis 4

Aufgabe 2

a) Neue Aufbauorganisation

Der Personalbereich muss auf die geänderten Anforderungen organisatorisch eingestellt werden. Als Gestaltungsform kommt demnach in Frage

- ein Referentensystem
- eine Matrixorganisation
- ein Profit-Center

Das Referentensystem kommt vor allem in Betracht, weil es eine optimale Personalbetreuung von Mitarbeitern in allen Angelegenheiten einer modernen Personalarbeit garantiert.
Die Matrixorganisation kommt in Frage, weil der Personalbereich in Zukunft stärker als bisher in die Projektarbeit eingebunden sein wird. Diese Organisationsform stellt durch die erzwungene Zusammenarbeit des Personalbereiches und der Projektleiter eine optimale Versorgung der Projekte mit kompetenten Mitarbeitern dar. Der Personaleinsatz eines Mitarbeiters in verschiedenen Projekten kann durch den Personalbereich sehr gut koordiniert werden.

Der Personalbereich als Profit-Center eignet sich vor allem für kundenspezifische Lösungen bei gleichzeitiger Berücksichtigung von Kostengesichtspunkten.
Man kann sich ohne weiteres eine Verknüpfung von allen drei Formen in einer Aufbauorganisation vorstellen, also einen Personalbereich, der nach aussen als Profit-Center auftritt und nach innen als Referentensystem organisiert ist in einer Matrixorganisation, bei der die Projekte anstelle von Produktgruppen oder Betrieben den Objektbereich bilden.

b) Organigramm

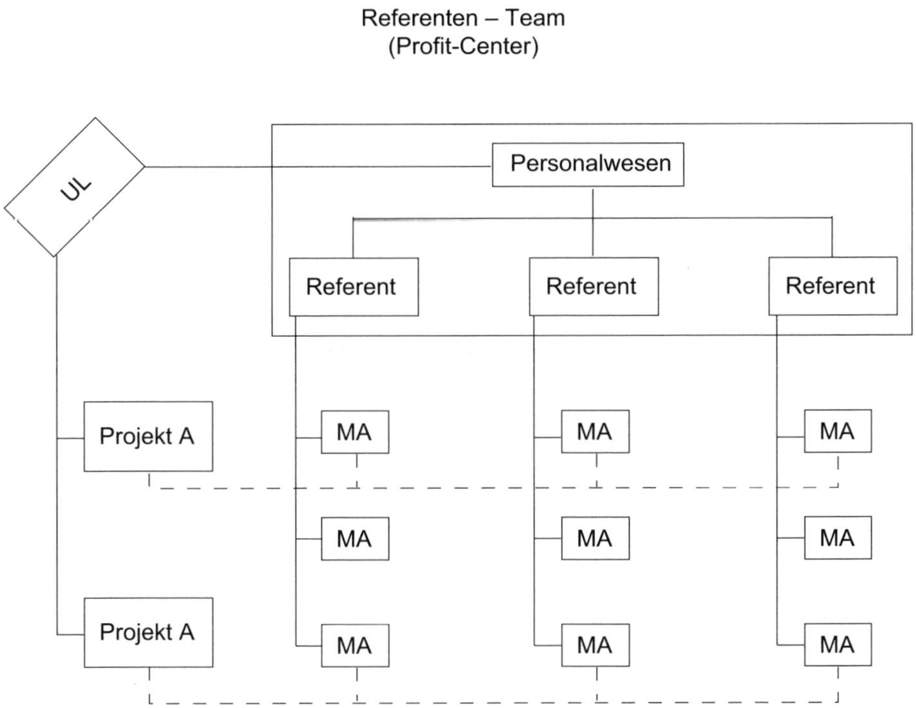

Aufgabe 3

a) Prozessanalyse

Die Prozessanalyse steht bei allen Modellen der Prozessgestaltung am Anfang und verläuft im Allgemeinen in vier Schritten:

- vollständige Erfassung und Dokumentation aller Prozesse im Personalbereich
- detaillierte Beschreibung der erhobenen Prozesse
- anschliessende kritische Betrachtung der Stärken und Schwächen jedes einzelnen Prozesses unter Kosten-Nutzen-Gesichtspunkten und Brauchbarkeitsaspekten
- Transparentmachung der bisherigen Abläufe für alle Prozessbeteiligten

Die Prozessanalyse sollte Antworten auf folgende Fragen geben:

- Welche Prozessziele gelten für den Prozess?
- Was ist der genaue Beginn und das Ende des Prozesses?
- Was ist der Auslöser des Prozesses?
- Wer ist der Prozessverantwortliche?
- Welche Tätigkeiten finden im Prozess statt?
- Welche Fertigkeiten und Kenntnisse sind für den Prozess nötig?
- Welche Informationen und Dokumente sind wichtig?
- Welche Störungen im Prozess treten auf?
- Wie wird die Leistungsfähigkeit des bisherigen Prozesses gemessen?

b) Prozessbeschreibung

Prozessaufgabe	Einsichtnahme in eine Personalakte gewähren
Anstoß	Disziplinarische Maßnahme (z. B. Abmahnung)
Quelle	Antrag auf Einsichtnahme durch den Mitarbeiter
Anfangsaktivität	Herausgabe der Akte an den Mitarbeiter
Endaktivität	Rückgabe an den zuständigen Sachbearbeiter
Hauptaktivitäten	Prüfung des Einsichtnahmerechtes des Mitarbeiters in Übereinstimmung mit der Betriebsvereinbarung
	Sicherstellung, dass die Akte nur im Personalbereich unter Aufsicht eingesehen wird
	Entgegennahme von Anträgen des Mitarbeiters auf Änderungen oder Entfernung
	Überprüfung auf Vollständigkeit der Akte am Schluss der Einsichtnahme
Prozessziele	Gewährleistung berechtigter Einsichten in die Akte
	Gleichbehandlung der Mitarbeiter
	Einhaltung der Regeln der entsprechenden Betriebsverinbarung

Aufgabe 4

a) Auftraggeber und Auftragnehmer

Auftraggeber	Vorstand
	Lenkungsausschuss
	Projektkoordinator
Auftragnehmer	Projektleiter
	Projektteam
	Projektmitarbeiter

b) Aufgaben des Projektleiters

Der Projektleiter ist u. a. verantwortlich für

- die Organisation der Projektarbeit
- die Teamentwicklung im Projektteam
- das Projektmanagement
- die Moderation der Teamsitzungen
- die festzulegende Strategie in der Projektarbeit
- das Management von Konflikten im Team
- den Personaleinsatz der Teammitglieder
- die Einhaltung von Budgetvorgaben und Kosten
- die Berichterstattung an die Auftraggeber
- die Einhaltung von Terminen

c) Inhalte einer Kick-off-Veranstaltung

Teilnehmer sollten sein

- Mitglied des Vorstandes
- Mitglied des Betriebsrates
- Führungskräfte
- Projektleiter und Projektteam
- ausgewählte Mitarbeiter

Programmatische Inhalte der Veranstaltung

- Ziele und Nutzen eines Ideenmanagements für Unternehmen und Mitarbeiter
- Vorstellung des Projektes, des Projektleiters und des Projektteams
- Darstellung der Organisation der Projektarbeit und Kommunikation im Team
- Information über die erwarteten Ergebnisse
- Erwartungen, Anregungen und Wünsche der Anwesenden an das Projekt
- Regelung der zukünftigen Information und Kommunikation während der Laufzeit
- Einbindung des Betriebsrates in die Projektarbeit

Aufgabe 5

Wenn die Konfliktparteien dies wünschen, nimmt die Führungskraft in Konfliktgespräche die Rolle eines Moderators, besser noch eines Mediators ein. Nach dem traditionellen Rollenverständnis war dies bisher nicht unbedingt die Aufgabe einer Führungskraft. Wegen der Bedeutung eines tragfähigen Ergebnisses eines Konfliktgespräches für Unternehmen, Konfliktbeteiligte und Führungskräfte bedarf die Durchführung eines solchen Gespräches einer intensiven Vorbereitung und Schulung der Führungskraft. Jeder Vorgesetzte sollte sich darüber im klaren sein, dass ein falsches Verhalten in diesem Konfliktlösungsprozess zu einer erheblichen Eskalation des Konfliktes beitragen kann. Hier ein Vorschlag für die Moderierung eines Konfliktgespräches

1. Schritt: Vorbereitung und 1. Kontaktgespräch

- Sammlung von Informationen zum bisherigen Verlauf des Konfliktes
- Einflussnahme der Konfliktparteien im Unternehmen
- Sichtbarmachen der unterschiedlichen Interessenslage
- bisherige Maßnahmen und Versuche zur Lösung des Konfliktes deutlich machen
- Informationen über die Wahrnehmung der Mediatorenrolle der Führungkraft
- Bereitschaftserzeugung zur Teilnahme an den folgenden Gesprächen und Wille zur Konfliktlösung

2. Schritt: Eröffnungstreffen

- Information über die Rolle der Führungskraft als Mediator
  - Gastgeberrolle – schafft den Rahmen für die Gespräche
  - Neutraler Dritter – kein Beteiligter und kein Konfliktlöser
  - Vermittlerrolle zwischen den Konfliktparteien
  - Prozessbegleiterrolle
- Klärung der unterschiedlichen Sichtweisen
  - Abgabe von Statements der Parteien
  - Verdeutlichung der abweichenden Positionen
  - Festlegung der Punkte, über die verhandelt werden soll

3. Schritt: Einzelgespräche mit jeder Konfliktpartei

- Zusicherung der Vertraulichkeit
- Erhellen der Hintergründe des Konfliktes
- Entgegennahme von Forderungen der Parteien
- Aufzeigen von Stärken und Schwächen der Vorschläge
- Widersprechende Interessen aufzeigen
- Parteien auf die bevorstehende Konfrontation vorbereiten

4. Schritt: Gemeinsame Sitzungen/„Wechseldiplomatie"

- strikte Einhaltung von vereinbarten Regeln
- Umgang mit Emotionen im Gespräch
- Übereinstimmungen herausarbeiten und dokumentieren
- festgefahrene Situationen auflösen
- persönliche Konflikte im Einzelgespräch behandeln

5. Schritt: Abschlusstreffen

- Abschliessende Anmerkungen oder Kritik
- Feststellung, ob alle Interessen berücksichtigt wurden
- Klärung, ob die Vereinbarungen durchsetzbar sind
- Ausarbeitung eines Aktionsplans in schriftlicher Form

Handlungsbereich 2 „Personalarbeit auf Grundlage rechtlicher Bestimmungen durchführen“

2.1 Individuelles und kollektives Arbeitsrecht anwenden

Aufgabe 1

Erläutern Sie die Begriffe

a) Gesamtzusagc
b) Betriebliche Übung

unter Berücksichtigung ihrer rechtlichen Bedeutung.

Lösungsansatz

a) Gesamtzusage

Die Gesamtzusage ist ein Vertragsangebot des Arbeitgebers an seine Mitarbeiter, ihnen bei Vorliegen von ihm näher beschriebener Voraussetzungen bestimmte Leistungen zu gewähren. Das Angebot wird aus Gründen der Vereinfachung am Schwarzen Brett, im Intranet oder auf eine geeignete ähnliche Weise bekannt gemacht. Die zur Vertragswirksamkeit erforderliche Annahme des Angebots durch die Arbeitnehmer erfolgt „konkludent“, d. h. durch schlüssiges Verhalten. Es besteht darin, dass sie ihre Arbeit unwidersprochen fortsetzen.

b) Betriebliche Übung

Das Entstehen einer betrieblichen Übung hängt vom Vorliegen zweier Voraussetzungen ab, dem Zeitmoment und dem Umstandsmoment. Das Zeitmoment besagt, dass der Arbeitgeber seinen Mitarbeitern wiederholt gleich bleibende Leistungen gewährt hat. Wie oft er sie erbracht haben muss, hängt von den Umständen des Einzelfalles ab; (in Ausnahmefällen genügt sogar die einmalige Gewährung). Insoweit ist maßgebend, ob die Arbeitnehmer aus dem bisherigen Verhalten des Arbeitgebers begründetermaßen darauf vertrauen durften, er werde die Leistungen auch in Zukunft erbringen. Die betriebliche Übung begründet für den Arbeitgeber eine arbeitsvertragliche Verpflichtung.

Dr. Dietmar Franke

Aufgabe 2

Herr Emsig ist seit mehreren Jahren in einem größeren Warenhaus als Verkäufer für beratungsintensive Produkte angestellt. Seine wöchentliche Arbeitszeit beträgt 40 Stunden. Die tägliche Arbeitszeit von Montag bis Freitag beginnt 8.00 Uhr und endet – einschließlich einer halbstündigen Pause – 16.30 Uhr. Das Warenhaus hat von Montag bis Samstag von 8.00 bis 20.00 Uhr geöffnet. Herr Emsig möchte ein berufsbegleitendes Studium aufnehmen. Aus diesem Grund beantragt er im Mai seine wöchentliche Arbeitszeit auf 35 Stunden zu reduzieren und sein Arbeitsende täglich auf 15.30 Uhr zu verlegen. Nach einem mit dem Arbeitgeber im Juni hierüber geführten Gespräch lehnt dieser den Antrag Mitte Juli schriftlich ab. Er stellt sich auf den Standpunkt, dass dem Verringerungsverlangen betriebliche Gründe entgegenstehen. Zur Begründung führt er aus, die Philosophie des Hauses sei es, dass jeder Kunde stets denselben Verkäufer als Ansprechpartner haben solle. Dies sei erforderlich, weil die Kunden vor ihrer Kaufentscheidung erfahrungsgemäß mehrere Beratungsgespräche benötigten. Ihnen sei nicht zuzumuten, ihre Rückfragen bei jedem Besuch mit einem anderen Verkäufer erörtern zu müssen. Andernfalls bestehe die Gefahr, dass sie von einer möglichen Kaufentscheidung abrückten oder die Konkurrenz aufsuchten.

Erläutern Sie die Rechtslage.

Lösungsansatz

Nach § 8 I TzBfG kann jeder länger als sechs Monate im Unternehmen tätige Arbeitnehmer verlangen, dass seine vereinbarte Arbeitszeit verringert wird, sofern betriebliche Belange nicht entgegenstehen (§ 8 II Satz 1 TzBfG). Die formellen Voraussetzungen liegen vor:

- Emsig ist länger als sechs Monate im Unternehmen tätig.
- Er hat die Verringerung der Arbeitszeit einschließlich ihrer Verteilung dem

Arbeitgeber länger als drei Monate vor der gewünschten Umstellung mitgeteilt (§ 8 II Sätze 2 und 3 TzBfG).

- Der Arbeitgeber hat mit Emsig das nach § 8 III TzBfG erforderliche Gespräch

geführt und den Antrag form- und fristgerecht abgelehnt (§ 8 V TzBfG).
Fraglich ist, ob ein betrieblicher Grund die Ablehnung rechtfertigt. Dann müssten die vom Arbeitgeber vorgebrachten Argumente geeignet sein, als wesentliche Beeinträchtigung des Arbeitsablaufs im Sinne des § 8 IV Satz 2 TzBfG betrachtet zu werden. Ob das der Fall ist, muss auf der Grundlage des von der Rechtsprechung entwickelten Drei-Stufen-Schemas geprüft werden.
1. Vorliegen eines Organisationskonzepts: Die vom Arbeitgeber angesprochene Firmenphilosophie, wonach der Grundsatz „ein Kunde – ein Verkäufer" gilt, ist als ein solches Organisationskonzept anzusehen. 2. Vereinbarkeit des Arbeitszeitwunsches mit dem Organisationskonzept: Selbst wenn man, was sich ohne genauere Kenntnis der Umstände nicht abschließend beurtei-

len lässt, dem Arbeitgeber eine diesbezügliche Unvereinbarkeit einräumte, mangelt es 3. an dem Erfordernis einer wesentlichen Beeinträchtigung des Organisationskonzepts; denn auch ohne die Arbeitszeitverkürzung lässt sich dessen Grundgedanke „ein Kunde – ein Verkäufer" angesichts der Öffnungszeiten des Warenhauses nicht durchhalten. Der Anspruch des Emsig ist daher begründet.

Aufgabe 3

Die Herren Flink, Flott und Schnell sind mit einem zunächst auf 12 Monate befristeten Arbeitsvertrag bei der Hard & Soft GmbH als technische Sachbearbeiter angestellt.

a) Da der Vorgesetzte mit Flink sehr zufrieden ist, bietet er ihm einen Tag vor Ablauf der Befristung an, den Arbeitsvertrag um weitere 12 Monate zu verlängern. Er, der Vorgesetzte, werde bei der Personalabteilung alles Erforderliche veranlassen. Nach einer Woche erhält Flink von ihr mit der Werkspost die Vertragsverlängerung zur Gegenzeichnung zugestellt.
b) Für Flott sieht die Hard & Soft GmbH nach Ablauf der 12 Monate keine Verlängerungsmöglichkeit. Am Anfang seiner Studienzeit war Flott wiederholt bei ihr als Aushilfskraft in der Produktion eingesetzt war. Der letzte Einsatz liegt jedoch schon mehr als drei Jahre zurück.
c) Für Schnell bietet sich nach Ablauf der 12 Monate eine Weiterbeschäftigung in einer anderen Abteilung. Deren Leiter besteht auf einer auf drei Monate befristeten Erprobung. Die Personalabteilung kommt dem Wunsch nach und nimmt einen entsprechenden Passus in den Text der Vertragsverlängerung auf.

Alle drei Herren sind der Ansicht, in einem unbefristeten Arbeitsverhältnis zu stehen und wenden sich an Sie als Personalreferenten mit der Bitte um eine Erläuterung der Rechtslage.

Lösungsansatz

a) Fall Flink

Nach § 4 IV TzBfG bedarf die Befristung eines Arbeitsverhältnisses zu ihrer Wirksamkeit der Schriftform. Das gilt auch für die Verlängerung der Befristung. Flink und sein Vorgesetzter haben sich mündlich darüber verständigt und Flink hat daraufhin sein Arbeitsverhältnis „nahtlos" fortgesetzt. Das ergibt sich aus der Tatsache, dass ihm die Vertragsverlängerung mit der Werkspost zugestellt worden ist. Die mündlich vereinbarte Verlängerung ist nach § 125 Satz 1 BGB nichtig. Die spätere schriftliche Niederlegung der Vereinbarung führt nicht zur rückwirkenden Wirksamkeit der abermaligen Befristung. Konsequenz: Fink befindet sich in einem unbefristeten Arbeitsverhältnis.

b) Fall Flott

Der mit Flott (wie im Übrigen auch mit den beiden anderen Herren) abgeschlossene Arbeitsvertrag ist als kalendermäßige Befristung im Sinne des § 14 II Satz 1 TzBfG zu betrachten; denn es fehlt an der Angabe eines sachlichen Grundes. Nach § 14 II Satz 2 TzBfG ist die kalendermäßige Befristung unzulässig, wenn mit demselben Arbeitgeber bereits zuvor ein befristetes oder unbefristetes Arbeitsverhältnis bestanden hat. Dabei ist es unerheblich, wie lange das frühere Arbeitsverhältnis zurückliegt. Ergebnis: Flott steht vom ersten Tag an in einem unbefristeten Arbeitsverhältnis.

c) Fall Schnell

Das Vertragsverhältnis mit Schnell wurde auf der Grundlage des § 14 I Nr. 5 TzBfG – Befristung zur Erprobung – fortgesetzt. Hierbei handelt es sich um eine Befristung mit sachlichem Grund. Der Wechsel aus einem kalendarisch befristeten Arbeitsverhältnis in ein solches mit Sachgrundbefristung ist grundsätzlich zulässig. Das ergibt der Umkehrschluss aus § 14 II Satz 2 TzBfG. Fraglich ist allerdings, ob eine „Erprobung" angesichts des bereits seit 12 Monaten andauernden Arbeitsverhältnisses noch sachlich gerechtfertigt ist. Das ist bei der Funktion eines technischen Sachbearbeiters zu verneinen. Dass Schnell nunmehr in einer anderen Abteilung eingesetzt wird, ändert an dieser Einschätzung nichts. Sein Arbeitsverhältnis wurde mit der Hard & Soft GmbH abgeschlossen, gleich in welcher Abteilung dieses Unternehmens er zum Einsatz kommt. Die zwölfmonatige Beschäftigung in der vorhergehenden Abteilung muss sich der Arbeitgeber als „Erprobung" des Mitarbeiters zurechnen lassen. Folge: Das Arbeitsverhältnis mit Schnell ist in ein unbefristetes übergegangen.

Aufgabe 4

Franz Hurtig ist seit sieben Jahren auf der Grundlage von fünf befristeten Arbeitsverträgen in Forschungs- und Entwicklungsprojekten der Bit & Byte KG beschäftigt. Nunmehr ist sein Arbeitsverhältnis abermals befristet worden. Grund hierfür ist die wegen Inanspruchnahme der Elternzeit erforderlich gewordene Vertretung einer Mitarbeiterin. Allerdings übernimmt Hurtig nicht deren Aufgabengebiet sondern das einer anderen Mitarbeiterin, der die Tätigkeit der sich Elternzeit befindenden Kollegin übertragen worden ist. Hurtig ist der Auffassung, sein Arbeitsverhältnis sei in ein unbefristetes übergegangen.

Erläutern Sie die Rechtslage.

Lösungsansatz

Bei mehreren aufeinander folgenden Arbeitsverträgen ist regelmäßig nur die Befristung des Arbeitsvertrags auf ihre Rechtmäßigkeit zu prüfen. Deshalb ist es unerheblich, ob auf Grund einer vorangegangenen Befristung ein unbefristetes Arbeitsverhältnis entstanden ist. Eine Ausnahme von dieser Regel besteht in zwei Fällen: 1., wenn die neue Befristung lediglich hinsichtlich des Endzeitpunktes modifiziert werden sollte, sich im Übrigen aber am Sachgrund der vorausgegangenen Befristung orientiert;2., wenn durch die neue Befristung das Vertragsverhältnis auf eine andere rechtliche Grundlage gestellt wird *und* die Vertragsparteien sich das Recht vorbehalten haben, die Wirksamkeit der davor liegenden Befristung prüfen zu lassen. Im vorliegenden Fall wurde der Vertrag durch die zuletzt vorgenommene Befristung auf eine neue Grundlage gestellt, und zwar statt Fortführung der Projektbefristung eine Befristung wegen Vertretung gemäß § 21 BEEG. Einen Vorbehalt der genannten Art haben die Vertragsparteien nicht erklärt. Ein unbefristetes Arbeitsverhältnis ist daher insoweit nicht zustande gekommen. Die Rechtmäßigkeit der nach § 21 BEEG erfolgten Befristung könnte jedoch deshalb bezweifelt werden, weil Hurtig nicht das Aufgabengebiet der Vertretenen übernommen hat, sondern ihm die Tätigkeit derjenigen Mitarbeiterin übertragen worden ist, die das Aufgabengebiet der wegen Elternzeit verhinderten Kollegin ausübt. Diese sog. mittelbare Vertretung wertet das BAG als rechtmäßig, sofern zwischen dem Vertretungsfall und der Befristung ein ursächlicher Zusammenhang besteht. Hiernach darf der Arbeitgeber die unmittelbare Vertretung durchaus einem anderen Arbeitnehmer übertragen, z. B. weil dieser auf Grund Ausbildung und Erfahrung dafür besser geeignet erscheint als der befristet Beschäftigte. Übernimmt dieser sodann die Tätigkeit des unmittelbaren Vertreters, liegt – wovon hier ausgegangen werden kann – ein ursächlicher Zusammenhang zwischen Vertretungsfall und Befristung vor. Hurtig befindet sich somit weiterhin in einem befristeten Arbeitsverhältnis. BAG 25. 8. 2004 – 7 AZR 32/04; 25. 8. 2004 – 7 AZR 7/04.

Aufgabe 5

Hans Fleißig möchte sich neben seiner Vollzeittätigkeit als Werkzeugmacher in einem tarifgebundenen Unternehmen der Metall- und Elektroindustrie noch einige Euro hinzu verdienen. Hierzu bietet sich ihm die Gelegenheit in der Autowerkstatt eines Freundes. Deshalb beantragt er bei der Personalabteilung die Zustimmung zu dieser Nebentätigkeit und bittet zugleich um Auskunft, in welchem zeitlichen Umfang er sie ausüben darf. Er beabsichtigt, seinem Freund jeweils von Montag bis Freitag ab 17.00 Uhr und gelegentlich samstags zur Verfügung zu stehen. Dies lasse sich angesichts seines frühen Arbeitsendes um 16.00 Uhr problemlos einrichten.

Erläutern Sie Ihre Überlegungen, die Sie als Personalreferent anstellen, um Herrn Fleißig eine sachgerechte Antwort geben zu können.

Lösungsansatz

Zunächst ist darauf hinzuweisen, dass es zur Aufnahme einer Nebentätigkeit nicht der Zustimmung des Hauptarbeitgebers bedarf, auch wenn diese im

Arbeitsvertrag vereinbart worden ist. Nach Art. 12 I GG hat jeder das Recht auf freie Berufswahl und -ausübung. Dieses Grundrecht umfasst auch die Aufnahme einer Nebentätigkeit. Allerdings hat der Arbeitgeber das Recht zu verlangen, dass ihm die Nebentätigkeit angezeigt wird. Das im Arbeitsvertrag evtl. enthaltene Zustimmungserfordernis ist in diesem Fall in eine Anzeigepflicht umzudeuten. Die Anzeigepflicht dient der Information des Arbeitgebers, um prüfen zu können, ob die Nebentätigkeit die arbeitsvertragliche Leistungspflicht beeinträchtigt, bzw. der Arbeitnehmer gegen das Konkurrenzverbot als arbeitsvertraglicher Nebenpflicht verstößt. Insbesondere hat der Arbeitgeber darauf zu achten, dass die Ausübung der Nebentätigkeit in Verbindung mit der Haupttätigkeit nicht zu einem Verstoß gegen zwingende Vorschriften des Arbeitszeitrechts führt.
Nach § 3 I Satz 1 ArbZG darf die werktägige Arbeitszeit acht Stunden nicht überschreiten. „Werktägig" heißt, dass der Samstag in die Berechnung einzubeziehen ist. Die wöchentliche Arbeitszeit des Herrn Fleißig beträgt, da er in einem tarifgebundenen Unternehmen der Metall- und Elektroindustrie tätig ist, 35 Stunden, bzw. sieben Stunden täglich. Damit verbleiben ihm zur Ausübung der Nebentätigkeit fünf Stunden zuzüglich der acht Stunden, die nach dem ArbZG für den Samstag in Ansatz gebracht werden können, also insgesamt 13 Stunden pro Woche. Rechnerisch dürfte er mithin von Montag bis Freitag täglich für 2,6 Stunden seiner Nebentätigkeit nachgehen. Allerdings verstößt dies gegen die nach § 5 I ArbZG zwingend einzuhaltende Ruhezeit von mindestens 11 Stunden. Denn im Hinblick auf das Arbeitsende um 16.00 Uhr und unter Einbeziehung der gesetzlichen Ruhepause von 30 Minuten nach § 4 ArbZG ist von einem Arbeitsbeginn beim Hauptarbeitgeber um 8.30 Uhr auszugehen. Das bedeutet, dass Herr Fleißig seine Nebentätigkeit – mit Ausnahme am Freitag – höchstens bis 19.30 Uhr, also nicht länger als 2,5 Stunden täglich ausüben darf. Als Alternative bietet sich z. B. an, von Montag bis Freitag lediglich zwei Stunden bei seinem Freund zu arbeiten und die verbleibenden $0{,}6_{\text{Stunden}} \times 5_{\text{Tage}} = 3$ Stunden am Samstag abzuleisten. An diesem Tag dürfte er gelegentlich sogar länger arbeiten, vorausgesetzt er sorgt dafür, dass seine Gesamtarbeitszeit innerhalb von sechs Monaten acht Stunden werktägig nicht überschreitet (§ 3 I Satz 2 ArbZG).

Aufgabe 6

Fridolin Schlaumeier hat seinen gesamten Jahresurlaub verbraucht. Um zwischen Weihnachten und Neujahr nicht arbeiten zu müssen, bittet er, die betreffende Anzahl von Tagen im Wege des Vorgriffs auf den Urlaubsanspruch für das kommende Jahr abzudecken. Dies lehnt der Arbeitgeber ab. Aus Verärgerung über die seiner Meinung nach kleinliche Haltung, kündigt Schlaumeier das Arbeitsverhältnis Anfang Januar fristgemäß zum 31. März und fordert zugleich seinen gesamten Jahresurlaub von 30 Arbeitstagen. Auch dies lehnt der Arbeitgeber ab und macht dafür sowohl „rechtliche Gründe" als auch „dringende betriebliche Belange" geltend.

Erläutern Sie die Reaktion des Arbeitgebers aus arbeitsrechtlicher Sicht.

Dr. Dietmar Franke

Lösungsansatz

Urlaubsjahr ist das Kalenderjahr. Der Anspruch des Arbeitnehmers bezieht sich daher stets auf das laufende Jahr (§ 1 BUrlG). Würde der Arbeitgeber dem Vorgriff auf den erst im folgenden Kalenderjahr entstehenden Urlaubsanspruch stattgeben, liefe er Gefahr „doppelt" in Anspruch genommen zu werden; denn am 1. Januar erwächst dem Arbeitnehmer, und zwar ungeachtet des Vorgriffs, der volle Urlaubsanspruch. Die Ablehnung des von Schlaumeier gestellten Ansinnens erfolgt daher zu Recht.
Scheidet der Arbeitnehmer in der ersten Hälfte des Kalenderjahres aus dem Arbeitsverhältnis aus, so hat er lediglich Anspruch auf ein Zwölftel des Jahresurlaubs für jeden vollen Monat des Bestehens des Arbeitsverhältnisses (§ 5 I c BUrlG). Schlaumeier stehen danach nur $3_{\text{Monate}} \times 30_{\text{Tage}} : 12_{\text{Monate}} = 7{,}5$ Tage, die auf 8 Tage aufzurunden sind (§ 5 II BUrlG), zu. Für die zeitliche Festlegung des Urlaubs gilt, dass der diesbezügliche Wunsch des Arbeitnehmers grundsätzlich zu berücksichtigen ist. Stehen dringende betriebliche Belange entgegen, ist der Arbeitgeber berechtigt, dem Wunsch des Arbeitnehmers nicht zu entsprechen. Schlaumeier muss sich folglich mit dem Arbeitgeber auf einen anderen Zeitraum für die Inanspruchnahme seines achttägigen Urlaubs verständigen. Lassen die dringenden betrieblichen Belange die Urlaubsnahme vor Ausscheiden aus dem Arbeitsverhältnis nicht zu, muss der Arbeitgeber den Urlaub abgelten (§ 7 IV BUrlG).

Aufgabe 7

Rita Vogel steht noch ein ihr vom Arbeitgeber antragsgemäß aus dem Vorjahr übertragener Urlaubsanspruch in Höhe von fünf Arbeitstagen zu. Sie beabsichtigt, diese fünf Tage zu einem Skiurlaub in der letzten Märzwoche zu nutzen.

a) Der Vorgesetzte zeichnet den Urlaubsantrag ab. Frau Vogel kann den Urlaub jedoch wegen einer Erkrankung nicht antreten und möchte ihn auf einen späteren Zeitpunkt verschieben.
b) Frau Vogel bittet den Arbeitgeber wegen Erkrankung ihres Freundes um „Stornierung" und Abgeltung des Urlaubsanspruchs.
c) Der Vorgesetzte lehnt den Urlaubsantrag wegen erhöhten Arbeitsanfalls ab.

Erläutern Sie die Rechtslage.

Lösungsansatz

a) Verschiebungsantrag

Der auf das Folgejahr übertragene Urlaubsanspruch erlischt nach § 7 III BUrlG mit Ablauf des 31. März. Erkrankungen oder sonstige Verhinderungsgründe der Mitarbeiterin ändern an dieser strikten Rechtsfolge nichts.

b) Stornierung und Abgeltung

Eine Abgeltung des Urlaubsanspruchs kommt nur in Betracht, wenn vor Beendigung des Arbeitsverhältnisses noch ausstehender Urlaub nicht mehr gewährt werden kann (§ 7 IV BUrlG). Innerhalb eines bestehenden – und fortdauernden – Arbeitsverhältnisses darf Urlaub nicht „ausbezahlt" werden.

c) Ablehnung des Urlaubsanspruches

Durch die Weigerung des Vorgesetzten entsteht der Mitarbeiterin ab dem 1. April ein Schaden, da ihr Urlaubsanspruch zu diesem Zeitpunkt verfallen ist. Der Arbeitgeber ist verpflichtet, ihr diesen Schaden zu ersetzen. Dies kann gemäß § 249 BGB auf zweierlei Weise erfolgen: Die Mitarbeiterin kann entweder fünf Tage bezahlte Freistellung von der Arbeit verlangen (sog. Naturalrestitution) oder den Geldbetrag fordern, den sie während fünf Tagen verdient. Letzteres bedeutet keine Urlaubsabgeltung (denn der Urlaubsanspruch ist untergegangen), sondern stellt einen Schadensersatz dar.
Die Geltendmachung des Schadensersatzanspruchs unterliegt einer dreijährigen Verjährungsfrist (§ 195 BGB), beginnend mit dem Ende des Jahres, in welchem der Anspruch entstanden ist (§ 199 I BGB). Frau Vogel hat gegenwärtig also noch mehr als drei Jahre Zeit sich zu überlegen, ob sie Naturalrestitution oder Geldersatz verlangt.

Aufgabe 8

Nennen Sie

a) die Voraussetzungen, unter welchen die Versetzung mittels des arbeitgeberseitigen Direktions- bzw. Weisungsrechts erfolgen kann und wo dessen Grenzen liegen,
b) die drei Möglichkeiten einschließlich ihrer Konsequenzen, auf eine durch Änderungskündigung bewirkte Versetzung zu reagieren.

Lösungsansatz

a) Grenzen des Weisungsrechtes

Der Arbeitsvertrag muss Raum lassen, die Arbeitsbedingungen durch das Direktionsrecht des Arbeitgebers zu konkretisieren. Das ist z. B. nicht der Fall, wenn die Stellenbeschreibung zum Gegenstand des Arbeitsvertrags gemacht wird. Konkretisierung und damit Ausschluss des Direktionsrechts kann aber auch dann eintreten, wenn der Arbeitnehmer die Tätigkeit über einen längeren Zeitraum unzumutbar macht. Entsprechendes gilt, wenn die Arbeitsleistung zukünftig an einem anderen Ort erbracht werden soll.

b) Änderungskündigung

Annahme

Das Arbeitsverhältnis wird nach Ablauf der Kündigungsfrist zu den geänderten Bedingungen fortgesetzt.

Ablehnung

- Die Änderungskündigung geht in eine Beendigungskündigung über.
- Das Arbeitsverhältnis endet nach Ablauf der Kündigungsfrist.
- Kündigungsschutzklage binnen drei Wochen nach Zugang möglich.

Vorbehalt

- Annahme unter dem Vorbehalt, dass die Änderung der Vertragsbedingungen nicht sozial ungerechtfertigt ist.
- Gerichtliche Klärung durch Kündigungsschutzklage binnen drei Wochen nach Zugang erforderlich.
- Pflicht zur (vorläufigen) Annahme der neuen Vertragsbedingungen nach Ablauf der Kündigungsfrist.
- Je nach rechtskräftiger arbeitsgerichtlicher Entscheidung: Entweder endgültige Weiterarbeit zu den geänderten Bedingungen oder Rückkehr zu den „alten" Vertragsbedingungen.

Aufgabe 9

Renate Mühsam bezieht seit vielen Jahren zuzüglich zu ihrem tariflichen Grundentgelt eine nicht näher definierte übertarifliche Zulage in Höhe von 100.– €. Diese steht laut Arbeitsvertrag unter folgendem Vorbehalt: „Bei der übertariflichen Zulage handelt es sich um eine freiwillige, jederzeit nach freiem Ermessen ganz oder teilweise widerrufliche Leistung, auf die auch bei wiederholter Gewährung kein Rechtsanspruch besteht." Wegen anhaltender Leistungsmängel beabsichtigt der Vorgesetzte, Frau Mühsam die übertarifliche Zulage mit sofortiger Wirkung zu entziehen. Er fragt bei der Personalabteilung an, ob dies rechtlich möglich ist.

Erläutern Sie die Antwort der Personalabteilung.

Lösungsansatz

Es ist davon auszugehen, dass es sich bei dem Arbeitsvertrag der tariflich eingestuften Mitarbeiterin um einen Standardarbeitsvertrag handelt. Dieser unterliegt dem Recht der Allgemeinen Geschäftsbedingungen nach den §§ 305 ff. BGB. Gemäß § 308 Nr. 4 BGB ist eine Vertragsklausel, nach der die versprochene Leistung geändert oder von ihr abgewichen werden kann, unwirksam. Eine Ausnahme von diesem Grundsatz ist nur dann zulässig, wenn die Änderung oder Abweichung unter Berücksichtigung der Interessen des Arbeitgebers für den Arbeitnehmer zumutbar ist. Nach der Rechtsprechung des BAG ist ein vertraglicher Widerrufsvorbehalt zumutbar, wenn aus ihm selbst hervorgeht, dass der Widerruf nicht ohne Grund erfolgen darf. Das heißt, die Voraussetzungen und der Umfang der unter Widerrufsvorbehalt gestellten Leistung müssen im Text der Widerrufsklausel deutlich zum Ausdruck kommen. Das ist vorliegend nicht der Fall. Übertarifliche Zulagen werden aus den unterschiedlichsten – in der Praxis oft nicht mehr feststellbaren – Gründen gewährt. Der Vertragstext enthält keinen Hinweis, aus welchem Grund Frau Mühsam die übertarifliche Zulage seinerzeit erhalten hat, insbesondere geht daraus nicht hervor, dass sie ihr aus Leistungsgründen gewährt wurde. Fehlt es aber an der Angabe des Grundes für die Gewährung der übertariflichen Zulage, dann ist auch kein Grund für ihren Widerruf ersichtlich. Ein auf mangelnde Leistung gestützter Widerruf der Frau Mühsam gewährten übertariflichen Zulage wäre für sie mithin unzumutbar und damit nach § 308 Nr. 4 BGB unwirksam.

Aufgabe 10

Helga Muster, tätig als Sekretärin in der Fünf-Tage-Woche, war im Kalenderjahr an sieben Tagen arbeitsunfähig erkrankt. Der Arbeitgeber möchte ihr deshalb die von ihm freiwillig gezahlte Jahresprämie in Höhe von 1.000 € gemäß § 4 a EFZG kürzen. Das jährliche Arbeitsentgelt beträgt 30.000 €.

Welchen Betrag muss sich Frau Muster-Mann anrechnen lassen? Beschreiben Sie den Lösungsweg.

Lösungsansatz

Prämisse

Nach § 4 a EFZG darf der Arbeitgeber die Prämie für jeden Tag der Arbeitsunfähigkeit maximal auf ein Viertel des Entgelts kürzen, das im Jahresdurchschnitt auf einen Arbeitstag entfällt.

Berechnung

- Monatliches Entgelt = 30.000 €/Jahr : 12 Monate = 2.500 €
- Entgelt/Woche = 2.500 € : 4,35 Wochen/Monat = 574,71 €
- Tägliches Entgelt = 574,71 : 5 Tage = 114,94 €
- Kürzungsbetrag = 114,94 × 0,25 × 7 Krankheitstage = 201,14 €.

Aufgabe 11

Beschreiben Sie den Aufbau und die inhaltlichen Voraussetzungen, die eine Abmahnung erfüllen muss.

Lösungsansatz

Tatbestand

Genaue Beschreibung des dem Mitarbeiter zur Last gelegten Fehlverhaltens, soweit möglich unter Angabe der Zeit, des Ortes, der Umstände und der evtl. involvierten Personen.

Missbilligung

Eindringlicher Hinweis, dass der Mitarbeiter gegen seine arbeitsvertraglichen Pflichten verstoßen hat und der Arbeitgeber nicht bereit ist, dies hinzunehmen.

Aufforderung

Veranlassen des Mitarbeiters, sich zukünftig seinen arbeitsvertraglichen Pflichten gemäß zu verhalten.

Androhung

Inaussichtstellen der Konsequenzen, mit denen der Mitarbeiter im Falle eines weiteren Fehlverhaltens rechnen muss. Abstufung der Konsequenzen, je nachdem, welche Maßnahme der Arbeitgeber beim nächsten Fehlverhalten ergreifen wird. Soll eine verhaltensbedingte Kündigung ausgesprochen werden, muss auf diese Konsequenz unmissverständlich hingewiesen werden. Falls nicht, ist eine abgeschwächte Formulierung zu wählen.

Aufgabe 12

Beschreiben Sie den Unterschied zwischen einer

a) ordentlichen und einer außerordentlichen Kündigung
b) einer Kündigung ohne und mit Kündigungsschutz

durch den Arbeitgeber!

Lösungsansatz

a) ordentliche und ausserordentliche Kündigung

Die ordentliche Kündigung erfordert die Einhaltung der gesetzlichen bzw. tarifvertraglichen Kündigungsfrist. Die außerordentliche Kündigung verlangt einen wichtigen Grund, nach welchem dem Arbeitgeber unter Berücksichtigung der Umstände des Einzelfalls und unter Abwägung der beiderseitigen Interessen die Fortsetzung des Arbeitsverhältnisses bis zum Ablauf der Kündigungsfrist nicht zugemutet werden kann (§ 626 BGB).
Es gibt zwei Varianten der außerordentlichen Kündigung. Erstens fristlos, d. h. das Arbeitsverhältnis endet mit Zugang der Kündigung. Zweitens mit Auslauffrist, d. h. das Ende des Arbeitsverhältnisses kann auf einen späteren Zeitpunkt hinausgeschoben werden. Dieser muss jedoch vor Ablauf der ordentlichen Kündigungsfrist liegen.

b) mit und ohne Kündigungsschutz

Innerhalb der ersten sechs Monate kann der Arbeitgeber das Arbeitsverhältnis ohne Angabe von Gründen kündigen, auch wenn sie sozial ungerechtfertigt ist (Umkehrschluss aus § 1 I KSchG). Im Falle der ordentlichen Kündigung muss er lediglich die Kündigungsfrist einhalten. Nach Ablauf der sechs Monate kann der Arbeitgeber nur aus betriebs-, personen- oder verhaltensbedingten Gründen kündigen (§ 1 II KSchG). In jedem Fall ist der Betriebsrat anzuhören. Der Mitarbeiter kann innerhalb von drei Wochen nach Zugang der Kündigung Kündigungsschutzklage zum Arbeitsgericht erheben (§ 4 KSchG).

Aufgabe 13

Beschreiben Sie die Begriffe

a) Soziale Auswahl,
b) Sozialplan.

Lösungsansatz

a) Soziale Auswahl

Der Arbeitgeber hat die soziale Auswahl im Rahmen einer betriebsbedingten Kündigung zu berücksichtigen. Die nach § 1 III KSchG zu berücksichtigenden Kriterien sind

- Dauer der Betriebszugehörigkeit,
- Lebensalter des Mitarbeiters
- Unterhaltspflichten,
- Schwerbehinderung.

b) Sozialplan

Im Falle einer Betriebsänderung, die wesentliche Nachteile für die Belegschaft oder erhebliche Teile von ihr zur Folge haben können, muss der Arbeitgeber zusammen mit dem Betriebsrat einen Sozialplan vereinbaren (§ 111 BetrVG). Gegenstand des Sozialplans ist der Ausgleich oder die Milderung der wirtschaftlichen Nachteile, die den Mitarbeitern infolge der geplanten Betriebsänderung entstehen (§ 112 I BetrVG). Als Betriebsänderung gelten

a) Einschränkung, Stilllegung oder Verlegung des ganzen Betriebs oder von wesentlichen Betriebsteilen,
b) grundlegende Änderungen der Betriebsorganisation, des Betriebszwecks oder der Betriebsanlagen,
c) Einführung grundlegend neuer Arbeitsmethoden und Fertigungsverfahren (§ 111 BetrVG).

Aufgabe 14

Beschreiben Sie die Prüfungsabfolge, die der Arbeitgeber im Rahmen einer personenbedingten Kündigung vorzunehmen hat.

Lösungsansatz

Die Prüfung hat auf drei Stufen zu erfolgen.

Erste Stufe:

Negative Gesundheitsprognose. Fehlzeitenquote in der Vergangenheit muss unter Berücksichtigung der Erkrankung erwarten lassen, dass die Häufigkeit bzw. Dauer der Arbeitsunfähigkeit in Zukunft andauern wird.

Zweite Stufe:

Die zu erwartende weitere Arbeitsunfähigkeit muss zu einer erheblichen Beeinträchtigung betrieblicher Belange, die in der wirtschaftlichen Belastung oder erheblichen Störungen des Arbeitsablaufs niederschlagen können, führen.

Dritte Stufe:

Es hat eine Abwägung zwischen den Interessen des Arbeitgebers und denen des Mitarbeiters zu erfolgen. Gegenüberzustellen sind z. B. die Erheblichkeit der Entgeltfortzahlungskosten des Arbeitgebers gegen die soziale Situation des Mitarbeiters.

Aufgabe 15

Moritz Mühsam, 50 Jahre alt, verheiratet, drei Kinder, Alleinverdiener, ist seit 25 Jahren als technischer Sachbearbeiter im Unternehmen tätig. An der Torkontrolle wird er ertappt, als er ein zuvor von ihm entwendetes Messgerät im Wert von 300 € mitnehmen will. Bis dahin galt er zu Recht als ein stets redlicher und fleißiger Mitarbeiter. Mit Rücksicht darauf verzichtet der Arbeitgeber auf eine fristlose Kündigung, möchte ihm aber gleichwohl ordentlich kündigen.

Erläutern Sie, welche Überlegungen der Arbeitgeber vor dem Ausspruch der Kündigung zweckmäßigerweise anstellen sollte.

Lösungsansatz

Bei schwerwiegendem Fehlverhalten, insbesondere im Vertrauensbereich, kann eine verhaltensbedingte Kündigung auch ohne vorherige Abmahnung ausgesprochen werden. Diebstahl stellt regelmäßig ein solches Fehlverhalten dar. Dennoch hat auch im Rahmen der verhaltensbedingten Kündigung eine Interessenabwägung stattzufinden. Abzuwägen ist die Schwere der Pflichtwidrigkeit gegen die schutzwürdigen sozialen Belange des Arbeitnehmers.

Angesichts der im Sachverhalt beschriebenen Umstände erscheint es fraglich, ob der Arbeitgeber im Falle eines von Mühsam angestrengten Kündigungsschutzprozesses obsiegen würde. Im Kündigungsrecht gilt, dass die Kündigung nur die „ultima ratio" sein darf. Die Möglichkeit der Versetzung auf einen anderen, auch geringer dotierten, Arbeitsplatz geht ihr grundsätzlich vor. Das gilt insbesondere dann, wenn das Arbeitsverhältnis in der Vergangenheit störungsfrei verlaufen ist. Der Arbeitgeber sollte deshalb vor Ausspruch der Kündigung die Möglichkeit überlegen, von dem milderen Mittel der Versetzung – unter Erteilung einer Abmahnung – Gebrauch zu machen.

Aufgabe 16

Bei der Hard & Soft GmbH ist erstmals ein Betriebsrat gewählt worden. Ihr Betrieb beschäftigt 120 Mitarbeiter, davon 50 Männer. Dem Wahlvorstand sind zwei Listen eingereicht worden, auf denen insgesamt 12 Personen kandidiert haben (Männer sind ***kursiv/fett*** gedruckt). Liste 1 hat 85 Stimmen erhalten, auf Liste 2 sind 35 Stimmen entfallen.

Skizzieren Sie den Wahlausgang.

Lösungsansatz

- Gemäß § 9 I BetrVG sind 7 Mandate zu besetzen.
- Mindestanteil des Minderheitengeschlechts nach d'Hondt:

	Frauen	Männer
geteilt durch 1	70(1)	50(2)
geteilt durch 2	35(3)	25(4)
geteilt durch 3	23,33(5)	16,66(7)
geteilt durch 4	17,5(6)	9

Die Männer haben mindestens drei Sitze zu beanspruchen.

- Wahlausgang nach d'Hondt:

Liste	1	2
Kandidaten	A, ***B***, ***C***, D, E, F	G, H, ***J***, K, ***L***, ***M***
geteilt durch 1	85(1)	35(3)
geteilt durch 2	42,5(2)	17,5(6)
geteilt durch 3	28,33(4)	11,67
geteilt durch 4	21,25(5)	8,75
geteilt durch 5	17(7)	7

Gewählt sind:

aus Liste 1: A, ***B***, ***C***, D

aus Liste 2: G, H, ***J***

Das Liste 1 nach dem Wahlergebnis zustehende siebte Mandat fällt an Liste 2, da erstere kein weiteres Mitglied des Minderheitengeschlechts aufweist. Auf diese Weise erlangt *J* das den Männern zustehende dritte Mandat, obwohl Liste 2 nur zwei Mandate erzielt hat.

Aufgabe 17

Die Blitz & Blank GmbH & Co. KG hat mit Herrn Sauber einen Arbeitsvertrag abgeschlossen. Als der Personalleiter des Unternehmens beim Betriebsrat nachträglich dessen Zustimmung zur Einstellung beantragt, lehnt dieser den Antrag ab.

Beschreiben Sie

a) was der Arbeitgeber mit welchem Ergebnis dagegen unternehmen kann,
b) welche Rechte Herr Sauber für den Fall hat, dass die Weigerung des Betriebsrats rechtens ist.

Lösungsansatz

a) Möglichkeiten für den Arbeitgeber

Der Arbeitgeber kann beim Arbeitsgericht beantragen, die Zustimmung zu ersetzen (§ 99 IV BetrVG). Er kann aber auch die Einstellung vorläufig durchführen, sofern dies aus sachlichen Gründen dringend erforderlich ist (§ 100 I BetrVG). In diesem Fall muss er den Betriebsrat unverzüglich darüber informieren und binnen drei Tagen das Arbeitsgericht anrufen (§ 100 II BetrVG). Ersetzt das Arbeitsgericht die Zustimmung, kann die Einstellung endgültig vollzogen werden. Lehnt es sie ab, darf Herr Sauber nicht eingestellt werden, d. h. die Arbeit nicht aufnehmen. Stellt es fest, dass die vorläufige Einstellung nicht dringend erforderlich war, endet sie zwei Wochen später (§ 100 III BetrVG).

b) Rechte von Sauber

Enthält der Arbeitsvertrag den Vorbehalt, dass er nur bei Zustimmung des Betriebsrats bzw. der arbeitsgerichtlichen Ersetzung wirksam ist, ist ein Arbeitsverhältnis nicht zustande gekommen. Zu prüfen ist ein Anspruch aus Verschulden bei Vertragsschluss. Hat Herr Sauber bereits gearbeitet, weil der Arbeitgeber die Einstellung vorläufig durchgeführt hat, kann er – ungeachtet des Schadensersatzanspruchs – das erwirtschaftete Arbeitsentgelt verlangen. Fehlt dagegen ein entsprechender Vorbehalt im Arbeitsvertrag, so berührt das Verbot der Einstellung die Wirksamkeit des Arbeitsvertrags nicht. Herr Sauber hat daher so lange Anspruch auf das vereinbarte Arbeitsentgelt, bis der Arbeitsvertrag z. B. auf Grund Kündigung (Probezeit) endet. Entsprechendes gilt für die Bemessung der Höhe des Schadensersatzanspruchs.

Aufgabe 18

Nennen Sie, was der Arbeitgeber bei der

a) ordentlichen
b) außerordentlichen (fristlosen)

Kündigung betriebsverfassungsrechtlich zu beachten hat.

Lösungsansatz

a) ordentliche Kündigung

- Anhörung des Betriebsrats unter Mitteilung der Kündigungsgründe (§ 102 I BetrVG)
- Vor Ausspruch der Kündigung: Verstreichenlassen der einwöchigen Äußerungsfrist des Betriebsrats, es sei denn, er stimmt der Kündigung vor Fristablauf zu (§ 102 II Sätze 1 und 2 BetrVG).
- Bei schriftlichem Widerspruch innerhalb der Wochenfrist:
  - Kündigung kann dennoch ausgesprochen werden,
  - Arbeitgeber hat dem Arbeitnehmer Abschrift der Stellungnahme des Betriebsrats zuzuleiten (§ 102 IV BetrVG),
  - Bei Kündigungsschutzklage des Arbeitnehmers: Arbeitgeber hat ihn auf Verlangen bis zum rechtskräftigen (Instanzenweg!) Abschluss des Verfahrens weiter zu beschäftigen (§ 102 V Satz 1 BetrVG).

b) ausserordentliche Kündigung

- Anhörung des Betriebsrats unter Angabe des „wichtigen Grundes" (§ 626 BGB) und der Gründe, weshalb die Fortsetzung des Arbeitsverhältnisses bis zum Ende der ordentlichen Kündigungsfrist nicht zumutbar ist. Ratsam: Betriebsrat auch zur hilfsweisen ordentlichen Kündigung anhören
- Erklärungsfrist des Betriebsrats (drei Tage) vor Ausspruch der Kündigung abwarten, es sei denn, der Betriebsrat stimmt vorher zu.
- Auch bei Widerspruch des Betriebsrats kann außerordentliche Kündigung ausgesprochen werden.
- Bezüglich der hilfsweisen ordentlichen Kündigung ist gegebenenfalls die Ein-Wochen-Frist einzuhalten.
- Ausspruch der hilfsweisen ordentlichen Kündigung ist ratsam, weil die richterliche Feststellung der Rechtsunwirksamkeit der außerordentlichen Kündigung den Prozessverlust des Arbeitgebers nach sich zieht. Anders bei hilfsweise ausgesprochener ordentlicher Kündigung: Hier muss das Arbeitsgericht den Hilfsantrag prüfen; der Arbeitgeber hat die Chance, dass das Gericht die ordentliche Kündigung bestätigt.

Aufgabe 19

Skizzieren Sie die Kriterien, durch welche sich die Betriebsvereinbarung von einer Regelungsabrede unterscheidet.

Lösungsansatz

Betriebsvereinbarung	Regelungsabrede
– entfaltet unmittelbare normative Wirkung auf das Arbeitsverhältnis	– Schuldrechtlicher Vertrag zwischen Arbeitgeber und Betriebsrat. Bedarf Der arbeitsvertraglichen Umsetzung (z. B. durch Weisungsrecht des Arbeitgebers bei – mitbestimmungspflichtiger – Anordnung von Mehrarbeit) oder durch Vertragsänderung bzw. Änderungskündigung.
– Schriftform erforderlich	– mündlich oder schriftlich. Schriftform aus Beweisgründen empfehlenswert.
– unterliegt der Regelungssperre des § 77 III BetrVG	– unterliegt nicht der Regelungssperre des § 77 III BetrVG
– Kündigung nach § 77 V BetrVG	– Kündigung analog § 77 V BetrVG
– Nachwirkung nach § 77 VI BetrVG	– Nachwirkung analog § 777 VI BetrVG

Aufgabe 20

Erläutern Sie die Voraussetzungen, unter welchen ein Mitarbeiter Anspruch auf Zahlung des tariflichen Entgelts hat.

Lösungsansatz

Dies ist unter zwei Voraussetzungen möglich:

- Einen unmittelbaren Anspruch aus dem Tarifvertrag hat der Mitarbeiter, wenn beide Seiten tarifgebunden sind. Der Arbeitgeber ist tarifgebunden, wenn er Mitglied des tarifschließenden Arbeitgeberverbands ist, er also vom Verbandstarifvertrag bzw., was dasselbe ist, vom Flächentarifvertrag erfasst wird. Die Tarifbindung des Arbeitgebers kann aber auch auf Grund eines zwischen ihm und der tarifzuständigen Gewerkschaft abgeschlossenen Haus- bzw. Firmentarifvertrags herbeigeführt worden sein. Tarifbindung des Mitarbeiters liegt vor, wenn er Mitglied der tarifschließenden

Gewerkschaft ist. Unabhängig davon besteht beiderseitige Tarifbindung im Falle der ministeriellen Allgemeinverbindlichkeitserklärung des für die betreffende Branche geltenden Tarifvertrags.

- Einen arbeitsvertraglichen Anspruch auf das tarifliche Entgelt hat der Mitarbeiter, sofern sein Arbeitsvertrag auf den betreffenden Tarifvertrag verweist. In diesem Fall bedarf es einer sog. arbeitsvertraglichen Bezugnahmeklausel. Sie besagt, dass auf das Arbeitsverhältnis „der für uns einschlägige Tarifvertrag für die X-Industrie in der jeweils gültigen Fassung Anwendung" findet.

2.2 Rechtswege kennen und das Prozessrisiko einschätzen

Aufgabe 1

a) Beschreiben Sie die Instanzen der Arbeitsgerichtsbarkeit in der Bundesrepublik Deutschland!
b) Erläutern Sie, wie die Arbeitsgerichte besetzt sind!

Lösungsansatz

a) Instanzen der Arbeitsgerichtsbarkeit

Wie in den meisten anderen Gerichtszweigen ist auch die Arbeitsgerichtsbarkeit dreistufig aufgebaut
Die erste Instanz eines Verfahrens findet vor den Arbeitsgerichten statt. Berufungsinstanz sind die Landesarbeitsgerichte und Revisionsinstanz ist das Bundesarbeitsgericht in Erfurt.

b) Besetzung der Arbeitsgerichte

Das Arbeitsgericht setzt sich zusammen aus Berufsrichtern (Vorsitzenden) und aus ehrenamtlichen Richtern, letztere gehören paritätisch dem Bereich der Arbeitgeber und Arbeitnehmer an. Sie werden aus Vorschlagslisten ausgewählt und auf vier Jahre berufen.
Vorsitzende und ehrenamtliche Richter bilden eine Kammer, auch hier wird die Parität gewahrt.
Die Kammern der Landesarbeitsgerichte entsprechen in ihrem Aufbau denen der Arbeitsgerichte.
Anders der Aufbau des Bundesarbeitsgerichtes. Es besteht aus einem Präsidenten, Vorsitzenden, Beisitzern, die Berufsrichter sind, und ehrenamtlichen Richtern. Die Spruchkörper bestehen aus Senaten, nicht aus Kammern. Die Senate entscheiden mit drei Berufsrichtern und zwei ehrenamtlichen Richtern

Aufgabe 2

Herr Emsig ist arbeitslos gemeldet. Um sein Arbeitslosengeld aufzubessern, übernimmt er ab und zu im erlaubten Rahmen des Sozialgesetzbuches Aushilfstätigkeiten. Für eine Entladetätigkeit im Hamburger Hafen hat er den vereinbarten Lohn trotz aller Erinnerungen und Mahnungen nicht erhalten. Der Lagerhaltungsbetrieb behauptet, es bestehe kein schriftlicher Arbeitsvertrag zwischen Emsig und dem Unternehmen, weswegen man auch nicht zur Zahlungs verpflichet sei, im Übrigen habe man Insolvenz beantragt und sei sowieso nicht zahlungsfähig. Emsig kann seine Tätigkeit für den Lagerhaltungsbetrieb durch Lohnzettel beweisen, die von einem Vorarbeiter des Unternehmens abgezeichnet wurden.

a) Nennen Sie die gerichtlichen Möglichkeiten für Emsig, doch noch an sein Geld zu kommen.
b) Welches Gericht ist für Emsig zuständig, wenn Emsig klagen will? Um welche Klageart handelt es sich dabei?
c) Emsig hat sich entschlossen, Klage einzureichen, weiß aber nicht, wie er diese schriftlich zu Papier bringen soll. Welche Möglichkeit nach dem ArbGG hat er?
d) Emsig ist weder Mitglied einer Gewerkschaft noch hat er die Mittel, um einen Rechtsanwalt zu bezahlen. Muss er sich unbedingt vor Gericht vertreten lassen?

Lösungsansatz

a) Möglichkeiten

Emsig kann einen Mahnbescheid einreichen. Zuständig ist das Arbeitsgericht, nicht wie sonst üblich das Amtsgericht. Er kann auch vor dem gleichen Arbeitsgericht Klage einreichen.

b) Zuständigkeit

Für Emsig ist das Arbeitsgericht zuständig, da Emsig im Rahmen eines Arbeitsverhältnisses tätig war. Da die gegnerische Partei bestreitet, dass ein solches bestand und vermutlich jedes Rechtsverhältnis gleich welcher Art bestreiten wird, wird im Rahmen einer Feststellungklage die sachliche und örtliche Zuständigkeit festgestellt werden und über den Anspruch und die Höhe der Zahlung des Aushilfslohns eine Leistungsklage angestrengt werden müssen.

c) Klageeinreichung

Emsig kann bei der Geschäftsstelle des zuständigen Arbeitsgerichtes vorstellig werden und seinen Antrag mündlich zu Protokoll geben. Kosten entstehen ihm dafür nicht! Sollte das Unternehmen nicht mehr bestehen, ist der Insolvenzverwalter Empfänger der Klage!

d) Anwaltliche Vertretung

Wenn sich Emsig – wie im vorliegenden Fall geschildert – seiner Sache so sicher ist, benötigt er in der 1. Instanz auch keine Prozessvertretung. Sollte die Gegenpartei jedoch durch einen Rechtsanwalt vertreten sein, hat der Vorsitzende auf Antrag einen Rechtsanwalt beizuordnen. Der Vorsitzende hat Herrn Emsig auf sein diesbezügliches Antragsrecht hinzuweisen. Allerdings wird bei der geschilderten Sachlage diese Beiordnung unterbleiben können.

2.3 Einkommens- und Vergütungssysteme umsetzen

Aufgabe 1

In keinem anderen Bereich ist der Zielkonflikt zwischen wirtschaftlichen und sozialen Zielen stärker ausgeprägt als in der Entgeltpolitik.

a) Erläutern Sie, warum es ein objektiv richtiges Entgelt für den Arbeitnehmer nicht geben kann!
b) Nennen Sie 3 Ansätze der Entgeltbestimmung!
c) Nennen Sie drei Voraussetzungen, die bei der Festsetzung des Entgeltes beachtet werden sollten!
d) Erläutern Sie 3 interne oder externe Kriterien, die die Entgeltfindung beeinflussen!

Lösungsansatz

a) Objektiv richtiges Entgelt

Das Entgelt ist die materielle Gegenleistung des Unternehmens für die Leistung des Mitarbeiters, wobei sich vom Ansatz her Leistung und Gegenleistung exakt entsprechen sollten. Dies lässt sich aber nur sehr schwer umsetzen. Häufig bestehen Unterschiede schon allein darin, dass man sich nicht auf gleiche Bewertungskriterien für die Leistung verständigen kann. Ferner spielt natürlich auch der Bewertungsmaßstab eine Rolle, d. h. die Zuordnung einer erbrachten Leistung zu einem eindeutig richtigen Entgeltwert. Auch das subjektive Empfinden einer gerechten Entlohnung dürfte bei jedem Mitarbeiter selbst bei absolut gleicher Leistung unterschiedlich ausfallen. Dann soll das Entgelt auch noch eine motivierende Wirkung haben, d. h. es stellt ein Mittel zur individuellen Bedürfnisbefriedigung dar – und diese Bedürfnisse sind so vielfältig wie es Mitarbeiter gibt. Fazit: es kann nur eine Annäherung an eine relative Lohngerechtigkeit geben!

b) Ansätze zur Entgeltbestimmung

Individuelle Leistung

- personalspezifische Leistungen
- unterschiedliche Lohnformen

Arbeitaufgaben

- aufgabenspezifische Arbeitsanforderunge
- Lohnsätze

Andere Faktoren

- Bedingungen des Arbeitsmarktes
- soziale Faktoren

Burkhard Zicke

c) Voraussetzungen zur Festsetzung des Entgeltes

- Klarheit des Entgeltsystems
- Nachprüfbarkeit der Festsetzung
- Vergleichbarkeit
- objektive Bemessungkriterien

d) Interne und externe Kriterien

Anforderungen an den Leistungserbringer

Unabhängig von der tatsächlich erbrachten Leistung müssen die verschiedenen Schwierigkeitsgrade durch Arbeitsbewertung festgelegt werden, dies setzt die Bestimmung einer Normalleistung voraus, die Bewertung und Abgrenzung erfolgt durch summarische oder analytische Arbeitsbewertung.

Qualifikationen, die der Mitarbeiter vorweist

Entscheidend ist heute nicht nur die Qualifikation für die zugewiesene Aufgabe, sondern auch das Potenzial, das der Mitarbeiter dem Arbeitgeber für zukünftige Aufgaben zur Verfügung stellen kann.

Leistung, die der Mitarbeiter erbringt

Die leistungsabhängige Entgeltfindung kann einmal durch leistungsbezogene Lohnformen wie Akkordlohn, Prämienlohn oder Pensumlohn erfolgen. Sie kann aber auch durch in einer Leistungsbeurteilung bestehen, die auf der Basis einer Zielvereinbarung beruht. In der Regel besteht das Entgelt dann auch dem Minimallohn nach Arbeitsplatzbewertung, z. B. Tariflohn, und einem Zuschlag innerhalb einer Zuschlagspanne.

Sozialer Status des Mitarbeiters

Bei dieser Entgeltfindung werden z. B. Lebensalter und/oder Familienstand angemessen berücksichtigt. Wird in der freien Wirtschaft im Gegensatz zum öffentlichen Dienst vorwiegend als ungerecht empfunden. Wenn Lebensalter mit Erfahrung korreliert, kann diese Form der Entgeltfindung ihre Berechtigung haben

Arbeitsmarkteinflüsse

Prinzip von Angebot und Nachfrage bestimmt den Preis, in diesem Falle das Entgelt

Ertragslage des Unternehmens

Zwischen der realen Wertsteigerung der Arbeitnehmeneinkommen und den Unternehmensgewinnen gibt es eine scherenartige Entwicklung. Die erfolgsabhängige Entgeltfindung spielt vor allem bei Führungskräften und Mitarbeitern im Aussendienst eine Rolle.

Aufgabe 2

Erläutern Sie Formen der Erfolgsbeteiligungen für Mitarbeiter unter Angabe der jeweiligen Bezugsgrössen. Gehen Sie dabei auch kritisch auf die Umsetzbarkeit der unterschiedlichen Formen ein!

Lösungsansatz

Es gibt im Prinzip drei unterschiedliche Formen.

Leistungsbeteiligung

Bei dieser Form wird die Leistung aller Mitarbeiter oder von einzelnen Mitarbeitergruppen am Erfolg des Unternehmens zugrunde gelegt.

Bezugsgrössen können

- die Produktionsmenge
- die Arbeitsproduktivität
  die Kosteneinsparungen

sein.

Ertragsbeteiligung

Im Gegensatz zur Leistungsbeteiligung wird zusätzlich die Absatzsituation (Markt) berücksichtigt. Als Bezugsgrössen kommt

- der Umsatz
- der Roh- oder Nettoertrag
- die Wertschöpfung

in Frage.

Gewinnbeteiligung

Trotz guter Leistungswerte und besten Absatzzahlungen kann ein Unternehmen Verluste erwirtschaften. Aus diesem Grund sind Leistungs- und Ertragsbeteiligungen in der Wirtschaft wenig zu finden. Bei der Gewinnbeteiligung gibt es die Bezugsgrössen

- Ausschüttungsgewinn
- Substanzgewinn
- Bilanzgewinn.

Aufgabe 3

Das Akkordentgelt ist die klassische leistungsbezogene Entgeltform.

a) Erläutern Sie, unter welchen Voraussetzungen eine Entlohnung im Akkord möglich ist!
b) Erläutern Sie den Unterschied zwischen Stückakkord und Zeitakkord!
c) Nennen Sie je drei Vor- und Nachteile von Akkordarbeit!

Burkhard Zicke

Lösungsansatz

a) Voraussetzungen

Akkordfähigkeit

Der Arbeitsablauf muss im Voraus genau festgelegt sein. Das Arbeitsergebnis muss leicht feststellbar und genau meßbar sein. Der Mitarbeiter muss sein Arbeitsergebnis mengenmässig beeinflussen können.

Akkordreife

Darunter ist zu verstehen, dass die individuelle Leistung des Mitarbeiters nicht durch Störungen im Arbeitsablauf beeinflusst wird, die er nicht zu vertreten hat, weil der Ablauf durch organisatorische oder technische Mängel beeinflusst wird

Bestandteile des Akkordentgeltes

Das Akkordentgelt muss aus einem Mindestlohn bestehen, der tariflich oder durch Betriebsvereinbarungen festgelegt ist und mit dem Zeitlohn vergleichbar ist. Dazu kommt der Akkordzuschlag, durch den das Entgelt im Akkord von vornherein höher ist der entsprechende Zeitlohn.

b) Stückakkord und Zeitakkord

Stückakkord

Stückakkordlohn = (Akkordrichtsatz:Normalleistung) × Leistungsmenge

Zeitakkord

Zeitakkordlohn = Vorgabezeit × Minutenfaktor × Leistungsmenge
Der Zeitakkord arbeitet mit klaren Vorgabezeiten, den Mitarbeitern werden für jedes Stück Vorgabezeiten gutgeschrieben. Der Minutenfaktor entspricht dem Akkordrichtsatz. Beim Stückakkord müssen bei einer Tarifänderung alle Akkordsätze neu berechnet werden. Deshalb findet der Stückakkord in der Praxis kaum Anwendung.

c) Vorteile und Nachteile

Vorteile

- Leistung und Entlohnung stehen in einem unmittelbaren Verhältnis zueinander
- Mitarbeiter kann in Grenzen seinen Lohn selbst bestimmen
- Akkordarbeit stellt von vornherein einen Anreiz zur Produktivitätssteigerung dar
- Unternehmen trägt nicht allein das Risiko von geringerer Leistung
- gute Kalkulationsbasis wegen der gleichbleibenden Lohnkosten pro Stück

Nachteile

- „Akkord ist Mord" – Selbstausbeutung der Arbeitskräfte
- Überlastung der Betriebsmittel

- Nachlassen der Qualität durch den Druck zur Erreichung einer bestimmten Stückzahl
- Aufwändige Datenerfassung und Leistungskontrolle ist notwendig
- Tendenz zur erhöhten Unfallgefahr

2.4 Sozialversicherungsrecht anwenden

Aufgabe 1

Erläutern Sie

a) den Anspruch auf allgemeinen Krankenversicherungsschutz in den gesetzlichen Krankenkassen
b) für welche Personen der vorgenannte Anspruch ausgeschlossen ist?

Lösungsansatz

a) Anspruch

- Der Krankenversicherungsschutz wird von der Krankenkasse sichergestellt, bei der zuletzt eine Versicherung bestanden hat, auch wenn diese Versicherung bereits Jahre zurückliegt. Sollte diese Krankenkasse nicht mehr bestehen, ist die Rechtsnachfolgerin zuständig.
- Wer bisher noch nie gesetzlich oder privat krankenversichert war (das können z. B. Personen sein, die ihren Wohnsitz erstmals in Deutschland haben), darf die Krankenkasse frei wählen.
- Die Mitgliedschaft dieser Personen beginnt unabhängig von der tatsächlichen Anmeldung ab 01. 04. 2007 bzw. mit dem ersten Tag ohne einen anderweitigen Anspruch auf Absicherung im Krankheitsfall. Ab diesem Zeitraum müssen Beiträge gezahlt werden.

b) Personenkreis

Ausgeschlossen sind:

- Personen, die vor dem 01. 04. 2007 zuletzt privat krankenversichert waren.
- Hauptberuflich Selbstständige oder Beamte, die bisher noch nie einer gesetzlichen oder privaten Krankenversicherung angehört haben.
- Personen, bei denen ein ausreichender anderweitiger Anspruch auf Absicherung im Krankheitsfall (z. B. Zivildienstleistende, Soldaten, Sozialhilfeempfänger) besteht.

Aufgabe 2

Frau Lehmann erzielt seit fünf Jahren als langjährige Buchhalterin in der Firma Krause & Lorch ein monatliches Entgelt von 4200 €. Seit Jahren besteht eine freiwillige Mitgliedschaft bei der Krankenkasse A.

Zum 01. 05. 2007 wechselt sie zu einem anderem Arbeitgeber, Firma Heber, mit einem monatlichen Entgelt von 4500 €.

Wie ist die versicherungsrechtliche Beurteilung vorzunehmen?

Lösungsansatz

Die Beschäftigung bei der Firma Heber überschreitet für sich allein gesehen die bereits für das Jahr 2007 (jährlich 47.700 €) geltende Jahresarbeitsentgeltgrenze. Eine Beurteilung zur Krankenversicherungspflicht bzw. Freiheit, kann nur unter Berücksichtigung des Arbeitsentgeltes aus der Vorbeschäftigung bei Arbeitgeber Krause & Lorch vorgenommen werden (Dreijahresfrist). Da Frau Lehmann auch bei dem alten Arbeitgeber, in den Jahren 2004, 2005 und 2006, jeweils die Jahresarbeitsentgeltgrenze überschritten hat, ist die Beschäftigung in der Firma Heber versicherungsfrei.

Aufgabe 3

Frau Sommerfeld befindet sich vom 01. 01. 2005 bis zum 31. 12. 2007 in Unterbrechung wegen Elternzeit. Am 01. 08. 2008 nimmt sie eine Beschäftigung auf, mit einem monatlichen Entgelt von 5200 €. In den Jahren 2005 bis zum Beginn der Beschäftigung wurde kein Entgelt erzielt.

Wie ist die versicherungsrechtliche Beurteilung vorzunehmen?

Lösungsansatz

Da Frau Sommerfeld innerhalb eines Jahres, nach dem Ende der Elternzeit, eine Beschäftigung oberhalb der Jahresarbeitsentgeltgrenze aufgenommen hat und für die Jahre 2005 bis 2007 (Dreijahresfrist) ein Überschreiten der Jahresarbeitsentgeltgrenze unterstellt wird, ist Frau Sommerfeld in ihrer Beschäftigung ab 01. 08. 2008 versicherungsfrei.

Aufgabe 4

Bei den Würtenberger Eisenwerken ist Herr Rotermund seit Jahren kranken-, pflege-, renten-, und arbeitslosenversicherungspflichtig beschäftigt und Mitglied der BKK dieser Firma.

Da die Tarifverhandlungen zwischen der Gewerkschaft und dem Arbeitgeberverband gescheitert sind, wird bei den Würtenberger Eisenwerken ab 05. 06. 2007 gestreikt. An diesem rechtmäßigem Arbeitskampf nimmt auch Herr Rotermund teil. Erneute Verhandlungen zwischen den Tarifparteien führen letztlich zu einem Ergebnis. Durch Urabstimmung der Gewerkschaftsmitglieder wird das Ergebnis angenommen, der Arbeitskampf endet am 17. 08. 2007.

Stellen Sie fest, ob und ggf. wie lange die Mitgliedschaft bei der Krankenkasse von Herrn Rotermund während des Streiks erhalten bleibt.

Lösungsansatz

Nach § 192 Abs. 1 Nr. 1 SGB V bleibt die Mitgliedschaft Versicherungspflichtiger während des Beschäftigungsverhältnisses auch ohne Entgeltzahlung, grundsätzlich längstens für einen Monat erhalten.
Herr Rotermund ist versicherungspflichtiges Mitglied der Krankenkasse. Wegen des rechtmäßigen Streiks ab 05. 06. 2007 wird kein Arbeitsentgelt gezahlt, aber das Beschäftigungsverhältnis besteht weiter fort. Somit bleibt die Mitgliedschaft grundsätzlich längstens einen Monat erhalten. Im Falle eines rechtmäßigen Arbeitskampfes bleibt die Mitgliedschaft bei der Krankenkasse bis zu dessen Beendigung bestehen.
Die Mitgliedschaft von Herrn Rotermund bleibt als für den gesamten Zeitraum vom 05. 06. 2007– 17. 08. 2007 erhalten.

Aufgabe 5

Die freiwillig in der gesetzlichen Krankenkasse und in der Pflegeversicherung versicherte Frau Meier (Beitragsgruppe 0110) erhält ein Gehalt von monatlich 4.350 €.

Ihre regelmäßige wöchentliche Arbeitszeit beträgt 38,5 Stunden.

Im maßgebenden Entgeltabrechnungszeitraum (Monat) arbeitet Frau Meier 24 Stunden in der Nacht (20.00 Uhr bis 0.00 Uhr/Zuschlag Nachtarbeit 25%).

a) Ermitteln Sie den beitragspflichtigen Teil des Nachtarbeitszuschlages,
b) Wie hoch ist das beitragspflichtige Entgelt und zu welchen Zweigen der Sozialversicherung sind Beiträge zu berechnen.

Lösungsansatz

Berechnung:

Ermittlung des (steuerlichen) Stundengrundlohns:

38,5 Std. × 4,35 = 167,4 Std.	(= monatliche Arbeitszeit)
4.350 € : 167,4 = 25,99 €	(= Stundengrundlohn)

Ermittlung des beitragsfreien Teils des Nachtarbeitszuschlags:
24 Std. × (25% × 25 €) = 150 € (beitragsfreier Nachtzuschlag)

Ermittlung des beitragspflichtigen Teils des Nachtarbeitszuschlags:

25,99 × 25% = 6,50 €	(= tatsächlicher Nachtzuschlag je Std.)
24 Std. × 6,50 € = 156 €	(= tatsächlicher Nachtzuschlag für 24 Std.)
156 € ./. 150 € = <u>6 €</u>	(= beitragspflichtiger Teil des Nachtzuschlages)

a) Zuschlag

Der beitragspflichtige Teil des Nachtarbeitszuschlages beträgt 6 €.

b) Entgelt

Das beitragspflichtige Entgelt beträgt 4.356 €. Es sind Beiträge zur Renten- und Arbeitslosenversicherung zu berechnen.

Aufgabe 6

Die kinderlose Arbeitnehmerin Frau Ihrig (30 Jahre alt) übt eine Beschäftigung in der Brauerei Breding aus. Sie erhält ein monatliches Entgelt in Höhe von 1.500 €.

Ermitteln Sie jeweils den Arbeitgeber- bzw. Arbeitnehmeranteil zur Kranken und Pflegeversicherung.

Beitragssatz der BKK: 12.8 v. H.

Lösungsansatz

Arbeitgeberanteil		Arbeitnehmeranteil	
KV (6,4%)	96 €	KV (6,4%)	96 €
PV (0,85%)	12,75 €	PV (0,85%)	12,75 €
		Zusätzlicher KV-Beitrag: 0,9 v. H.	3,50 €
		Beitragszuschlag PV für kinderlose: 0,25 v. H.	3,75 €

Aufgabe 7

Frau Pagel, verheiratet, ist seit Jahren bei der Firma Nolte & Meyer beschäftigt. Sie erhält ein monatliches Entgelt in Höhe von 3.500 € (Zuschläge mit Rücksicht auf den Familienstand sind nicht enthalten). Ein Weihnachtsgeld oder 13. Gehalt ist lt. Tarifvertrag nicht vorgesehen.

Um ihr Entgelt aufzubessern nimmt sie eine Nebenbeschäftigung bei der Firma Struck auf (monatlich 400 €) und im Anschluss schließt sie einen Arbeitsvertrag mit der Firma Beyer (monatlich 300 €).

Wie hoch ist das regelmäßige Jahresarbeitsentgelt von Frau Pagel?

Lösungsansatz

Bei der Feststellung des regelmäßigen Jahresarbeitsentgeltes ist bei mehrfachbeschäftigten Arbeitnehmern grundsätzlich, das Arbeitsentgelt aus allen Beschäftigungen heranzuziehen. Ausnahme: Eine neben einer Hauptbeschäftigung ausgeübte geringfügige versicherungsfreie Beschäftigung bleibt unberücksichtigt. Sollten jedoch mehrere für sich allein betrachtete geringfügige Beschäftigungen ausgeübt werden, bleibt nur die *zuerst* aufgenommene Nebenbeschäftigung außer Ansatz.

Frau Pagel erhält ein regelmäßiges Jahresarbeitsentgelt von 45.600 € (12 × 3.500 € zzgl. 12 × 300 €). Das Entgelt der Firma Struck bleibt unberücksichtigt. Die Jahresarbeitsentgeltgrenze wird nicht überschritten (2007 = 47.700 €).

Aufgabe 8

a) Was ist ein Phantomlohn?
b) Worin unterscheidet sich hier das Steuerrecht vom Sozialversicherungsrecht?

Lösungsansatz

a) Phantomlohn

Ein Phantomlohn ist der Lohnanspruch eines Arbeitnehmers, aufgrund eines tarifvertraglichen Anspruchs, der nicht an den Arbeitnehmer ausgezahlt wurde und für den dennoch Beiträge zu entrichten sind. Auf Ansprüche aus dem Tarifvertrag kann nicht wirksam verzichtet werden.

b) Unterschied

Das Sozialversicherungsrecht unterscheidet sich hier ganz klar vom Steuerrecht, in dem das so genannte Zuflussprinzip gilt. Versteuert wird erst dann, wenn das Entgelt zugeflossen ist. In der Sozialversicherung wird das Entstehungs- oder Fälligkeitsprinzip angewandt. Ein Beitragsanspruch entsteht bereits, wenn nur ein Anspruch auf Entgelt oder einen Entgeltanteil besteht.

Aufgabe 9

Frau Sommer ist im Getränkehandel Heber beschäftigt und erhält ein Bruttoarbeitsentgelt in Höhe von 3.500 € monatlich. Das Nettoarbeitsentgelt beträgt 2.500 € monatlich. Frau Sommer ist kräftig an einer Grippe erkrankt. Die Entgeltfortzahlungsansprüche aus ihrem Arbeitsverhältnis bei der Firma Heber sind erschöpft. Ab sofort zahlt die Krankenkasse Krankengeld (Nettokrankengeld 1.950 € monatlich/65 € kalendertäglich). Nach vorliegendem Tarifvertrag bekommt Frau Sommer einen Krankengeldzuschuss in Höhe von 650 € monatlich vom Arbeitgeber ausgezahlt.

Prüfen Sie ob dafür Beiträge zur Sozialversicherung zu entrichten sind.

Lösungsansatz

Bruttoarbeitsentgelt AG	3.500 €	monatlich
Nettoarbeitsentgelt	2.500 €	monatlich
Brutto-Zahlungen (Zuschuss)	650 €	monatlich

Cornelia Lindow

Nettokrankengeld	1.950 €	monatlich
Nettokrankengeld	65 €	kalendertäglich
SV – Freibetrag (2.500 € – 1.950 €)	550 €	monatlich
SV – Freibetrag (2.500 € – 1.950 €)	18,33 €	kalendertäglich

Der SV-Freibetrag in Höhe von 550 € wird durch die Brutto-Zahlungen des Arbeitgebers um 100 € (kalendertäglich 100: 30 = 3,33 €) überschritten. Dieser Betrag gilt als beitragspflichtige Einnahme, daher sind Beiträge zur Sozialversicherung (monatlich/kalendertäglich) zu entrichten.

Aufgabe 10

Herr Sommerfeld ist ab dem 01.02.2007 Mitglied der BKK Henschel.

a) Über welchen Zeitraum erstreckt sich die Bindungsfrist zur Krankenkasse?

b) Ab 01.05.2008 entscheidet sich Herr Sommerfeld für einen Wahltarif bei der BKK Henschel. Welche Bindungsfrist wird dadurch ausgelöst?

Lösungsansatz

a) Bindung

Es entsteht eine Bindungsfrist von 18 Monaten. 01.02.2007 bis 31.07.2008.

b) Alternative

Es entsteht eine Bindungsfrist von 3 Jahren. 01.05.2008 bis 30.04.2011.

Aufgabe 11

Aus wie viel Stellen besteht der Beitragsgruppenschlüssel und wie ist die Reihenfolge der Verschlüsselung?

Lösungsansatz

Der Beitragsgruppenschlüssel besteht aus vier Stellen.

1. Stelle = Krankenversicherung
2. Stelle = Rentenversicherung
3. Stelle = Arbeitslosenversicherung
4. Stelle = Pflegeversicherung

Aufgabe 12

a) Was sind Einmalzahlungen und welche Einmalzahlungen kennen Sie?
b) Wie wird der voraussichtliche Jahresarbeitslohn ermittelt?

Lösungsansatz

a) Einmalzahlungen

Einmalzahlungen fallen unter den weiter gefassten Begriff sämtlicher Arbeitslohnzahlungen, die nicht regelmäßig anfallen. Hierbei handelt sich um Einnahmen, die in größeren Zeitabständen als monatlich gewährt werden und die kein laufendes Arbeitsentgelt darstellen. Häufig sind sie Anerkennung für zusätzlich geleistete Dienste und Anreiz für weitere Anstrengungen. Sie werden in der Regel zusätzlich zum laufenden Lohn bzw. Gehalt gezahlt.
Einmalzahlungen sind:

- einmalige Abfindungen,
- Gratifikationen, Tantiemen und Prämien, die nicht fortlaufend gezahlt werden,
- Jubiläumszuwendungen,
- Urlaubsgelder,
- 13. und 14. Monatsgehälter bzw. Weihnachtszuwendungen.

b) Ermittlung des voraussichtlichen Jahreslohns

Für die Einbehaltung der Lohnsteuer muss der Arbeitgeber den voraussichtlichen Jahresarbeitslohn und darauf die Lohnsteuer ermitteln. Im Anschluss ist die Jahreslohnsteuer für den Jahresarbeitslohn unter Einbeziehung des sonstigen Bezugs zu ermitteln. Der Unterschiedsbetrag zwischen den ermittelten Steuerbeträgen ist die Lohnsteuer, die vom sonstigen Bezug einzubehalten ist.
Der voraussichtliche Jahresarbeitslohn ist der laufende Arbeitslohn für die im Kalenderjahr bereits abgelaufenen Lohnzahlungszeiträume zuzüglich des zu erwartenden laufenden Arbeitslohns für die restlichen Lohnzahlungszeiträume des Kalenderjahrs.

2.5 Sozialleistungen des Betriebes gestalten

Aufgabe 1

Nennen Sie 5 Motive, die die Unternehmen aus heutiger Sicht zur Gewährung von betrieblichen Sozialleistungen veranlassen könnten!

Lösungsansatz

- Erhaltung und Steigerung der Arbeitsleistung
- Bindung der Belegschaft an das Unternehmen
- Schaffen von Public Relations- und Imagewirkungen
- Verbesserung des Betriebsklimas und der Arbeitsmoral
- Identifikation mit dem Unternehmen
- Erzielen von Steuer- und Finanzierungsvorteilen
- Senken von Fluktuation und Fehlzeiten
- Reduktion der Unfallhäufigkeit

Aufgabe 2

Sozialleistungen sind Zusatzleistungen eines Unternehmens. Die Entwicklung dieser Personalzusatzaufwendungen gefährdet teilweise die Wettbewerbsfähigkeiten der Unternehmen. Betriebliche Sozialleistungen stehen deshalb auf dem Prüfstand und werden in unserer Gesellschaft intensiv diskutiert.

a) Erläutern Sie drei Problemfelder der betrieblichen Sozialpolitik!
b) Von welchen Prinzipien sollte sich eine auf die Zukunft ausgerichtete betriebliche Sozialpolitik leiten lassen?

Lösungsansatz

a) Problemfelder

- Ein Problemfeld ist der Zwang zur Zahlung von gesetzlichen und tariflichen Leistungen, der keine Rücksicht auf die wirtschaftliche Lage des Unternehmens nimmt.
- Ferner nimmt die reine Freiwilligkeit betrieblicher Sozialleistungen immer mehr ab, da sie häufig zu gesetzlichen und tariflichen Leistungen erhoben wurden. In Zeiten wirtschaftlicher Prosperität haben die Betriebe dies sogar unterstützt oder billigend hingenommen. In Zeiten der wirtschaftlichen Stagnation ist die Umkehr nicht so schnell möglich. Dazu kommt, dass ohne Vorbehaltsklauseln auch auf freiwillige Sozialleistungen häufig ein Rechtsanspruch entsteht.
- Ein weiteres Problemfeld ist der Zielkonflikt zwischen wirtschaftlichen und sozialen Zielen. Die Gewährung von tariflichen und freiwilligen Sozialleistungen stellt einen Wettbewerbsvorteil bei der Personalbeschaffung

und in der Personalbetreuung dar. Dieser Vorteil geht verloren, wenn die Mitarbeiter diese Leistungen nicht mehr als attraktiv empfinden.
- Viele Sozialleistungen haben mit den Veränderungen in der Bedürfnisstruktur der Mitarbeiter nicht Schritt gehalten und viele Betriebe haben es versäumt, ihre Leistungen an diese neuen Bedürfnisse anzupassen.
- Ein weiteres Problem ist, dass der Nutzen der Leistungen für den einzelnen Mitarbeiter nicht immer darstellbar ist. Es werden also freiwillige Sozialleistungen gewährt, von denen der einzelne keinen unmittelbaren Nutzen hat und die er teilweise nicht einmal kennt.

b) Prinzipien einer modernen Sozialleistungspolitik

Die Forderungen können zusammenfassend so beschrieben sein: Ein Unternehmen muss

- Kostensenkungspotentiale bei den betrieblichen Sozialleistungen ausmachen bei
- flexibler Anpassung an sich ändernde
- individuelle soziale Bedürfnisse sowie
- der sich wandelnden wirtschaftlichen Sitution des Unternehmens

Aufgabe 3

Erläutern Sie

a) das Grundprinzip und
b) die personalpolitische Attraktivität von „Cafeteria-Systemen"!

Lösungsansatz

a) Grundprinzip

Im Bereich der betrieblichen Sozialleistungen herrscht in vielen Betrieben noch das „Gießkannenprinzip" vor, dessen Leistungen die Mitarbeiter entweder nicht motivieren und die ihnen darüber hinaus häufig genug nicht mal bekannt sind. Das Ergebnis: es werden Jahr für Jahr Millionen von Euro für Mitarbeiter aufgewendet – der für das Unternehmen daraus resultierende Nutzen ist vergleichsweise gering.

Bei Cafeteriasystemen können die Mitarbeiter innerhalb eines vorgegebenen Budgets sich für verschiedene Sozialleistungen (oder Entgeltbestandteile) entscheiden. Sie können sich so ein Leistungspaket zusammenstellen, das ihren indivudellen Bedürfnissen entspricht.

b) Attraktivität von Cafeteria-Systemen

Durch die Individualisierung von Sozialleistungen und Entgeltformen wählt der Mitarbeiter diejenigen aus, die seinen Bedürfnissen am ehesten entsprechen (= Motivationseffekt durch flexibles Anreizssystem)

Im Idealfall kann der Mitarbeiter sein „Menü" jährlich selbst neu zusammenstellen und seinem Bedarf anpassen. Daraus kann sich bei der Wahl der Leistungen auch ein steuerlicher Vorteil ergeben.

Die individuelle Ausrichtung des Personalzusatzaufwands hat die ökonomische Wirkung, das der Aufwand für das Unternehmen nahezu konstant bleibt oder sinkt, weil bestimmte Leistungen gestrichen werden können, die nicht nachgefragt werden, ohne dass die Anreizwirkung insgesamt ausbleibt. Bei diesem Modell steigt also die Wirtschaftlichkeit der Personalkosten.

Für das Unternehmen werden die jährlichen Ausgaben damit auch steuerbarer und kalkulierbarer und die Nutzung von günstigen Gruppenkonditionen möglich

Aufgabe 4

Ihr Unternehmen beschliesst, langfristig ein Cafeteria-System einzuführen, durch das die bestehenden Entgeltmodelle und Sozialleistungen flexibilisiert werden sollen. Dazu soll eine Projektgruppe gebildet werden, deren Leitung auf Sie übertragen wurde.

Erläutern Sie Ihre schrittweise Vorgehensweise!

Lösungsansatz

1. Schritt

Zusammenstellung einer Projektgruppe mit einem repräsentativen Teil aller Beschäftigten einschliesslich Betriebsrat.

2. Schritt

Bewertung der bisherigen Sozialleistungen und Entgeltformen im Hinblick auf das neue CS – getrennt nach dem zukünftigen Kernblock und dem Wahlblock

3. Schritt

Suche und Bewertung weiterer und alternativer Sozialleistungen und Entgeltformen für das neue System – wieder getrennt nach Kern- und Wahlblock

4. Schritt

Befragung aller Mitarbeiter nach Bedürfnissen, Nachfrage, Gestaltung und Akzeptanz zu dem neuen Modell

5. Schritt

Erstellen eines vollständigen Auswahlplanes

6. Schritt

Festlegen der Auswahlmodalitäten und Regelung organisatorischer Erfordernisse sowie Festlegen eines Wahlbudgets

7. Schritt

Information der Mitarbeiter über Rundschreiben, Intranet, Betriebsversammlungen usw.

8. Schritt

Einführung in die betriebliche Praxis, kontinuierliche Kontrolle und Veränderungen

Aufgabe 5

Der Gedanke, Mitarbeiter zu Mitinhabern des Betriebes zu machen und/oder sie am Gewinn des Unternehmens zu beteiligen, setzt sich auch in kleineren und mittleren Unternehmen durch.

a) Nennen Sie je drei personalwirtschaftliche und finanzwirtschaftliche Ziele von Mitarbeiterbeteiligungen!
b) Erläutern Sie je zwei Formen der Erfolgsbeteiligung und Kapitalbeteiligung!

Lösungsansatz

a) Ziele der Mitarbeiterbeteiligung

personalwirtschaftliche Ziele

- höhere Motivation
- Ausrichtung der Mitarbeiter auf unternehmerisches Denken
- stärkere Identifizierung mit den Zielen des Unternehmens
- Reduzierung der unerwünschten Fluktuation
- stärkere Kundenorientierung nach innen und aussen
- erhöhtes Kostenbewusstsein

finanzwirtschaftliche Ziele

- Nutzung steuerlicher Vorteile
- Erhöhung der Liquidität
- Flexibilisierung der Personalkosten
- Zuführung von Fremdkapital

b) Formen der Erfolgsbeteiligung

Bei der Erfolgsbeteiligung erhalten die Mitarbeiter eine zusätzliche Zahlung, die über das Arbeitsentgelt hinausgeht. Diese ist vom Gewinn abhängig, wobei unterscheiden wird zwischen der

- Umsatzbeteiligung, die fällig wird, wenn eine bestimmte Umsatzgrenze überschritten wird,
- Gewinnbeteiligung, d. h. die Mitarbeiter erhalten einen bestimmten Anteil am Jahresgewinn,
- der Leistungsbeteiligung, d. h. die Mitarbeiter werden bei Überschreiten bestimmter Produktivitätskennziffern zusätzlich belohnt.

Von den drei Arten der Beteiligung ist die Gewinnbeteiligung die weitaus am häufigsten vereinbarte Form. Für den Mitarbeiter sind Erfolgsbeteiligungen Lohneinkommen und demzufolge steuer- und sozialversicherungspflichtig. Für das Unternehmen stellen sie Betriebsausgaben dar.
Bei der Kapitalbeteiligung werden unterschieden

- die Fremdkapitalbeteiligung in Form von
  - Mitarbeiterdarlehen oder
  - Schuldverschreibungen und
- die Eigenkapitalbeteiligung in Form von
  - Belegschaftsaktien
  - Anteilen
  - betriebliche Investmentfonds
  - Stiftungen

Darüber hinaus stellt z. B. die stille Beteiligung von Mitarbeitern eine Mischform dar.
Für das Untenehmen ist die richtige Wahl der Beteiligungsform entscheidend. Diese hängt von sehr verschiedenen Faktoren ab, z. B.

- Rechtsform des Unternehmens
  - Personengesellschaft (KG, GmbH & Co. KG, OHG)
  - Kapitalgesellschaft (AG, GmbH)
  - Genossenschaft
- Informations- und Mitgestaltungsrechte
- Kapitalanteil und -risiko
- Erfolgsbeteiligung
- Verzinsung des Kapitals

2.6 Personalbeschaffung durchführen

Aufgabe 1

a) Nennen Sie wesentliche Inhalte einer Stellenbeschreibung.
b) Beschreiben Sie das Risiko des Arbeitgebers, im Arbeitsvertrag auf die Stellenbeschreibung Bezug zu nehmen.

Lösungsansatz

a) Inhalte der Stellenbeschreibung

- Stellenbezeichnung,
- Stellenzuordnung (Bereich, Abteilung),
- Stellenziel,
- Anforderungen, Befugnisse,
- Über-/Unterstellungen,
- aktive und passive Vertretung,
- Aufgabenbeschreibung.

b) Risiko des Arbeitgebers

Mit der Bezugnahme auf die Stellenbeschreibung geht der Arbeitgeber das Risiko ein, dass sie – je nach Formulierung – zum Gegenstand des Arbeitsvertrags gemacht wird und damit in seinen Inhalt einfließt. Dadurch wird das Aufgabengebiet festgeschrieben, der flexible Einsatz des Mitarbeiters wird deutlich erschwert. Insbesondere kann der Arbeitgeber im Wege seines Direktionsrechts dem Mitarbeiter dauerhaft keine anderen als die in der Stellenbezeichnung aufgeführten Tätigkeiten zuweisen.

Aufgabe 2

Beschreiben Sie den Unterschied zwischen Anforderungs- und Qualifikationsprofil.

Lösungsansatz

Das Anforderungsprofil enthält die Auflistung und den Ausprägungsgrad der persönlichen und fachlichen Kompetenzen, die eine Stelle zur Erfüllung der mit ihr verbundenen Tätigkeiten bei einem „abstrakten" Stelleninhaber voraussetzt.
Mit dem Qualifikationsprofil werden jene Kompetenzen einschließlich ihres Ausprägungsgrads einer konkreten Person (Bewerber, Mitarbeiter) ermittelt und im Hinblick auf Deckungsgleichheit mit dem Anforderungsprofil bzw. die positive oder negative Abweichung von ihm verglichen.

Aufgabe 3

Nach intensiver Suche auf dem externen Arbeitsmarkt beabsichtigt die Hard & Soft GmbH die vakante Stelle eines Entwicklungsingenieurs mit dem zum Vertragsschluss bereiten Franz Tüftelmeier zu besetzen. Der Betriebsrat lehnt die Einstellung ab, da die Stelle nicht intern ausgeschrieben worden ist. Der Personalleiter des Unternehmens wendet ein, die interne Nachforschung innerhalb der einschlägigen Abteilungen habe ergeben, dass niemand aus den eigenen Reihen geeignet sei, die Stelle auszufüllen.

Erläutern Sie, ob der Betriebsrat die Einstellung zu Recht verweigert.

Lösungsansatz

Nach § 99 II Nr. 5 BetrVG kann der Betriebsrat seine Zustimmung zur Einstellung verweigern, wenn die nach § 93 BetrVG *erforderliche* Ausschreibung der Stelle im Betrieb unterblieben ist. Nach § 93 BetrVG kann der Betriebsrat verlangen, dass Arbeitsplätze vor ihrer Besetzung innerhalb des Betriebs ausgeschrieben werden. Die interne Ausschreibung ist mithin im Sinne des § 99 II Nr. 5 BetrVG „erforderlich", wenn der Betriebsrat ein diesbezügliches Verlangen geäußert hat. Der Sachverhalt lässt nicht erkennen, ob dies vorliegend der Fall ist. Hat der Betriebsrat die interne Ausschreibung nicht verlangt, ist seine Weigerung *insoweit*, d. h. vorbehaltlich des § 99 II Nr. 2 BetrVG unbegründet. Auf die Form des „Verlangens" (Abschluss einer Betriebsvereinbarung oder Regelungsabrede) kommt es nicht an. Nicht ausreichend ist allerdings, wenn der Arbeitgeber interne Ausschreibungen bisher aus eigener Initiative vorgenommen, sie nunmehr aber – aus welchem Grund auch immer – unterlassen hat. Die Initiative muss stets vom Betriebsrat ausgehen. Dann aber kann sich der Arbeitgeber nicht darauf berufen, bereits „verdeckt" aber ohne Erfolg nach internen Besetzungsmöglichkeiten gesucht zu haben.

Aufgabe 4

Ein Unternehmen sucht für seine Versandabteilung in der Lokalzeitung einen „jungen dynamischen Disponenten". Unter den zahlreichen Zuschriften befindet sich auch die Bewerbung der 42-jährigen berufserfahrenen Speditionskauffrau Marianne Forsch. Diese erhält nach einigen Wochen ein Absageschreiben. In der Begründung heißt es u. a.: „Nach sorgfältiger Prüfung aller eingegangenen Unterlagen bedauern wir Ihnen mitteilen zu müssen, dass wir Ihre Bewerbung nicht in die engere Auswahl aufnehmen konnten." Frau Forsch fühlt sich diskriminiert und fragt Sie, welche Rechte ihr zustehen.

Erläutern Sie Frau Forsch die Rechtslage.

Lösungsansatz

Nach § 11 AGG darf ein Arbeitsplatz nicht unter Verstoß gegen § 7 I AGG ausgeschrieben werden. § 7 I AGG verweist auf § 1 AGG und verbietet die Benachteiligung wegen eines dort aufgeführten Grundes. Laut Text der Annonce kommen zwei Benachteiligungsgründe in Betracht: das Geschlecht (früher § 611 a BGB) und das Alter. Die §§ 8 und 10 AGG lassen Ausnahmen vom Benachteiligungsverbot zu. So ist nach § 8 I AGG eine Abweichung von § 1 AGG zulässig, wenn die Art der auszuübenden Tätigkeit oder die Bedingungen ihrer Ausübung eine wesentliche und entscheidende berufliche Anforderung darstellt, sofern der Zweck rechtmäßig und die Anforderung angemessen sind. Es darf davon ausgegangen werden, dass Frau Forsch als ausgebildeter Speditionskauffrau mit Berufserfahrung die Dispositionstätigkeiten in einer Versandabteilung durchaus vertraut sind. Dass es ihr an der geforderten Dynamik mangelt, kann – auch wenn sie nicht mehr dem Attribut „jung" entsprechen mag – allein auf Grund ihrer vorgelegten Bewerbungsunterlagen nicht belegt werden.
Allerdings lässt § 10 AGG eine unterschiedliche Behandlung wegen Alters zu, vorausgesetzt sie ist angemessen, durch ein legitimes Ziel gerechtfertigt sowie durch angemessene Mittel zu seiner Erreichung erforderlich. Obwohl die Vorschrift einen weiten Beurteilungsspielraum zulässt, stellt die Ablehnung ohne näheres Kennenlernen der Frau Forsch durch ein Vorstellungsgespräch kein angemessenes Mittel dar, um das „Ziel", nämlich die Ausfüllung der Stelle, sachgerecht einschätzen zu können. Folglich sprechen starke Indizien für einen Verstoß gegen das Benachteiligungsverbot.
In einem solchen Fall sieht § 22 AGG eine Umkehr der Beweislast vor. Der Arbeitgeber müsste im Streitfall beweisen, dass die Ablehnung der Frau Forsch trotz jener Indizien keinen Verstoß gegen das Benachteiligungsverbot begründet. Gelingt ihm dies nicht, kann Frau Forsch gemäß § 15 II 2 AGG eine Entschädigung bis zu drei für die Stelle vorgesehenen Monatsgehältern für den Fall verlangen, dass sie auch bei benachteiligungsfreier Auswahl nicht eingestellt worden wäre. Im Umkehrschluss heißt das, dass sie mehr als drei Monatsgehälter verlangen könnte, wenn sie bei benachteiligungsfreier Auswahl eingestellt worden wäre.

Aufgabe 5

Beschreiben Sie das Leistungsspektrum, das größere Personalberatungsinstitute ihren Auftraggebern üblicherweise anbieten.

Lösungsansatz

Direktansprache

Das Institut identifiziert anhand seiner Informationsquellen Personen, die dem gesuchten Anforderungsprofil entsprechen (könnten). Danach erfolgt – meist telefonisch – Kontaktaufnahme mit ihnen. Bei Interesse findet ein persönliches Gespräch statt, an das sich evtl. weitere anschließen. Ziel ist es, dem Auftraggeber in der Regel drei bis fünf Interessenten zu präsentieren, aus denen er im Idealfall seine Auswahl trifft.

Full Service

Damit ist das „klassische" Angebot einer Personalberatung, d. h. ohne Direktansprache, gemeint. Das Institut übernimmt den gesamten Rekrutierungsvorgang, von der Insertion über den (telefonischen) Erstkontakt, die Analyse der eingegangenen Bewerbungen, die Durchführung der Bewerberinterviews bis hin zur Präsentation geeigneter Kandidaten bzw. die Absage an diejenigen, die für eine Präsentation beim Auftraggeber nicht in Betracht kommen.

Teilservice

Prinzipiell kann der Auftraggeber jedes einzelne Element oder die Kombination mehrerer aus dem Full-Service-Angebot in Anspruch nehmen. Aus Anonymitätsgründen wird oft von der sog. Briefkastenfunktion Gebrauch gemacht. In diesem Fall stellt das Institut seine Adresse zur Verfügung, wickelt den Eingang der Bewerbungsunterlagen (Eingangsbestätigung, Zwischenbescheide) ab, sendet sie an den Auftraggeber und übernimmt die Rücksendung der von ihm nicht zum Vorstellungsgespräch eingeladenen Bewerber.

Aufgabe 6

Beschreiben Sie

a) den Unterschied zwischen einem einfachen und einem qualifizierten Zeugnis,
b) weshalb sich in der Praxis eine „verklausulierte" Zeugnissprache entwickelt hat,
c) weshalb die sog. Schlussformel („... wir wünschen Ihnen ...") oft mehr als der übrige Zeugnistext über den Mitarbeiter aussagt,
d) unter welchen Voraussetzungen ein Mitarbeiter ein Zwischenzeugnis verlangen

kann.

Lösungsansatz

a) Unterschied einfaches und qualifiziertes Zeugnis

Das einfache Zeugnis enthält – neben persönlichen Daten (Name, Geburtsjahr und -ort) – lediglich den Zeitraum der Beschäftigung und die Art der verrichteten Tätigkeit. Das qualifizierte Zeugnis erstreckt sich darüber hinaus auch auf Leistung und Führung (=Verhalten).

b) Zeugnissprache

Das (qualifizierte) Zeugnis muss einerseits dem Wahrheitsgebot und andererseits dem Wohlwollensgebot genügen. Das bedeutet: Es darf keine Tatsachen enthalten oder unterdrücken, die auf einen potenziellen neuen Arbeitgeber irreführend wirken. Zum anderen darf es keine Angaben enthalten, die den Mitarbeiter in seinem beruflichen Fortkommen behindern.

c) Schlussformel

Die sog. Schlussformel gehört nicht zu dem vom Arbeitgeber geschuldeten Zeugnisinhalt (siehe a). Deshalb ist der Arbeitgeber im Wesentlichen frei in der Formulierung. Einzige Bedingung ist, sie darf nicht im Widerspruch zur Leistungs- und Verhaltensbeurteilung stehen. Deshalb gilt als Faustregel: Je kürzer und unverbindlicher die Schlussformel gehalten ist, desto geringer ist die Wertschätzung des Mitarbeiters durch den Arbeitgeber zu beurteilen. Fehlt sie ganz, wozu der Arbeitgeber berechtigt ist, kann dies ebenfalls Rückschlüsse zulassen.

d) Zwischenzeugnis

Der Mitarbeiter kann ein Zwischenzeugnis verlangen, wenn

- er es zu Bewerbungszwecken benötigt,
- ihm ein anderes Aufgabengebiet übertragen wird,
- ein Wechsel in der Person des Vorgesetzten erfolgt,
- er über einen längeren Zeitraum hinweg keine Beurteilung durch den
- Vorgesetzten erhalten hat.

Aufgabe 7

In den Unterlagen einer Bewerberin lesen Sie das folgende Zeugnis:

Frau Ulrike Müller, geboren am 26.04.1965 in Hamburg, trat am 01.09.2003 als kaufmännische Sachbearbeiterin in die Vertriebsabteilung unseres Unternehmens ein. Ihr Aufgabengebiet erstreckte sich auf folgende Tätigkeiten:

- Auftragsabwicklung,
- Reklamationsbearbeitung,
- Terminüberwachung,
- Erteilung von Preisauskünften,
- Rechnungskontrolle,
- Organisatorische Mitwirkung bei Kundenschulungen,
- Erstellung diverser Statistiken.

Frau Müller erledigte die ihr übertragenen Aufgaben mit Fleiß und Interesse sorgfältig und termingerecht. Aufgrund ihrer Fachkenntnisse wurde sie den unterschiedlichen Anforderungen ihres Aufgabengebiets zu unserer vollen Zufriedenheit gerecht.

Frau Müller war hilfsbereit und freundlich. Ihr Verhalten gegenüber Vorgesetzten und im Kollegenkreis war stets einwandfrei.

Frau Müller hat unser Unternehmen auf eigenen Wunsch zum 30.06.2007 verlassen. Wir wünschen ihr für die Zukunft alles Gute.

Was sagt das Zeugnis aus? Beschreiben Sie Ihre Einschätzung anhand von fünf beispielhaften Indikatoren.

Lösungsansatz

Das Zeugnis beschreibt Frau Müller als eine gerade noch im durchschnittlichen Bereich anzusiedelnde Mitarbeiterin.

1) Es fehlen Angaben über Initiative, Einsatzbereitschaft und Belastbarkeit.
2) Bei den Frau Müller bescheinigten Leistungsattributen fehlt das Wort „stets".
3) „Volle Zufriedenheit" ohne „stets" verweist auf eine am unteren Rand der Zufriedenheitsskala einzustufende Leistung.
4) Die Bewertung der Zusammenarbeit und des Verhaltens deutet darauf hin, dass Frau Müller nicht viel mehr als das Mindestmaß an personeller Wirksamkeit erfüllt hat.
5) Die Schlussformel ist äußerst knapp gehalten. Insbesondere fehlen der „wirkliche" Grund des Ausscheidens sowie der Dank für ihre Mitarbeit.

Aufgabe 8

Auf Grund von der Geschäftsleitung angeordneter Sparmaßnahmen sind Sie als Personalreferent gehalten, im Zuge von Bewerbungsverfahren entstehende Kosten im Rahmen des unbedingt Erforderlichen zu halten. Deshalb beabsichtigen Sie, ab sofort

a) Initiativbewerbungen nicht mehr an die Absender zurückzusenden,
b) die Reise- und Unterbringungskosten der zu Vorstellungsgesprächen eingeladenen Bewerber nicht zu ersetzen,

Beschreiben Sie, was Sie bei der Umsetzung Ihres Vorhabens in rechtlicher Hinsicht bedenken müssen.

Lösungsansatz

a) Umgang mit Initiativbewerbungen

Der Absender einer Initiativbewerbung bleibt auch nach dem Versand seiner Unterlagen deren Eigentümer und kann sie vom Besitzer – dem Adressaten – jederzeit herausverlangen (§ 985 BGB). Das bedeutet allerdings nicht, dass er Anspruch auf Rücksendung hat, es sei denn, er hat Rückporto beigefügt. Dagegen hat der Bewerber aber das Recht, seine Unterlagen beim Arbeitgeber abzuholen (§ 269 BGB). Um ihm dazu Gelegenheit zu geben, sind die Unterlagen so lange aufzubewahren, wie billigerweise mit einem entsprechenden Verlangen seitens des Bewerbers zu rechnen ist. Dafür gibt es keine exakt definierte Zeitangabe; jedoch sollte ein Zeitraum von einigen Wochen in Ansatz gebracht werden.

b) Erstattung von Bewerbungskosten

Im Rahmen eines Bewerbungsverfahrens vom Arbeitgeber zum Vorstellungsgespräch eingeladene Bewerber haben Anspruch auf Ersatz der notwendigen Vorstellungskosten (§§ 662 f. BGB). Gegenteiliges gilt nur dann, wenn der einzelne Bewerber im Einladungsschreiben ausdrücklich darauf hingewiesen wird, dass das Unternehmen die Kosten nicht übernimmt. Kommt der Bewerber dennoch, hat er „konkludent" sein Einverständnis mit dieser Regelung erklärt und damit auf die Erstattung wirksam verzichtet.

Aufgabe 9

Karl Schmitz ist bei der Speditionsfirma Transgermania KG als Kraftfahrer eingestellt worden. Im Einstellungsgespräch wurde er vom Personalleiter des Unternehmens sowohl nach Vorstrafen als auch nach laufenden Strafverfahren befragt, was Schmitz verneinte. Tatsächlich lief zu diesem Zeitpunkt gegen ihn ein Ermittlungsverfahren wegen Fahrerflucht, weil er auf einem Parkplatz einen PKW leicht gerammt, die Fahrt aber fortgesetzt hatte. Einen Monat nach Arbeitsantritt kommt es zur Hauptverhandlung, in deren Verlauf ein höherer Schaden an dem PKW festgestellt wird als von Schmitz vermutet. Aus diesem Grund wird er neben einer Geldstrafe zum Entzug der Fahrerlaubnis verurteilt.

Erläutern Sie die Möglichkeiten des Unternehmens, sich von Schmitz möglichst unkompliziert und rasch zu trennen.

Lösungsansatz

Das Unternehmen könnte die fristlose Kündigung aussprechen. Eine Klage dagegen hätte zumindest insoweit kaum Aussicht auf Erfolg, als Schmitz nach einem Monat Beschäftigungsdauer noch nicht der Kündigungsschutz nach § 1 I KSchG zusteht. Allerdings könnte das Arbeitsgericht zu dem Ergebnis gelangen, dem Arbeitgeber sei die Fortsetzung des Arbeitsverhältnisses bis zum Ablauf der ordentlichen Kündigungsfrist zuzumuten gewesen. Damit wäre der Arbeitgeber im Prozess unterlegen und müsste erneut, und zwar fristgemäß kündigen, es sei denn er hätte zusätzlich zur fristlosen Kündigung hilfsweise auch die ordentliche Kündigung ausgesprochen. Deshalb liegt es für das Unternehmen näher, nach § 123 I BGB die Anfechtung des Arbeitsvertrags wegen arglistiger Täuschung zu erklären.
Die im Einstellungsgespräch gestellte Frage nach Vorstrafen bzw. Ermittlungsverfahren ist insoweit zulässig, als sie für die Tätigkeit eines Kraftfahrers relevant ist. Deshalb war Schmitz verpflichtet, sie im Hinblick auf das Verkehrsdelikt wahrheitsgemäß zu beantworten. Sein Leugnen stellt daher

eine arglistige Täuschung dar. Die Anfechtung hat zur Folge, dass das Vertragsverhältnis gemäß § 142 I BGB als von Anfang an nichtig anzusehen ist, so dass sich das Unternehmen wegen fehlenden Arbeitsverhältnisses sofort von Schmitz trennen kann. (Sein Vergütungsanspruch für bisher geleistete Arbeit bleibt unter dem Gesichtspunkt des faktischen Arbeitsverhältnisses unberührt).

Aufgabe 10

Beschreiben Sie den Inhalt der sog. Auswahlrichtlinien und die Rechte, die dem Betriebsrat bei ihrer Einführung zustehen.

Lösungsansatz

Auswahlrichtlinien nach § 95 BetrVG sind von Arbeitgeber und Betriebsrat festgelegte Grundsätze, die bei der personellen Auswahl, insbesondere bei Einstellungen aber auch bei Versetzungen, Umgruppierungen und Kündigungen von den für die Durchführung solcher Maßnahmen verantwortlichen Führungskräften zu beachten sind. Der Betriebsrat hat hierbei ein Mitbestimmungsrecht. In Betrieben mit mehr als 500 Mitarbeitern hat er sogar ein Initiativrecht, d. h. er kann verlangen, dass Auswahlrichtlinien aufgestellt werden. In diesem Fall hat sich ihr Inhalt zwingend auf die fachlichen und persönlichen Voraussetzungen sowie die sozialen Belange zu beziehen, die bei der Durchführung der genannten Maßnahmen berücksichtigt werden müssen. Weigert sich der Arbeitgeber auf entsprechende Vorschläge des Betriebsrats einzugehen, so kann dieser die Einführung einer Auswahlrichtlinie mit Hilfe der Einigungsstelle erzwingen. Die Einigungsstelle kann von Arbeitgeber- wie auch von Betriebsratsseite auch dann angerufen werden, wenn sich die Parteien über den Inhalt der Auswahlrichtlinie nicht einigen können.

2.7 Administrative Aufgaben einschließlich der Entgeltabrechnung bearbeiten

Aufgabe 1

Beschreiben Sie Schritt für Schritt die Durchführung einer Entgeltabrechnung vom Bruttoentgelt bis hin zum Nettoentgelt.

Lösungsansatz

Zur Erstellung einer Entgeltabrechnung wird ein Personalstammblatt vom betreffenden Mitarbeiter angelegt, das folgende Daten enthält: Name, Vorname, Personal-Nr., Steuerklasse, Konfession, Kinderfreibeträge, Steuerfreibetrag, Adresse, Bankverbindung, Entgeltgruppe, Arbeitszeit, Krankenkasse ggf. Zuschläge, Sonderzahlungen, Arbeitgeberanteil für vermögenswirksame Leistungen.

Das Tarifentgelt, die Sonderzahlungen und der Arbeitgeberanteil für vermögenswirksame Leistungen ergeben zusammen das Bruttoentgelt. Es liegt allen weiteren Berechnungen zugrunde.

Vom Bruttoentgelt muss der Steuerfreibetrag abgezogen werden, um das steuerpflichtige Bruttoentgelt zu ermitteln. Durch diesen Abzug soll der Arbeitnehmer bereits bei der monatlichen Besteuerung entlastet werden. Das steuerpflichtige Bruttoentgelt wird nun in der Monats-Lohnsteuertabelle herausgesucht und die entsprechenden Lohnsteuern, Kirchensteuern (je nach Bundesland), der Solidaritätszuschlag werden abgelesen. Diese Positionen werden zusammengefasst und als Zwischensumme „gesetzlicher Abzug Steuer" erfasst.

Nun werden die einzelnen Sozialversicherungsbeiträge abgezogen. Das beitragspflichtige Entgelt (Höhe der Beitragsbemessungsgrenze in den Versicherungszweigen beachten) wird mit dem jeweiligen Beitragssatz multipliziert und anschließend durch zwei geteilt, da Arbeitnehmer und Arbeitgeber sich die Beiträge paritätisch teilen. Die zusätzlichen Beiträge zur KV (z.Z 0,9 v. H. und PV (z.Z. 0,25 v. H.) trägt der Arbeitnehmer allein. Diese Positionen werden ebenfalls zusammengefasst und als „ gesetzlicher Abzug Sozialversicherung" erfasst.

Diese Abzüge reduzieren das Bruttoentgelt und ergeben ein Nettoentgelt.

Die vermögenswirksamen Leistungen, genannt „ persönliche Be-/Abzüge" reduzieren nun wiederum das Nettoentgelt. Sollte ein Anspruch auf Kindergeld bestehen oder der Mitarbeiter erhält einen Vorschuss, wird dieser durch Addition dem Nettoentgelt zugeführt.

Dieses Endergebnis ist der Auszahlungs- oder Überweisungsbetrag, den der Mitarbeiter am Tag der Fälligkeit auf seinem Konto gutgeschrieben bekommt.

Aufgabe 2

a) Erläutern Sie die wesentlichen Aufgaben eines Datenschutzbeauftragten.
b) Wen schützt das Datenschutzgesetz innerhalb eines Unternehmens?

Lösungsansatz

a) Aufgaben

Der Datenschutzbeauftragte ist dafür verantwortlich, dass Daten verarbeitende Mitarbeiter die Datenschutzbestimmungen im Unternehmen einhalten. Die Aufgabengebiete weisen eine hohe fachliche Komplexität auf, da eine übergreifende interdisziplinäre Vernetzung innerhalb des Unternehmens sicherzustellen ist. Intern oder auch extern (z. B. bei externer Datenvernichtung) ist es notwendig, eine fachliche Zusammenarbeit zu organisieren und zu managen. Das Einbeziehen und Überzeugenkönnen von Nichtfachleuten im eigenen Unternehmen stellt einen entscheidenden Erfolgsfaktor für die Umsetzung der Datenschutzbestimmungen dar.
Der Datenschutzbeauftragte hat die ordnungsgemäße Anwendung der Datenverarbeitungsprogramme zu überwachen. Daher ist er frühzeitig über Vorhaben der automatisierten Verarbeitung personenbezogener Daten zu informieren. Er muss die EDV-Anwendungen auf die Einhaltung des Datenschutzes prüfen sowie Auswertungen und Prüfberichte erstellen.
Er hat sicherzustellen, dass alle Daten verarbeitende Mitarbeiter durch geeignete Maßnahmen mit den gesetzlichen und betrieblichen Vorschriften über den Datenschutz vertraut gemacht werden.

b) Schutzbedürtiger Personenkreis

- alle Arbeitnehmer/innen
- die zur Berufsausbildung Beschäftigten
- Bewerber/innen
- Leiharbeitnehmer/innen

Aufgabe 3

Wie ist die Gewährleistung des Datenschutzes und der Datensicherheit

a) bei einem Telearbeiter
b) bei einem Telearbeiter als selbstständiger Unternehmer, der personenbezogene Daten zu verarbeiten hat,

sicherzustellen?

Lösungsansatz

a) Telearbeiter

Ein Telearbeiter gehört zur Belegschaft des Betriebs. Die von ihm durchzuführenden Arbeiten stellen innerbetriebliche Prozesse dar, so dass der Arbeitgeber sowohl für den Datenschutz als auch für die Datensicherheit verantwortlich ist. Bei der Verarbeitung personenbezogener Daten ist der Datenschutz im Hinblick auf § 1 Abs. 2 sowie § 2 Abs. 1 BDSG zu beachten.

b) Telearbeiter als selbständiger Unternehmer

Bei Telearbeitern, die als selbstständige Unternehmer personenbezogene Daten verarbeiten, handelt es sich um eine geschäftsmäßige Verarbeitung personenbezogener Daten für fremde Zwecke. Gemäß § 11 Abs. 4 BDSG ist der Auftraggeber für den Datenschutz, der Auftragnehmer (Telearbeiter) für die Datensicherheit zuständig.
Der Auftragnehmer hat gemäß § 4 g BDSG schriftlich einen Beauftragten für die Datensicherheit zu bestellen. Die Aufgaben dieser Person ergeben sich aus § 4 g BDSG. Dadurch ist der Auftraggeber nicht aus der Verpflichtung zur Einhaltung des Datenschutzes entlassen. Ihn treffen weitergehende Verpflichtungen. Er muss den Auftragnehmer sorgfältig auswählen und ihn hinsichtlich der Einhaltung des BDSG überprüfen. Hier wird dringend empfohlen, Vereinbarungen über die Einhaltung der Datenvorschriften zwischen beiden Parteien zu treffen.

Aufgabe 4

Die Geschäftsführung Ihres Unternehmens hat entschieden, zukünftig jedes Telefongespräch zu registrieren. Welche gesetzlichen Bestimmungen sind dabei zu beachten?

Lösungsansatz

- Bei technischen Verhaltens- und Leistungskontrollen sind die Mitbestimmungsrechte des Betriebsrates zu beachten.
- Die Verbindungsdaten dürfen nur unter Kürzung der jeweiligen Zielnummer gespeichert werden. Neben der Vorwahl werden hier nur die ersten Stellen der Zielrufnummer dargestellt.
- Es muss ein fester Personenkreis definiert werden, der Zugriff auf Abrechnungs- und Verbindungsdaten erhalten soll.
- Mitarbeiter, die Zugriff auf die Telefonanlage haben, Abrechnungsdaten verarbeiten oder Kenntnis über Inhalte von Anrufbeantwortern haben, sollten schriftlich verpflichtet werden, das Fernmeldegeheimnis einzuhalten.
- Jeder Mitarbeiter muss über die Auswertungen der Kostenrechnungen (z. B. bei nicht erlaubter Privatnutzung des dienstlichen Telefonanschlusses) in Kenntnis gesetzt werden.

Cornelia Lindow

- Bei einer erlaubten Privatnutzung der betrieblichen Telefonanlage ist das Fernmeldegeheimnis einzuhalten und die Privatsphäre des Mitarbeiters zu schützen. Einzelverbindungsnachweise dürfen nicht vom Arbeitgeber eingesehen werden. Zwischen dem Betriebsrat und dem Arbeitgeber muss vereinbart werden, welche Daten (zeitlich, mengenmäßig) zu Kontrollzwecken genutzt werden dürfen.
- Die stillschweigende Duldung privater Telefongespräche gilt als Erlaubnis. Die Handlungsvorschriften des Fernmeldegeheimnisses stellen in diesem Fall alle Verbindungsdaten unter den Schutz der Privatsphäre.

Aufgabe 5

a) Was ist eine Personalakte?
b) Kann die Personalakte vom Arbeitnehmer eingesehen werden?
c) Kann man gegen Inhalte der Personalakte vorgehen und Ergänzungen vornehmen?

Lösungsansatz

a) Personalakte

Die Sammlung konkreter Unterlagen über einen Arbeitnehmer stellt eine Personalakte dar. In ihr werden alle wesentlichen Vorgänge im Verhältnis zwischen Arbeitnehmer und Arbeitgeber dokumentiert. Dazu gehören die Bewerbungsunterlagen, der Personalfragebogen, Zeugnisse, disziplinarische Angelegenheiten, Schriftwechsel zwischen Arbeitnehmer und Arbeitgeber, Arbeitsvertrag, Nebenabreden, Beurteilungen, Dokumente über Arbeitsunfälle, Weiterbildungsmaßnahmen etc.

b) Einsichtnahme

Jeder Arbeitnehmer kann seine Personalakte einsehen. Dieses Einsichtsrecht ergibt sich aus § 83 Abs. 1 BetrVG.: „ Der Arbeitnehmer hat das Recht, in die über ihn geführten Personalakten Einsicht zu nehmen. Er kann hierzu ein Mitglied des Betriebsrates hinzuziehen. Das Mitglied des Betriebsrates hat über den Inhalt der Personalakte Stillschweigen zu bewahren, soweit es vom Arbeitnehmer im Einzelfall nicht von dieser Verpflichtung entbunden wird.“

c) Veränderungen an der Personalakte

Das Recht auf Ergänzung und Richtigstellung ergibt sich für den Arbeitnehmer aus § 83 BetrVG. Auch wenn der Arbeitgeber Ergänzungen für unzutreffend hält, sind diese in die Personalakte zu übernehmen. Der Arbeitnehmer hat dadurch die Möglichkeit, die aus seiner Sicht unrichtig dargestellten Vorfälle zu ergänzen.
Der Anspruch auf Rücknahme und Entfernung ist nach Rechtsprechung des Bundesarbeitsgerichts zulässig, sollte die Personalakte unrichtige und missbilligende Äußerungen enthalten, die den Arbeitnehmer in seinem beruflichen Fortkommen behindern können (BAG 27. 11. 1985, § 611 BGB Fürsorgepflicht).

Situationsaufgabe 1 „Probleme in der Hard & Soft GmbH"

Die Hard & Soft GmbH ist ein kleineres IT-Unternehmen mit 80 Mitarbeitern an einem Standort. Sie arbeitet vorwiegend für mittelständische Unternehmen und bietet Softwarelösungen für den Personalbereich an, sowie deren Migration in die IT-Landschaft des Kunden und die nötigen Beratungen und Schulungen. Als Personalreferent sind Sie zuständig für alle Bereiche der Personalarbeit einschliesslich der Lohn- und Gehaltsabrechnung, zusätzlich nehmen Sie kommissarisch die Funktion des Ausbildungsleiters wahr für die insgesamt 8 Auszubildenden in den IT-Ausbildungsberufen. Ein Betriebsrat existiert nicht, das Unternehmen ist nicht tarifgebunden.

Berücksichtigen Sie so weit wie möglich bei der Beantwortung der Aufgaben die geschilderte Ausgangssituation!

Aufgabe 1 (10 Punkte)

Das Unternehmen bearbeitet die meisten Kundenaufträge wegen der Berücksichtigung der individuellen Erfordernisse der Kunden als Projekte. Für ein neues Projekt sollen befristete Arbeitsverträge vereinbart werden.

- Der Auszubildende Pfiffig hat seine Ausbildung zum Informatik-Kaufmann erfolgreich abgeschlossen und soll einen befristeten Arbeitsvertrag für 12 Monate erhalten.
- Der Diplom-Informatiker Fleissig hat als bester Bewerber ein zweitägiges Assessment-Center bestanden und soll zunächst einen befristeten Arbeitsvertrag für 6 Monate und anschliessend einen weiteren befristeten Arbeitsvertrag als Projektleiter für einen in Elternzeit befindlichen Kollegen erhalten.
- Der Softwareentwickler Tüftel war vor 5 Jahren nach seiner Ausbildung schon einmal bei der Hard & Soft GmbH für ein Jahr beschäftigt, bevor er auf eigenen Wunsch ein Fachhochschulstudium aufnahm, in dessen Verlauf er auch zwei Praktika bei der Hard & Soft GmbH ableistete. Mit ihm wurde ein Aushilfsvertrag für die Dauer von zwei Jahren geschlossen, der jetzt drei Tage nach Arbeitsaufnahme schriftlich niedergelegt werden soll.

a) Sind die Arbeitsverträge rechtlich zulässig. Begründen Sie Ihre Antwort! (9 P.)

b) Welche Formvorschriften sind bei befristeten Arbeitsverträgen zu beachten? (1 P.)

Aufgabe 2 (25 Punkte)

Die Hard & Soft GmbH möchte die bisherigen Umstrukturierungen als Anlass nehmen, die bestehenden Arbeitsverträge den geänderten wirtschaftlichen Bedingungen anzupassen. In einigen Fällen würde dies zu Verbesserungen, in den meisten Fällen aber zu einer Verschlechterung der Arbeitsbedingungen und der Entgelte führen. Es ist angedacht, den Mitarbeitern diese individuellen Änderungen als Protokollnotiz zusammen mit den nächsten Gehaltsabrechnungen zukommen zu lassen.

Als Personalreferent haben Sie erhebliche Bedenken gegen diese Vorgehensweise.

a) Erläutern Sie der Geschäftsleitung Ihre Bedenken aus arbeitsrechtlicher Sicht! (10 P.)
b) Erläutern Sie der Geschäftsleitung, wie in diesen Fällen verfahren werden könnte! (15 P.)

Aufgabe 3 (10 Punkte)

Der Projektleiter Krittel beklagt sich seit einiger Zeit darüber, dass die Gespräche mit externen Kunden häufig in die Nachmittage verlegt werden, so dass er regelmässig Überstunden machen müsse, zu spät nach Hause käme und im übrigen „durch die halbe Republik" reisen müsse und deshalb immer seltener an seinem Arbeitsplatz sei. Dies sei mit seinem Arbeitsvertrag nicht vereinbar.

Erläutern Sie Krittel die Rechtslage!

Aufgabe 4 (10 Punkte)

Arbeitnehmerin Flott befand sich auf dem Weg von ihrer Wohnung zu einem Kunden der Hard & Soft GmbH und wollte auf dem Weg dorthin mit einem kleinen Umweg ihr Kind zu der Tagesmutter bringen. Dabei kommt es zu einem Unfall mit einem anderen Fahrzeug, weil F., in Gedanken schon beim Kunden, eine Vorfahrtsregelung übersieht. Das andere Fahrzeug war allerdings auch deutlich zu schnell unterwegs. Das Amtsgericht stellt fest, dass Frau F. zu 60 % die Schuld an diesem Unfall trifft.

a) Frau F. ist als Folge des Unfalls drei Wochen im Krankenhaus und weitere 5 Wochen in einer Anschlussheilbehandlungsmassnahme. Erläutern Sie, ob und wie lange Sie Anspruch auf ein gesichertes Einkommen hat! (5 P.)
b) Welche Möglichkeiten hat der Arbeitgeber, gegenüber dem mitverschuldendem Unfallgegner Regressforderungen zu stellen? (5 P.)

Aufgabe 5 (30 Punkte)

Die Geschäftsleitung der Hard & Soft GmbH plant, für ihre Führungskräfte bis hinunter zur Projektleiterebene eine betriebliche Altersvorsorge einzurichten.

a) Nennen Sie 5 Motive aus Arbeitgebersicht! (5 P.)
b) Erläutern Sie die Variante der Deferred Compensation näher! (15 P.)
c) Welche Fragen sind vor einer Entscheidung für Deferred Compensation bei der Hard & Soft GmbH im Vorfeld zu klären? (10 P.)

Aufgabe 6 (15 Punkte)

In der Hard & Soft GmbH soll die Stelle eines Geschäftsführers für den kaufmännischen Bereich geschaffen werden.

a) Erläutern Sie drei in Frage kommende Beschaffungswege! (6 P.)
b) Welche Auswahlinstrumente setzen Sie zusätzlich zur Auswertung der Bewerbungsunterlagen ein. Begründen Sie Ihre Wahl! (9 P.)

Lösungsansatz

Aufgabe 1

a) Rechtswirksamkeit der Arbeitsverträge

- Das Berufsausbildungsverhältnis ist kein Arbeitsverhältnis i. S. des TzBfG und somit auch kein Hindernis für ein kalendermässig befristetes Arbeitsverhältnis.
- Da keine entsprechenden Hinweise im Fall geschildet wurden, muss davon ausgegangen werden, dass F. noch nie zuvor in einem Arbeitsverhältnis zur Hard & Soft GmbH stand. Dann ist die erste kalendermässige Befristung rechtens und auch die zweite Befristung, da hierfür ein sachlicher Grund vorliegt.
- T. ist bereits einmal bei der Hard & Soft beschäftigt gewesen, wobei es keine Rolle spielt, wie lange diese Beschäftigung zurück liegt. Auch die beiden Praktika, die er bei der Hard & Soft abgeleistet hat, stehen einer kalendermässigen Befristung im Wege, für die kein Sachgrund vorliegt. Die Befristung im Arbeitsvertrag von T. ist nichtig, T. hat daher einen unbefristeten Arbeitsvertrag erhalten und sollte einen Antrag auf Entfristung stellen.

b) Formvorschriften

Befristete Arbeitsverträge benötigen die Schriftform, um wirksam zu sein.

Aufgabe 2

a) Bedenken

Auch Vertragsänderungen bedürfen einer zweiseitigen Willenserklärung. Eine Protokollnotiz stellt durchaus eine solche dar, bedarf aber der Unterschrift der Arbeitnehmer. Dies ist hier nicht geschehen. Die Arbeitsvertragsänderungen erlangen keine Rechtskraft!

b) korrektes Verfahren

Die Hard & Soft sollte einvernehmliche Gespräche mit jedem Mitarbeiter führen, der einen geänderten Arbeitsvertrag erhalten soll. Im Falle einer Verbesserung wird der Arbeitnehmer in aller Regel dieses Angebot annehmen, dieser wäre dann ab einem einvernehmlich zu regelnden Datum gültig.

Lehnt der Arbeitnehmer ab, hat der Arbeitgeber zwei Möglichkeiten:

1. Das bisherige Arbeitsverhältnis wird unverändert weitergeführt.
2. Er spricht eine Änderungskündigung aus.

Eine Änderungskündigung ist eine ordentliche Kündigung mit dem Angebot, das Arbeitsverhältnis unter geänderten Bedingungen fortzuführen.

Der Arbeitnehmer hat nach Erhalt der Änderungskündigung zwei Möglichkeiten:

a) Er lehnt das Angebot ab und ist – die Ordnungsgemässheit der ordentlichen Kündigung (Fristen, Zugang, Zulässigkeit) vorausgesetzt – gekündigt. Dann kann er wie bei jeder ordentlichen Kündigung eine Kündigungsschutzklage innerhalb von drei Wochen einreichen.

b) Er nimmt das Angebot unter Vorbehalt an und arbeitet unter den neuen Bedingungen. Er hat dann immer noch die Möglichkeit, innerhalb von drei Wochen eine Änderungsschutzklage einzureichen. Verliert er diese, arbeitet er unter den neuen Bedingungen, gewinnt er sie, arbeitet er zu den alten Bedingungen weiter.

Aufgabe 3

Es ist zunächst zu prüfen, inwieweit der Arbeitsvertrag eindeutige Klauseln hinsichtlich des Arbeitsortes und der Arbeitszeit einschliesslich der Möglichkeit von Überstunden enthält.
Wenn diese nicht vorhanden sind, stellt sich die Frage, ob der AG im Rahmen seines Direktions- und Weisungsrechtes gehandelt hat bzw. ob der AN im Rahmen seiner Treuepflicht und den daraus resultierenden Nebenpflichten zu den angesprochenen Arbeitsleistungen verpflichtet war.
Das Unternehmen lebt von Kundenaufträgen. K. ist als Projektleiter für seinen Arbeitgeber tätig. Dies erfordert naturgemäss, dass er häufiger Kontakte am Ort des Kunden hat, nicht nur, was Akquisitionen und Beratungen angeht. Seine Anwesenheit ist auch erforderlich bei der Implementierung von Hard- und Software beim Kunden durch die ihm unterstellten Mitarbei-

ter. Allein schon von daher ist der Arbeitgeber berechtigt, diese Arbeitsleistung einzufordern.
Die Treuepflicht ist wie der Grundsatz von Treu und Glauben eine Verhaltenspflicht. Sie gestaltet die Hauptverpflichtung des AN zur Arbeitsleistung und gibt ihr den konkreten Inhalt. So kann der AN im Rahmen seiner Treuepflicht gehalten sein

- Über- und Mehrarbeitsstunden zu leisten
- andere als die vertraglich vereinbarte Arbeitzeit
- oder sie an einem anderen Ort zu leisten

Mit der Übernahme seine Tätigkeit als Projektleiter hat K. wissen müssen, dass diese Tätigkeit mehr Mobilität und Flexibilität von ihm verlangt als eine reine Bürotätigkeit. Dies hat er billigend hingenommen und kann jetzt nicht verlangen, dass für ihn andere Regelungen gelten.

Aufgabe 4

a) Einkommenssicherung

Frau F. erhält unabhängig von der zivilrechtlichen Regelung des Unfalls volle Lohn- oder Gehaltsfortzahlung in Höhe des durchschnittlichen Entgeltes in der regelmässigen Arbeitszeit für 6 Wochen.
Im Sinne des EFZG war diese Arbeitsunfähigkeit unverschuldet.
Ab der 7. Woche tritt die Berufsgenossenschaft ein, da es sich um einen Wegeunfall gehandelt hat. Der Umweg zur Tagesmutter zählt nach SGB mit zu dem versicherten Arbeitsweg.

b) Regressforderungen

Hier gilt die zivilrechtliche Regelung der Schuldfrage. Der Arbeitgeber kann sich vom Unfallgegner 40 % seiner Entgeltfortzahlung wiederholen.

Aufgabe 5

a) Motive

- Bindung der Führungskräfte an das Unternehmen
- Reduzierung der Fluktuation
- Marketingvorteile bei der Personalbeschaffung
- Verhinderung des Abflusses von Know-how
- Verbesserung des Firmenimages
- Verbesserung der Einkommensituation im Rentenfall
- Steuerliche Überlegungen

b) Grundzüge der Deferred Compensation

Bei der DC wird ein Teil der Gesamtvergütung nicht sofort ausgezahlt und somit auch nicht versteuert, sondern erst zum Eintritt in den Ruhestand. Die Besteuerung erfolgt also erst später und damit in verringertem Umfang.
Für das Unternehmen wird die Liquidität verbessert, die Unternehmen nutzen hier den Umstand, dass bei der DC als betriebliche Altersversorgung diese Aufwendungen lediglich in die Summe der ausgewiesenen Pensionsrückstellungen gehen.

Burkhard Zicke

Für die Führungskräfte kann die geringere steuerliche Progression im Ruhestand von Vorteil sein, nachteilig kann DC für die Führungskräfte sein, dass es kein beitragspflichtiges Entgelt für die Sozialversicherung darstellt. Deswegen eignet es sich in der Regel nur für gut verdienende Mitarbeiter, deren Gehalt regelmässig die Beitragsbemessungsgrenze überschreitet.

c) Fragen im Vorfeld

Bei Deferred Compensation ist es notwendig, genaue Berechnungsmodelle für die verschiedenen Mitarbeiter anzustellen. An Fragen ist vor einer Einführung zu klären

- welche Mitarbeiter aufgenommen werden sollen
- welche Entgeltbestandteile umgewandelt werden können
- wie die Vertragsgestaltung aussehen soll
- welche Leistungsarten in Betracht kommen
- wie die Leistungen finanziert werden sollen
- wie die Insolvenzssicherung gewährleistet wird
- welche Auszahlungsformen in Frage kommen

Aufgabe 6

a) Beschaffungswege

- Stellenanzeigen in Fachzeitschriften und überregionalen Zeitungen
- Nutzung der eigenen Homepage
- Stellenbörsen für Führungskräfte
- Personalberater mit der Suche beauftragen
- Headhunter beauftragen
- Messen und Ausstellungen nutzen
- Stellenangebote in Fachzeitschriften analysieren

b) Auswahlinstrumente

- Vorstellungsgespräche unter Einschaltung von Führungskräften und ggf. Personalberatern, um nicht nur die Fachkompetenz, sondern auch Sozial- und Methodenkompetenzen festzustellen
- Gestaltung eines Assessment-Centers für die Top-Bewerber mit relevanten Übungen, die vor allem auf Sozial- und Methodenkompetenzen zugeschnitten sind
- Testverfahren mit geeigneten Tests zur Feststellung von Führungskompetenzen einsetzen
- Teilnahme an komplexen Unternehmensplanspielen verlangen, um auch die Fachkompetenzen in relevanten Entscheidungssituationen zu analysieren

Situationsaufgabe 2 „Personalpolitische Folgerungen aus einer Fusion“

Die Brauerei Bier & Selig GmbH in Hannover hat grosse Probleme. Nach dem Aufkauf durch einen belgischen Konzern wurden bereits zwei Standorte geschlossen, ferner ist durch eine andere Produktpolitik und ein anderes Marketing auch die bisherige Traditionsmarke gefährdet.

Die Unzufriedenheit der Mitarbeiter ist gross, die Ohnmacht der örtlichen Geschäftsführung noch grösser, weil sie nicht ohne die Zustimmung der Konzernleitung entscheiden kann.

Es stehen demnächst Personalentscheidungen an, die tiefgreifende Einschnitte für das ehemalige Traditionsunternehmen bedeuten. Dringendes Erfordernis aus der Sicht der Konzernleitung sind drastische Kostensenkungen im Personalbereich.

Es existiert ein Betriebsrat an allen Standorten. Das Unternehmen ist tarifgebunden.

Aufgabe 1 (25 Punkte)

Der Konzernleitung ist der geltende Tarifvertrag ein Dorn im Auge. Sie sollen für die belgische Mutter ein Papier zusammenstellen, das eine Entscheidungshilfe für einen Ausstieg aus dem Tarifvertrag darstellt.

a) Erläutern Sie den Begriff „Tarifbindung“! (5 P.)
b) Worauf erstreckt sich die Tarifbindung? (10 P.)
c) Wie kann der Arbeitgeber diese Tarifbindung beenden und welche Wirkung auf bestehende Arbeitsverhältnisse hätte dieser Vorgang? (10 P.)

Aufgabe 2 (25 Punkte)

Die Bier & Selig GmbH will die Brauerei in drei Unternehmen aufspalten. Ziel ist die Umgehung des bestehenden Tarifvertrages und damit die Reduzierung der Personalkosten.

Die Geschäftsleitung hat auch schon konkrete Vorstellungen von den neuen Arbeitsverträgen. Absichern will die Geschäftsleitung dieses Vorhaben durch Aufhebungsvereinbarungen mit den Arbeitnehmern, in denen diese auf alle bisherigen arbeitsvertraglich abgesicherten Ansprüche verzichten.

Der Betriebsrat ist schockiert, als den Mitarbeitern auf einer Betriebsversammlung dieses Konzept vorgestellt wird. Er selbst ist bisher nicht informiert worden.

a) Erläutern Sie die Rechtmässigkeit des Vorgehens der Geschäftsleitung! (10 P.)
b) Die Geschäftsleitung will ihr Vorhaben mit Aufhebungsvereinbarungen durchsetzen. Erläutern Sie mögliche Gründe dafür und stellen Sie die Problematik für die Arbeitnehmer dar! (15 P.)

Burkhard Zicke

Aufgabe 3 (20 Punkte)

Der Tarifvertrag wurde von den Parteien fristgemäss gekündigt. Zeitgleich wurde auch die Mitgliedschaft im Arbeitgeberverband gekündigt. Nunmehr drängt die Konzernleitung auf Kostenreduzierungen im Personalbereich.

a) Erläutern Sie Vergütungsbestandteile, die sich dafür eignen! (10 P.)
b) Erläutern Sie, inwieweit der Betriebsrat bei diesen Maßnahmen beteiligt werden muss! (10 P.)

Aufgabe 4 (15 Punkte)

Offenbar unter dem Einfluss der wirtschaftlichen Situation häufen sich bei Ihnen die Kurzzeiterkrankungen ohne Beibringung einer Arbeitsunfähigkeitsbescheinigung sowie Fälle von unentschuldigten Fehltagen sowie nicht krankheitsbedingten Fehltagen mit Arbeitsunfähigkeitsbescheinigungen. Ein Mitarbeiter ist offensichtlich Alkoholiker! Erläutern Sie, wie sie mit diesen „Fällen" umgehen!

Aufgabe 5 (5 Punkte)

Nennen Sie die Träger der gesetzlichen Sozialversicherung und die Versicherungszweige!

Aufgabe 6 (10 Punkte)

Vor dem zuständigen Arbeitsgericht soll eine Kündigungsschutzklage gegen die Bier & Selig GmbH verhandelt werden, zu der Sie als Prozessbevollmächtigter auftreten. Der Vorsitzende eröffnet Ihnen, dass der Ausgang des Prozesses ungewiss sein wird und empfiehlt Ihnen eine gütliche Regelung durch einen Vergleich anzustreben.

Erläutern Sie, welche Vorteile ein Prozessvergleich in der ersten Instanz hat!

Lösungsansätze

Aufgabe 1

a) Tarifbindung

Tarifgebunden sind nicht die Tarifvertragsparteien, sondern ihre Mitglieder auf der Arbeitgeber- und Arbeitnehmerseite oder der Arbeitgeber, der selbst Partei des Tarifvertrages ist (§ 3, Abs. 1 TVG)

b) Inhalte der Tarifbindung

Die Rechtsnormen des Tarifvertrages über alle betrieblichen und betriebsverfassungsrechtlichen Fragen gelten für alle Betriebe, deren Arbeitgeber tarifgebunden ist.
Diese Rechtnormen gelten unmittelbar und zwingend (§ 4, Abs. 1 TVG)

Zu den normativen Bestimmungen gehören nach § 1 Abs. 1 TVG die Rechtsnormen, die den Inhalt von Arbeitsverhältnissen, z. B. die Höhe der Löhne und Gehälter, die Laufzeit des TV, betreffen. Ferner solche Rechtsnormen, die den Abschluss von Arbeitsverhältnissen (z. B. Formvorschriften, Abschlussgebote und -verbote) und die Beendigung von Arbeitsverhältnissen (z. B. Kündigung, Befristung) regeln.
Nicht dazu gehören die schuldrechtlichen Bestimmungen des TV (Rechte und Pflichten der Tarifvertragsparteien). Schuldner und Gläubiger der Bestimmungen (z. B. Friedenspflicht oder Einwirkungspflichten auf die Verbandsmitglieder) sind die Tarifparteien selbst, nicht ihre Mitglieder.

c) Ende der Tarifbindung und Wirkungen

Die Bier Selig GmbH befindet sich auf der Linie derjenigen Unternehmen, die durch „Tarifflucht" versuchen, sich der Tarifbindung laufender Tarifverträge zu entziehen. Versucht wird dies durch Verbandswechsel oder Verbandsaustritt. Jedoch kann ein Verbandaustritt nicht die Wirkungen des jetzigen, sondern erst des künftigen Tarifvertrages beseitigen.
Ein Tarifvertrag darf nicht vor Entstehung des Anspruches durch Kündigung, Aufhebung oder Zeitablauf erlöschen und durch eine andere Abmachung ersetzt werden. Wann die Kündigung zulässig ist, steht im Tarifvertrag.
Der Ablauf des Tarifvertrages lässt noch keinen ungeregelten Zustand eintreten, vielmehr gelten seine Rechtsnormen weiter („Nachwirkung"), sind aber jetzt nicht mehr zwingend, können also auch einzelvertraglich geändert, durch Änderungskündigung bewirkt oder durch den Abschluss eines Firmentarifvertrages ersetzt werden.

Aufgabe 2

a) Rechtsmässigkeit des Vorgehens

Der Betriebsrat ist zu Mitwirkung und Mitbestimmung in sozialen, personellen und wirtschaftlichen Angelegenheiten gewählt worden. (§§ 87 ff., 92 ff., 106 ff. BetrVG) Darüber hinaus sind nach § 2 Abs. 1 BetrVG AG und BR verpflichtet, vertrauensvoll zum Wohle der AN und des Betriebes zusammenzuarbeiten.
Nach § 74 BetrVG hätten bereits in den regelmässigen Gesprächen zwischen Arbeitgeber und Betriebsrat die Absichten der Aufspaltung erörtert werden müssen, spätestens als diese konkrete Formen angenommen haben.
Nach § 106 BetrVG gehört die Aufspaltung zu den wirtschaftlichen Angelegenheiten, zu denen der AG den Wirtschaftsausschuss rechtzeitig und umfassend zu unterrichten hat, da dies die Interessen der AN wesentlich berührt.
Auch nach § 111 Satz 1 BetrVG hatte der BR ein Recht auf Unterrichtung und Beratung, da eine Aufspaltung auch eine Betriebsänderung, d. h. eine grundlegende Änderung der Betriebsorganisation ist.
Sollte diese Unterrichtung nicht unverzüglich erfolgen, steht dem BR die Anrufung einer Einigungsstelle zu, die dann verbindlich über die zu erteilenden Auskunft befindet.

b) Aufhebungvereinbarungen

Das Arbeitsverhältnis kann nicht nur einseitig durch Kündigungen, sondern auch durch einen Aufhebungsvertrag beendet werden, also durch eine zweiseitige Willenserklärung. Hierfür gibt es keine Schutzbestimmungen, da der Aufhebungsvertag ja nicht gegen den Willen des AN geschlossen wird, ausgenommen das Erfordernis der Schriftform.
Der AG umgeht damit die Kündigungsschutzbestimmungen, in diesem Falle sogar das Kündigungsverbot des § 613 a BGB, der die vertragliche Aufhebung aus Anlass eines Betriebsübergangs nicht verbietet.
Der Betriebsrat hat kein Mitspracherecht bei Aufhebungsverträgen.
Der Mitarbeiter muss wissen, dass er mit Abschluss eines neuen Arbeitsvertrages freiwillig auf erworbene Rechtsansprüche aus dem alten Arbeitsvertrag verzichtet, z. B. auf Weihnachtsgeld, Urlaubsansprüche, Unkündbarkeit wegen langjähriger Zugehörigkeit. Eine Ausnahme besteht lediglich bei drohenden Versorgungsschäden.

Aufgabe 3

a) Mögliche Vergütungsbestandteile

- Grundvergütung
  - freiwillige Zulagen, für die ein Vorbehalt besteht (z. B. Funktionszulagen)
  - Änderungskündigungen mit der Absicht der Reduzierung der Vergütung
- Variable Zahlungen, die freiwillig unter Vorbehalt geleistet wurden
  - Prämien
  - Erfolgsbeteiligungen
- Streichung von freiwilligen Sozialleistungen
  - Zuschüsse zu bestimmten Anlässen
  - Sachzuwendungen
  - Leistungen zur Vermögensbildung bei den Arbeitnehmern (VWL)
  - Zuschüsse zur Kantine, Preiserhöhungen
  - Streichung von freiwilligen Sonderurlauben
- Kürzung oder Wegfall von Einmalzahlungen
  - Weihnachtsgratifikationen
  - Urlaubsgeld

b) Mitwirkung und Mitbestimmung des Betriebsrates

- Nach Wegfall der Tarifbindung muss im Einzelfall geprüft werden, inwieweit der Betriebsrat Möglichkeiten der Mitsprache und Mitwirkung hat.
- Zukünftige freiwillige Leistungen können vom Arbeitgeber ohne Mitbestimmungsmöglichkeiten gestrichen werden, sofern nicht durch mehrmalige vorbehaltlose Gewährung ein Rechtsanspruch entstanden ist.
- Betriebsvereinbarungen zur Gewährung von Leistungen des Arbeitgebers können gekündigt werden, in diesem Falle gibt es keine „Nachwirkung“

- Änderungen einer bestehenden Betriebsvereinbarung sind allerdings wieder mitbestimmungpflichtig!
- Greift der Arbeitgeber zur Änderungskündigung einzelvertraglicher Vergütungsbestandteile, gilt das Mitbestimmungsrecht des Betriebsrates wie bei allen ordentlichen Kündigungen

Aufgabe 4

Unterstellt, es gibt keine Betriebsvereinbarungen und keinen Tarifvertrag mehr, ergeben sich für Sie folgende Möglichkeiten:

„Fall" Kurzzeiterkrankungen

Sie können von jedem „auffällig gewordenen" Mitarbeiter im Einzelfall verlangen, dass er ab dem 1. Tag eine Arbeitsunfähigkeitsbescheinigung vorlegt.

„Fall" Unentschuldigte Fehltage

Sie sollten in diesem Falle strikt mit Abmahnungen arbeiten, in denen Sie die unentschuldigten Fehltage dokumentieren, deutlich machen, dass das Unternehmen nicht gewillt ist, das Fehlverhalten zu akzeptieren und auf die Folgen hinweisen, die ein weiteres unentschuldigtes Fehlen nach sich zieht. Unentschuldigte Fehltage zu tolerieren, kann in der Situation, in der sich das Unternehmen befindet, zu einer Signalwirkung für alle Mitarbeiter führen.

„Fall" Nicht krankheitsbedingte Fehlzeiten mit Arbeitsunfähigkeitsbescheinigungen

In diesem Falle sollten arbeitsrechtliche Maßnahmen die ultima ratio sein, da Sie beweispflichtig sind. Deshalb vorher prüfen, ob der Mitarbeiter seine Fehlzeiten zu reduzieren bereit ist. Dies kann durch folgende Maßnahmen geschehen:

Allgemeine informierende Maßnahmen

- Darstellung der Kosten
- Entwicklung des Krankenstandes
- Fehlzeiten zum Gesprächsthema machen
- Betriebsklimaanalyse durchführen
- Niedrige Fehlzeiten anerkennen

Reaktive Maßnahmen

- Konsequente Handhabung der Nachweispflicht
- Zusammenarbeit mit MDK und Kassen in Zweifelsfällen
- Sensibilität bei Wiedereingliederung nach langen Abwesenheiten
- Gesundheitsmanagement anbieten

Fehlzeitengespräche führen

- Begrüssungsgespräche nach Abwesenheiten
  „Schön, dass Sie wieder da sind!“
- Mitarbeitergespräche
  „Haben Sie schon gewusst, was Ihre Abwesenheit bewirkte?“
- Signalgespräche
  „Wir müssen über Ihre Abwesenheiten reden!“
- Personalgespräch
  „So wird es nicht weitergehen“

Arbeitsrechtliche Konsequenzen

Ordentliche Kündigung nur möglich unter den Voraussetzungen

- einer nicht mehr tolerierbaren Anzahl von Fehltagen
- einer negativen Gesundheitsprognose
- einer fehlenden Beschäftigungsmöglichkeit an einem anderen Arbeitsplatz
- einer wirtschaftlichen Beeinträchtigung durch die Abwesenheiten des MA

Fall „Alkoholkrankheit“

- Führen eines Mitarbeitergespräches (= Sozialgespräch) mit dem Mitarbeiter
- Angebot von Hilfestellung durch kompetentes Personal intern und extern
- Aufforderung, sich einer Therapie zu unterziehen
- Bei Weigerung oder erfolgloser Therapie Kündigung aussprechen

Aufgabe 5

Gesetzliche Kranken- und Pflegeversicherung

- allgemeine Ortskrankenkassen
- Betriebskrankenkasse
- Ersatzkassen
- See-Krankenkasse
- Bundesknappschaft
- Landwirtschaftliche Krankenkassen
- Innungskrankenkassen

Gesetzliche Rentenversicherung

- Deutsche Rentenversicherung Bund
- Deutsche Rentenversicherung (Regionalträger)
- Deutsche Rentenversicherung Knappschaft – Bahn – See
- Landwirtschaftliche Alterskassen

Arbeitslosenversicherung

- Bundesagentur für Arbeit

Gesetzliche Unfallversicherung

- Gewerbliche Berufsgenossenschaften
- See-Berufsgenossenschaft
- Landwirtschaftliche Berufsgenossenschaft
- Gemeindeunfallversicherungsverbände

Aufgabe 6

Nach § 54 ArbGG ist der Vorsitzende verpflichtet, den Rechtsstreit einer gütlichen Einigung der Parteien zuzuführen.
In der Praxis wird ein erheblicher Druck von den Gerichten auf die Parteien ausgeübt, sich gütlich zu einigen und einen Prozessvergleich (vgl. § 794 Abs. 1 ZPO) zu schliessen. Die streitige Verhandlung wird dadurch eingespart und der Rechtsstreit im ersten Termin erledigt.
Bei einem Vergleich unterliegt formal keine Partei und beide können ihr Gesicht oder Image wahren.
Zudem fallen beim Abschluss eines Vergleiches in der ersten Instanz keine Gerichtskosten an.
Auch im Kammertermin ist der Vorsitzende verpflichtet auf einen Vergleich hinzuarbeiten.

Handlungsbereich 3 Personalplanung, -marketing und -controlling gestalten und umsetzen

3.1 Konjunktur- und Beschäftigungspolitik bei der Personalplanung und beim Personalmarketing berücksichtigen

Aufgabe 1

Der Personalbedarf wird durch eine Vielzahl von unternehmensexternen und -internen Faktoren beeinflusst. Erläutern Sie an je zwei externen und internen Faktoren, um welche Einflüsse es sich dabei handeln kann!

Lösungsansatz

Externe Faktoren

wirtschaftliche Entwicklung	konjunkturelle Schwankungen branchenspezifische Entwicklungen saisonale Besonderheiten
gesellschaftliche Entwicklung	Bevölkerungsentwicklung gesellschaftlicher Wertewandel Globalisierungstendenzen
rechtliche Rahmenbedingungen	Veränderungen in der Arbeitszeit Ökologieorientierung
technologische Entwicklungen	IT-Berufe Entwicklung multimedialer Systeme

Interne Faktoren

Produktion und Absatz	Zukunftsträchtigkeit bestimmter Geschäftsfelder Fertigungstiefe Lean Management Outsourcing
Organisationsstrukturen	Flexibilisierung der Organisation Neue Arbeitsformen, z. B. Gruppenarbeit

Burkhard Zicke

Mitarbeiterleistung	Ausbildung Personalentwicklung
Fluktuation und Fehlzeiten	Betriebklima Arbeitszufriedenheit Arbeitsbedingung

Aufgabe 2

Sie sind Personalreferent in einem mittelständischen Unternehmen. In den vergangenen drei Jahren haben Sie bei der Personalplanung keine sehr glückliche Hand gehabt. So liegt z. B. Ihre Fluktuationsquote im Branchenvergleich um 2 Prozentpunkte höher. In der nächsten Betriebsversammlung will ihr Arbeitgeber auf die Auswirkungen der Konjunktur auf die Beschäftigungssituation und die Personalplanung in dem Unternehmen eingehen.

a) Stellen Sie die einzelnen Phasen der Konjunktur als Skizze dar! Zeichnen Sie auch den Trend ein!

b) Erläutern Sie die anhand der Merkmale
   - Auftragseingänge
   - Beschäftigung
   - Zinsen
   - Investitionsneigung

   die Konjunkturindikatoren in der Phase der Hochkonjunktur und des Tiefstandes!

Lösungsansatz

a)

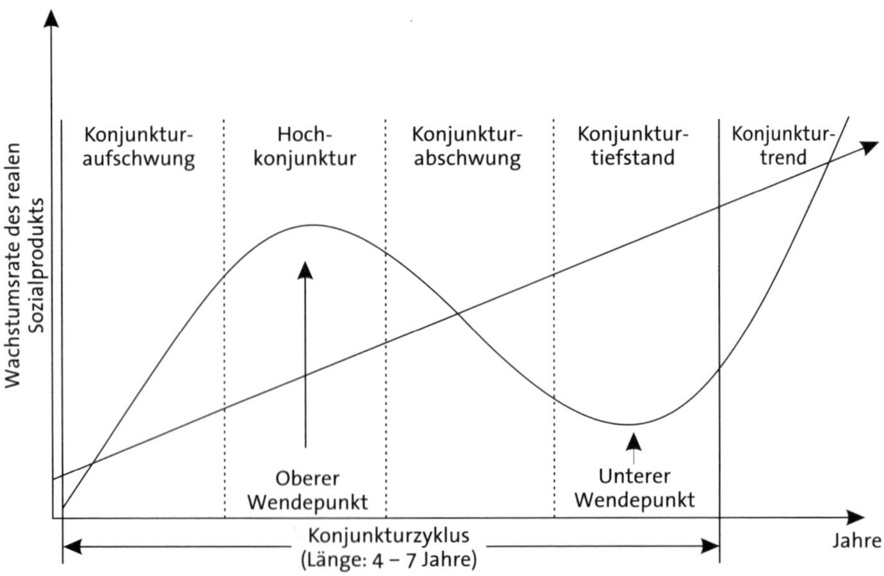

Burkhard Zicke

b)

	Hochkonjunktur	Tiefstand
Auftragseingänge	schnell steigend	gering
Beschäftigung	Nachfrage nach qual. MA	Personaleinschränkung
Zinsen	hoch und steigend	relativ niedrig
Investitionen	nachlassend	gering

Aufgabe 3

In einer Zeitschrift lesen Sie einen Artikel mit der Überschrift „Wirtschaftswachstum von 1,8 % erwartet – Starke Auslandsnachfrage nach Investitionsgütern“. Sie sind Personalreferent in einem Unternehmen der Werkzeugmaschinenindustrie. Welche Überlegungen hinsichtlich ihrer Beschäftigungspolitik stellen Sie an?

Lösungsansatz

- Grundsätzlich ist abzuwägen, ob es sich um einen kurzfristigen Aufschwung handelt und ob ihre Branche nachhaltig davon betroffen ist.
- Sollte der Trend tatsächlich anhalten, werden Sie einen stärkeren Auftragseingang verzeichnen.
- Ob diese Nachfrage zu Veränderungen im Personalbestand führt, ist u. a. von dem Automatisierungsgrad der Produktion abhängig,
- Sie überlegen, ob mit dem Personalbestand von heute auch die gestiegene Nachfrage abgearbeitet werden kann. Das hängt maßgeblich davon ab, wie in der zurückliegenden Rezession Personalabbau durch Kündigungen und Auflösungen von Arbeitsverträgen betrieben wurde.
- Sie werden überlegen, ob Sie nicht zunächst mit Überstunden und Mehrarbeit die Spitzen glätten können.
- Eventuell bietet sich an, mehr Auszubildende einzustellen und später zu übernehmen.
- Sie werden versuchen, mit befristeten Arbeitsverträgen personell behutsam auf die veränderte Situation zu reagieren.
- Für qualifizierte Facharbeiter werden Sie nicht umhin kommen, rechtzeitig auf eine Verknappung des Arbeitsmarktes zu reagieren.

Aufgabe 4

Der zunehmende Kostendruck in Ihrem Unternehmen zwingt die Geschäftsleitung zu konkreten Maßnahmen zur Senkung der Personalkosten. Gleichzeitig will Ihr Unternehmen auf betriebsbedingte Kündigungen weitgehend verzichten!

a) Nennen Sie vier konkrete Maßnahmen, durch die ein freiwilliges Ausscheiden der Mitarbeiter gefördert wird.
b) Auch durch Veränderungen der Arbeitszeit können personelle Kapazitäten abgebaut werden. Erläutern Sie an drei konkreten Beispielen, wie Sie diese Ziele erreichen können!

Lösungsansatz

a) Anreize für ein freiwilliges Ausscheiden

- Auflösungsverträge mit Abfindungsangeboten
- Angebote für Altersteilzeitlösungen
- Hinweise auf freiwillige Vorverrentung bei Zahlung des anteiligen Rentenverlustes durch das Unternehmen
- Bei Führungskräften Angebot von Outplacementmassnahmen, deren Kosten vom Unternehmen übernommen werden
- Förderung der Arbeitsplatzssuche durch bezahlte Freistellung

b) Veränderungen in der Arbeitszeit

- Der Abbau von Überstunden bewirkt durch den Wegfall der Überstundenzuschläge eine überproportionale Reduzierung der Personalkosten
- Die Umwandlung von Vollzeit- in Teilzeitarbeitsverträge kann für einige Zielgruppen in Frage kommen (ältere Mitarbeiter, Doppelverdiener in einer Familie)
- Durch eine geschickte Urlaubsplanung kann eine gleichmässige Auslastung bewirkt werden. Auch die Gewährung von unbezahltem Urlaub kann eine (vorübergehende) Lösung darstellen
- Arbeitszeitmodelle wie Arbeit auf Abruf, Vertrauensarbeitzeit, kapazitätsorientierte variable Arbeitszeit (Kapovaz) können einen Beitrag zum Abbau von Kapazitäten leisten
- Die Einführung von Kurzarbeit muss ebenfalls zu diesem Maßnahmenbündel gerechnet werden.

Aufgabe 5

In ihrem Unternehmen hat es in den letzten drei Jahren ein regelrechtes Personalkarussel von Einstellungen und Entlassungen gegeben, das überwiegend konjunkturbedingt war und durch saisonale Schwankungen in ihrer Branche ausgelöst wurde. Betriebsrat und Arbeitgeber überlegen, eine systematische operative und taktische Personalplanung einzuführen, die mindestens einen Planungszeitraum von drei Jahren umfassen soll.

Für eine gemeinsame Sitzung von Betriebsrat, Arbeitgeber und Führungskräften sollen Sie ein Arbeitspapier erstellen, in dem

a) die Notwendigkeit eine solchen systematischen Planung begründet wird und
b) die Vorteile der Personalplanung sowohl für das Unternehmen als auch für Mitarbeiter herausgestellt werden!

Burkhard Zicke

Lösungsansatz

a) Notwendigkeiten für eine systematische Personalplanung sind u. a.

- die Einbindung in andere Planungen (Absatz, Produktion, Einkauf) als Bestandteil einer vorausschauenden Unternehmensplanung
- die bessere Kontrolle der Personalkosten i. S. der Erreichung der wirtschaftlichen und sozialen Ziele des Unternehmens
- die Personalplanung ist Voraussetzung für die Einführung eines Controllings
- der rechtzeitige Ersatz von ausgeschiedenen Mitarbeitern
- die Einführung einer Laufbahn- oder Karriereplanung
- die Vermeidung von Störungen in der Produktion
- die Sicherung der Wettbewerbsfähigkeit durch die richtige Qualifikation der MA

b) Vorteile für das Unternehmen

- Erkennen und präventives Reagieren auf Personalengpässe
- Verringerung der Abhängigkeit vom Arbeitsmarkt
- Verringerung des Risikos bei personellen Entscheidungen
- Bessere Nutzung von vorhandenen Qualifikations- und Arbeitskraftreserven
- Sicherung der Marktstellung des Unternehmens

Vorteile für die Mitarbeiter

- weniger unliebsame, weil unerwartete Arbeitsplatzveränderungen und Personalverschiebungen
- Mitarbeiter erkennen Chancen auf dem innerbetrieblichen Arbeitsmarkt
- Qualifizierung erhöht die Sicherheit des Arbeitsplatzes
- Soziale Härten können in ihren Konsequenzen entschärft werden

Aufgabe 6

Planung lebt von Daten und Informationen. Erläutern Sie, welche Daten Sie für eine systematische Personalplanung als notwendig erachten!

Lösungsansatz

- Stellenpläne und Stellenbesetzungspläne
  Jedem Bereich, jeder Abteilung ist eine bestimmte Anzahl von MA bewilligt, um die anfallende Arbeit in einer angemessenen Zeit zu leisten
- Anforderungsprofile der Stellen, Stellenbeschreibungen, Arbeitsplatzbeschreibungen
  - dienen der Abgrenzung von Kompetenzen
  - sind Grundlage für die Einstufung des Arbeitsplatzes
  - geben dem MA Orientierungshilfe

  - sind Grundlage für Personalbeschaffungs- und Personalentwicklungsmaßnahmen
- Statistiken zur Belegschaftsstruktur und -veränderung
  - Personenstand
  - Zugänge, Abgänge, Fluktuation
  - Personalstruktur

3.2 Personalwirtschaftliche Ziele aus der strategischen Unternehmensplanung ableiten

Aufgabe 1

Ihr Unternehmen beliefert den Holzhandel mit einschlägigen Fertigprodukten wie Türen, Fenster, Treppen usw., die sowohl in der Bundesrepublik als auch zunehmend im Ausland hergestellt werden.

In den vergangenen Jahren haben Sie durch starke Marktveränderungen durchgreifende Personaleinschränkungen und Personalkostenreduzierungen realisieren müssen. Dies gilt jedoch nicht für den Produktbereich Laminatfußböden und Fertigparkette, die sich seit einiger Zeit einer starken Nachfrage erfreuen.

Nennen Sie vor diesem Hintergrund 5 personalwirtschaftliche Ziele!

Lösungsansatz

- Leistungsfähige Mitarbeiter für die neue Produktlinie gewinnen und erhalten
- Humane Gestaltung der Arbeitsplätze
- Erhalt des Facharbeiterpotentials durch Qualifizierungs- und Anpassungsmassnahmen
- Allgemeine Steigerung der Arbeitsleistung in allen Produktionszweigen
- Kostenminimierung der Beschäftigung
- Nutzung der Kreativität und Erfahrung der Mitarbeiter
- Senkung von Fehlzeiten und Fluktuation

Aufgabe 2

Beschreiben Sie an einem Beispiel, wie in Ihrem Unternehmen personalwirtschaftliche Ziele aus strategischen Unternehmenszielen abgeleitet werden! Benutzen Sie dazu die Ausgangssituation aus Aufgabe 1!

Lösungsansatz

- Das Unternehmen ist gezwungen, Personal einerseits abzubauen, andererseits für die neue Produktlinie qualifizierte Facharbeiter bereitzustellen
- Aufgabe des Personalbereiches ist es, eine Arbeitsmarktanalyse (intern und extern) durchzuführen und der Unternehmensleitung Vorschläge für Personaleinschränkungs- und Beschaffungsmassnahmen zu unterbreiten. Dies unter Kosten-, Sozialverträglichkeits- und Imageaspekten.
- Ein Hauptaugenmerk wird auf die mögliche Verwendung qualifizierter Mitarbeiter aus dem traditionellen Produktbereich in der neuen Produktlinie liegen. Dafür sind Potenzialanalysen durchzuführen, die zu Entwicklungs- und Qualifizierungsmassnahmen führen.

Aufgabe 3

Sie haben sich als Personalreferent bei einem mittelständischen Unternehmen beworben und unterziehen sich einem Assessment Center, in dessen Verlauf Sie die Aufgabe erhalten, die Auswirkungen der strategischen Unternehmensplanung auf die Gestaltung von personalwirtschaftlichen Zielen zu präsentieren.

a) Welchen Zeitraum umfasst die strategische Unternehmensplanung?
b) Nennen Sie 6 Ziele und Inhalte der strategischen Unternehmensplanung!
c) Erläutern Sie an drei von Ihnen gewählten Beispielen die Umsetzung strategischer Unternehmensziele in personalwirtschaftliche Ziele!

Lösungsansatz

a) Zeitraum

Strategische Unternehmensplanung erfasst einen Zeitraum von 3–5 Jahren. Andere Lösungen erstrecken sich auf einen Zeitraum von bis zu 10 Jahren. Es erscheint hingegen fraglich, ob man heutzutage überhaupt noch sichere Prognosen über einen derartig langen Zeitraum anstellen kann.

b) Wesentliche Ziele und Inhalte sind

- Analyse von Stärken und Schwächen des Unternehmens
- Planung von Produktprogrammen und Produktlinien
- Ständiges Benchmarking innerhalb der Branche
- Erforschung von Synergieeffekten
- Erreichen eines bestimmten Umsatzes
- Erschließung von neuen Märkten
- Rationalisierung der Fertigung
- Entdeckung von Kosteneinsparpotentialen
- Erhöhung der Liquidität
- Aufrechterhaltung eines selbst gewählten Qualitätsstandards

c) Dargestellt an drei Beispielen

- Erschließung neuer Märkte
  - Nutzung der Kreativität und Erfahrung der MA zur Produkterneuerung
  - Verlagerung der Produktion und Entsendung von MA ins Ausland
- Erhöhung der Liquidität
  - Kostenminimierung im Beschäftigtenbereich bei gleichzeitiger Steigerung der Arbeitsleistung
- Aufrechterhaltung eines selbst gewählten Qualitätsstandards
  - Personalentwicklungsprogramme für die MA, Qualifizierungsangebote, Optimierung des Personaleinsatzes

Aufgabe 4

Ihr Unternehmen will langfristig die strategische Personalplanung verbessern. Sie sollen dafür einen eintägigen Workshop vorbereiten und haben sich folgende Fragen gestellt:

a) Wer sind in Ihrem Unternehmen die Träger und Gestalter der Personalpolitik?
b) Welche wirtschaftlichen und sozialen Ziele bestimmen maßgeblich die zukünftige Personalpolitik Ihres Unternehmens?
c) Erläutern Sie an je einem Beispiel einen Zielkonflikt und eine Zielharmonie zwischen wirtschaftlichen und sozialen Zielen!

Ihre Antworten sind das Gerüst für ein einleitendes Kurzreferat in diesem Workshop.

Lösungsansatz

a) Träger der Personalpolitik sind u. a.

- Unternehmensleitung
- Arbeitsdirektor
- Personalbereich
- Führungskräfte
- Betriebsrat
- Aufsichtsrat
- Einigungsstelle

b) Wirtschaftliche Ziele sind u. a.

- Leistungssteigerung
- Kostensenkung
- Hohe Qualität
- Qualifizierte Mitarbeiter

Soziale Ziele sind u. a.

- Sozialleistungen
- Arbeitszeitgestaltung (Übereinstimmung von Arbeitszeit und Freizeit)
- relative Lohngerechtigkeit
- gutes Betriebsklima

c) Zielharmonie

Das wirtschaftliche Ziel „hoher Qualitätsstandard" passt zu dem sozialen Ziel „Qualifizierung".
Das Ziel „Kostensenkung" kann kompatibel sein mit dem Ziel „Arbeitszeitgestaltung"

Zielkonflikt

Das wirtschaftliche Ziel „Senkung der Personalkosten" geht selten einher mit dem sozialen Ziel „Angebot von Personalentwicklungsmassnahmen"
Das Ziel „Kostengünstiger produzieren" steht im Konflikt zum sozialen Ziel „Erhaltung eines qualifizierten Mitarbeiterstammes"

Burkhard Zicke

3.3 Beschäftigungsstrukturen und Personalbedarfe für Produktions- und Dienstleistungsprozesse analysieren und ermitteln

Aufgabe 1

Die Planungszeiträume und damit die Planungsgenauigkeit sind von sehr verschiedenen Faktoren abhängig. Nennen Sie 5 Faktoren für unterschiedliche Zeiträume!

Lösungsansatz

- Branche bzw. Art der Produktion und Arbeitsformen
- Abhängigkeit von den Planungszeiträumen der anderen Funktionsbereiche im Unternehmen
- Arbeitsmarktsituation in den Wirtschaftsregionen
- Qualifikationsbedarf in den verschiedenen Funktionsbereichen
- Marktsituation und Produktionsprogramme
- Veränderungen von Fertigungsverfahren und Einflüsse der Rationalisierung
- Einflüsse von Tarifpolitik und Gesetzgebung
- Erkenntnisse der Arbeitsmedizin, der Betriebspsychologie und -soziologie zum Gruppenverhalten und zur Motivation
- gesellschaftliche Einflüsse auf Leistungsnormen und Leistungsbereitschaft

Aufgabe 2

Auf Initiative von Geschäftsleitung und Betriebsrat soll die Personalplanung in Ihrem expandierenden Unternehmen weitgehend von Zufälligkeiten befreit werden und in Zukunft systematischer und strukturierter betrieben werden.

Sie erhalten die Aufgabe, den Prozess „Personalplanung“ in seinem zukünftigen Ablauf darzustellen! Beschreiben Sie den zukünftigen Rahmenablaufplan!

Lösungsansatz

1. Vorhandene Personaldateien sammeln und auswerten
2. Zweck und Umfang einer betrieblichen Personalplanung festlegen
3. Personaldaten und betriebliche Informationen zum SOLL-IST-Vergleich festlegen
4. (Können Ziel und Umfang der Planung realisiert werden?)
5. Personalbedarf in quantitativer und qualitativer Hinsicht planen

Burkhard Zicke

6. Personalbeschaffung bzw. -abbau planen
7. Personaleinsatz planen
8. Personalentwicklung planen
9. Personalkosten planen
10. Regelmässige Kontrolle und Revision der Einzelplanungen

Aufgabe 3

Die Berücksichtigung der Fluktuation spielt bei der Personalbedarfsplanung eine große Rolle. Erläutern Sie je 5 Personalzugänge und -abgänge, die Auswirkungen auf den zukünftigen IST-Zustand haben können. Wie wird die Fluktuation gemessen?

Lösungsansatz

Personalzugänge, die den Personalbestand erhöhen aufgrund von

- Arbeitsaufnahme von neuen Mitarbeitern aufgrund langfristig vorgenommener Einstellungen
- Versetzung aus anderen Unternehmensteilen
- Rückkehr von Mitarbeitern aus langfristigen Beurlaubungen (Bundeswehr, Zivildienst, Erziehungsurlaub u.ä.)
- Übernahme von Azubis
- Wiedereinstellung aufgrund von Arbeitsgerichtsentscheidungen
- Besetzung von freigebenen Planstellen

Personalabgänge, die den Personalbestand verringern aufgrund von

- Ausscheiden aufgrund von Kündigungen
- Abschluß eines Aufhebungsvertrages
- Outsourcing von Betriebsteilen
- Beendigung von befristeten Arbeitsverhältnissen
- Langzeitbeurlaubungen
- Versetzungen in andere Betriebsteile
- Austritte aufgrund von Pensionierungen
- Einberufung zur Bundeswehr, Zivildienst
- Todesfälle von Arbeitnehmern

Gemessen wird die Fluktuation mit der **Fluktuationsquote/Fluktuationsrate**

Schlüter

$$\frac{\text{Anzahl der Austritte}}{\text{Anfangsbestand + Zugänge}} \text{ X } 100$$

BDA

$$\frac{\text{Anzahl der Austritte}}{\text{durchschnittliche Zahl der Beschäftigten}} \text{ X } 100$$

Aufgabe 4

Ein Unternehmen weist folgende Zahlen auf

Personalbestand am Beginn einer Periode	1000 Mitarbeiter
Personalbestand am Ende einer Periode	1050 Mitarbeiter
Anzahl der Austritte während einer Periode	80 Mitarbeiter
Anzahl der Zugänge während einer Periode	130 Mitarbeiter
Soll-Bestand zum Anfang einer Periode	1040 Mitarbeiter
Soll-Bestand am Ende der Periode	1080 Mitarbeiter

a) Berechnen Sie nachvollziehbar die Fluktuationsquote nach Schlüter und nach BDA!

b) Erläutern Sie, wie die Unterschiede in den Ergebnissen zustande kommen! Welche Bedeutung messen Sie in der Personalarbeit diesen Erkenntnissen bei?

c) Nennen Sie 5 Nachteile, die eine unerwünschte Fluktuation nach sich zieht!

Lösungsansatz

a) Berechnung

BDA-Formel (Zahl der Abgänge × 100) : durchschn. Personalbestand
(80 × 100) : 1025 = 7,80

Schlüter-Formel (Zahl der Abgänge × 100) : Anfangsbestand +Zugänge
(80 × 100) : 1000 + 130 = 7, 08

b) Unterschiede

Bei der Schlüter-Formel wird der Nenner um die Zugänge vergrössert, die Kennziffer damit kleiner, d. h. die Fluktuation wird niedriger als bei der BDA-Formel ausgewiesen.
Im vorliegenden Fall weisen die Fluktuationsquoten möglicherweise marginale Unterschiede auf. Rechnet man jedoch die prozentualen Unterschiede wieder auf die Zahl der Mitarbeiter um, die unerwünscht ein Unternehmen verlassen, erscheinen diese Zahlen – besonders bei Unternehmen mit einem grösseren Personalbestand – in einem anderen Licht.

c) Nachteile der unerwünschten Fluktuation können u. a. sein

- Störung des auf Kontinuität ausgerichteten Arbeitsablaufs
- Belastung der Vorgesetzten mit zusätzlichen Führungsaufgaben
- Störung des Verhältnisses zu Kunden, Gästen, Lieferanten
- Schädigung des Images des Unternehmens
- Schaffung neuer Fluktuationsherde
- Auswirkungen auf das bestehende Entgeltgefüge
- administrative Kosten der Fluktuation

Aufgabe 5

Ihr Unternehmen hat bisher die Ermittlung des qualitativen Personalbedarfes relativ unsystematisch und unstrukturiert durchgeführt. Im Zusammenhang mit einer Analyse und Neubewertung der Arbeitsprozesse im Personalbereich erhalten Sie den Auftrag, ein Konzept zur systematischen Ermittlung des qualitativen Personalbedarfs vorzulegen. Welche Überlegungen fliessen darin ein?

Lösungsansatz

Ein Kernproblem ist es, aus den Funktionen der einzelnen Aufgabenbereiche die Anforderungen an die Mitarbeiter abzuleiten. Ferner sind durch Analysen die zukünftigen Arbeitsplatzanforderungen zu ermitteln. Erst dann können die vorhandenen Mitarbeiterqualifikationen durch Potenzialanalysen verglichen werden mit den zukünftigen Anforderungen. Deshalb kann auch gleich eine Personalentwicklungsplanung parallel eingeleitet werden. Da auch externe Faktoren einfliessen, wie zum Beispiel die Gegebenheiten des regionalen Arbeitsmarktes, spielt die Wahl der Methoden zur Ermittlung des qualitativen Bedarfes ebenfalls eine entscheidende Rolle. Eine solche Methode könnte die Szenariomethode sein. Die einzelnen Phasen der Vorgehensweise könnten demzufolge so aussehen:

1. Festlegung strategischer Ziele und Pläne durch die Unternehmensleitung
2. Entwicklung von Szenarien zukünftiger Tätigkeitsfelder
3. Festlegung künftiger Aufgaben im Tätigkeitsfeld
4. Ableitung zukünftiger Aufgaben
5. Ermittlung des qualitativen Bedarfs durch Bündeln von Anforderungen und Aufgaben zu neuen Stellen

Aufgabe 6

Ihr Unternehmen schleppt seit Jahren einen defizitären Unternehmensbereich (Fuhrpark) mit sich herum, von dem sich die neue Geschäftleitung ohne Rücksicht auf Ressentiments nunmehr trennen will.

Als Maßnahme wird überlegt, diesen Bereich outzusourcen. Die Geschäftleitung erwartet von Ihnen Antworten auf die Frage, welche Vor- und Nachteile ein solches Vorgehen im vorliegenden Fall haben kann.

Erläutern Sie jeweils zwei Vor- und Nachteile!

Lösungsansatz

Vorteile könnten in diesem Falle sein

- eine verbesserte Wirtschaftlichkeit, speziell aber Kostenreduzierung bzw. Umwandlung von fixen Kosten in variable Kosten und damit u. a. eine verbesserte Liquidität

- verbesserte Kostentransparenz durch klar definierte Leistungen
- Flexibilität bei der Inanspruchnahme von zukünftigen Transportleistungen
- Möglichkeit von Übernahmeregelungen für die bisherigen Mitarbeiter im Bereich Fuhrpark und damit Vermeidung von sozialen Härten
- Verkauf der bisherigen Fahrzeuge und logistischen Einrichtung an den Outsourcing-Partner

Nachteile könnten sein

- Abhängigkeit von externen Dienstleistern und deren Preisgestaltung
- das Unternehmen gewährt Einblicke in betriebsspezifische Strukturen und Daten
- ein einmal durchgeführtes Outsourcing ist nur sehr schwer wieder rückgängig zu machen, da die entsprechenden Kompetenzen im Unternehmen nicht mehr vorhanden sind und erst wieder aufgebaut werden müssen
- Gefahr eines möglichen Imageschadens bei Kunden und Lieferanten

Aufgabe 7

Ihr Unternehmen ist starken saisonalen Schwankungen unterworfen. Deshalb überlegt die Geschäftsleitung die Einführung von Kurzarbeit.

a) Erläutern Sie, unter welchen Bedingungen dieses Vorhaben realisiert werden kann!
b) Nennen Sie jeweils drei Vor- und Nachteile von Kurzarbeit!

Lösungsansatz

a) Bedingungen

- Soweit nicht ein Tarifvertrag oder eine Betriebsvereinbarung Regelungen zur Kurzarbeit enthalten, kann die Einführung von Kurzarbeit nur einvernehmlich bzw. durch Änderungskündigung erreicht werden.
- Der Betriebsrat hat ein Mitbestimmungsrecht bei der Einführung von Kurzarbeit.
- Der Arbeitsausfall muss auf ausschliesslich wirtschaftlichen Ursachen einschliesslich betrieblicher Strukturveränderungen oder auf unabwendbaren Umständen beruhen, unvermeidbar und nur vorübergehend sein.
- Das Unternehmen hat gegen der Agentur für Arbeit darzulegen, dass es sich nachweislich bemüht hat, den Arbeitsausfall abzuwenden bzw. zu mildern.
- Aufgrund der Gesamtumstände (Art der Produktion, Auftragslage, Rentabilität und Liquidität) muss in absehbarer Zeit mit einer Wahrscheinlichkeit wieder mit Vollarbeit zu rechnen sein.

b) Vor und Nachteile der Kurzarbeit

Für Kurzarbeit kann sprechen

- kurzfristige Realisierbarkeit
- wirksame Anpassungsfähigkeit an Veränderungen
- der Belegschaftsstand kann gehalten werden
- Zumutbarkeit gegenüber den Betroffenen
- relativ einfache Umsetzung

Nachteile können insbesondere sein

- Imageverlust, weil der Betrieb als krisenanfällig gilt
- Gefahr der Abwanderung qualifizierter Mitarbeiter
- erhöhter Verwaltungsaufwand wegen der gesetzlichen Vorschriften
- Möglichkeit der Anschlussinsolvenz bei Erfolglosigkeit der Maßnahme

3.4 Personalbedarfs- und Entwicklungsplanung durchführen

Aufgabe 1

Sie erhalten von der Geschäftsleitung eines mittelständischen Unternehmens mit ca. 900 Mitarbeitern den Auftrag, eine systematische Personalplanung einzuführen. Beschreiben Sie vier Instrumente, die Sie für unverzichtbar halten und begründen Sie Ihre Entscheidung!

Lösungsansatz

Stellenbeschreibungen

beschreiben die Einordnung der Stelle in die Organisation, den Aufgabenbereich des Stelleninhabers sowie Kompetenzen und Anforderungen an die Stelle. Sie sind Grundlage für eine grosse Zahl von personalwirtschaftlichen Entscheidungen, z. B. Formulierung von Stellenanzeigen, Erstellung von Anforderungprofilen, Planung von Qualifizierungsmaßnahmen usw.

Stellenpläne

sind das Ergebnis der Bruttopersonalbedarfsplanung (SOLL-Zustand), sie enthalten alle für erforderlich gehaltenen Stellen. Die Fortschreibung von Stellenplänen mit Hilfe der Stellenplanmethode ist ein brauchbares Instrument der Personalplanung

Stellenbesetzungspläne

geben Auskunft über die besetzten Stellen (IST-Zustand) und damit im Vergleich mit den Stellenplänen Hinweise auf Über- oder Unterdeckungen

Nachfolgepläne

Grundlage sind Stellenpläne. Nachfolgepläne geben Auskunft darüber, welche Stellen in Zukunft von welchem Inhaber besetzt werden sollen.

Laufbahnpläne

zeigen auf, welche Mitarbeiter in einem Unternehmen im Planungszeitraum welche Stellen besetzen sollen.

Aufgabe 2

Welche innerbetrieblichen Faktoren können ausschlaggebend bei der Bestimmung des Bruttopersonalbedarfes sein. Nennen Sie 5 Faktoren!

Lösungsansatz

- Arbeitszeitmodelle
- Flexibilisierung der Organisation
- Outsourcingvorhaben
- Fertigungstiefe
- Produktions- und Absatzprogramm
- Gruppenarbeitssysteme
- Technisierung der Arbeit
- Lean-Management
- strategische Unternehmenspolitik

Aufgabe 3

Erläutern Sie drei Methoden näher, die zur Ermittlung des Bruttopersonalbedarfs führen. Bewerten Sie die Methoden hinsichtlich ihrer Genauigkeit und Zuverlässigkeit für die Personalplanung!

Lösungsansatz

Als Methoden kommen z. B. in Frage

- Kapazitätsrechnung
- Kennzahlenmethode
- Stellenplanmethode
- Trendextrapolation
- Schätzungen

Bei der **Kapazitätsrechung** sind die Arbeitserfordernisse die Ausgangsbasis. Dieses Verfahren kann nur eingesetzt werden, wenn bestimmte Informationen vorliegen:

- detaillierte Arbeitsgänge (z. B. Verpacken eines Paketes)
- in verschiedene Schritte aufgeteilte Arbeitsaufgaben (vom Auftragseingang bis zur Rechnungserstellung)
- Arbeitszeit – erforderliche Zeit pro Arbeitsgang (z. B. ermittelt durch Multimomentaufnahmen, REFA)
- Vorgangsmengen

Sie findet Anwendung im mengenabhängigen Produktionsprozeß, aber auch im Verwaltungsbereich bei solchen Tätigkeiten, bei denen Arbeitsmenge und die Zeit pro Arbeitsmenge ermittelt werden können.
Bei der **Kennzahlenmethode** werden bestimmte betriebswirtschaftliche Daten wie z. B. Absatz, Produktionsmethoden, Arbeitsorganisation, Anzahl von Mitarbeitern zueinander in Relation gesetzt. Kennzahlen können sich orientieren an:

- Branchenmittelwerten
- Konzerndurchschnittswerten

- Vergangenheitswerten
- Simulationsergebnissen
- Arbeitszeitbedarfsanalysen

Voraussetzung für das Funktionieren dieser Methode ist, daß die entsprechenden Daten rechtzeitig und laufend zur Verfügung stehen und sicher sind.
Bei der **Stellenplanmethode** ist der aktuelle Bestand an Personalplanstellen Ausgangspunkt der Berechnung. Der genehmigte Bestand ist festgeschrieben im Stellenplan. Welche Personen welche Stelle besetzen, erfährt man durch den Stellenbesetzungsplan. Ein Vergleich zwischen Stellenplan und Stellenbesetzungsplan ergibt Unter- bzw. Überdeckungen, gibt Hinweise auf sinnvolle Überstellungs- und Unterstellungsverhältnisse, auf neu einzurichtende Stellen bzw. auf abbaufähige Stellen. Wichtig ist bei dieser Methode, daß alle Pläne auf dem aktuellen Stand sind!
Die **Trendextrapolation** geht von der Prognose der Personalbestandsentwicklung auf der Grundlage der vergangenen Zeiträume aus. Trends sind langfristige Perspektiven, die nicht notwendigerweise eintreten müssen. Je kürzer die Planungszeiträume, umso ungenauer die Bedarfsplanung aufgrund von Trends.
Schätzungen spielen in der Bedarfsplanung eine große Rolle. Sie beruhen auf den personalwirtschaftlichen Erfahrungen der Personalverantwortlichen in den letzten Jahren. Aufgrund dieser Schätzungen wird eine Bedarfsplanung vorgenommen, in Absprache mit der Geschäftsleitung und Personalleitung. Oft verändern sich die Planzahlen im Rahmen des Planungsverfahrens. Zusammenfassend sind die ersten drei Verfahren relativ genau.

Aufgabe 4

Ihr Unternehmen, ein IT-Betrieb zur Herstellung von Hard- und Software mit 8 Standorten in der Bundesrepublik und der EU schreibt seit einiger Zeit im Produktionsbereich „Mobile Datenträger" wegen des Preisdumpings asiatischer Billiganbieter rote Zahlen. Mit einem weiteren Rückgang im Auftragsbereich ist zu rechnen. Die Geschäftleitung will zunächst von Kündigungen absehen. Dennoch kommt das Unternehmen um einen Personalabbau in diesem Bereich nicht herum.

Sie erhalten den Auftrag, der Geschäftsleitung Maßnahmen zur Reduzierung des Personalbestanden ohne Kündigungen vorzuschlagen. Erläutern Sie vier Maßnahmen ausführlicher!

Lösungsansatz

1. Abbau einer möglicherweise vorhandenen Personalreserve

- keine Weiterbeschaftigung von Leiharbeitnehmern

- Einsatz von Fremdfirmen zur Bewältigung der noch vorhandenen Kapazitäten
  - Kooperationen
  - Werkaufträge
- Ausleihen von Mitarbeitern an andere Standorte oder konzernverbundene Unternehmen

2. **Outsourcing**

3. **Veränderungen in der Arbeitszeit**

- Abbau von Überstunden und/oder Mehrschichtbetrieb
- Kapazitätsangepasste Urlaubsplanung und -durchführung
  - Einrichtung von Betriebsferien
  - unbezahlter Urlaub
  - Sabbatjahre
- Einführung von Kurzarbeit

4. **Personaleinschränkungsmassnahmen**

- Einstellungsstopp
- Nichtverlängerung von Zeitverträgen
- Abbau von Leiharbeit insgesamt
- Umsetzungen und Versetzungen
- vorzeitige Pensionierungen
- Altersteilzeit

Aufgabe 5

Ihr Unternehmen hat sich auf die Projektberatung und -steuerung von IT-Projekten für Mittelständler spezialisiert und in diesem Marktsegment in den letzten 5 Jahren kräftig expandiert. Diese Marktposition soll in Zukunft weiter ausgebaut werden. Dazu ist auch ein Personalmarketingkonzept nötig, um die hohen selbst formulierten Qualitätsstandards zu realisieren und das Unternehmensimage nach aussen hin zu verbessern.

Mit welchen Instrumenten wird Ihnen dies gelingen? Erläutern Sie vier Instrumente näher!

Lösungsansatz

- Kontaktveranstaltungen in Hochschulen
- professioneller Internetauftritt einschliesslich e-recruiting
- Recruiting- events an Hochschulen
- Nutzung des Messeauftritts zur Personalwerbung
- Tag der offenen Türen
- Gewährung und attraktive Gestaltung von Praktika
- Übernahmeevents von Auszubildenden
- gute Pressearbeit und Schaltung vom Imageanzeigen

Aufgabe 6

Sie werden beauftragt, zum Zwecke der Personalbedarfs- und -entwicklungsplanung ein Kalkulationsschema für die Berechnung des Personalbedarfs in Form einer Zugangs-/Abgangstabelle auszuarbeiten.

Erstellen Sie dieses Hilfsmittel unter Verwendung eines selbst gewählten Zahlenbeispiels!

Lösungsansatz

1.	IST-Personalbestand zu Beginn des Planungszeitraums	700 MA
2.	+ Zugänge innerhalb des Planungszeitraums	+12 MA
3.	./. feststehende Abgänge innerhalb des Planungszeitraums	– 24 MA
4.	./. Abgänge im Planungszeitraum durch Fluktuation	– 14 MA*
5.	IST-Personalbestand am Ende des Planungszeitraums	674 MA
6.	SOLL-Personalbestand am Ende des Planungszeitraum	650 MA
7.	Netto-Personalbedarf (hier: Minderbedarf)	– 24 MA

* muss gesondert über Fluktuationskennzahlen ermittelt werden!

Aufgabe 7

Ihr Unternehmen beabsichtigt, in Zukunft stärker als bisher eine systematische und transparente Personalentwicklung zu betreiben. Um diese Planung eng mit der allgemeinen Personalbedarfsplanung zu verzahnen, werden Sie gebeten, für eine Sitzung des Führungskreises einen Überblick über den Ablauf und die Aufgaben der Personalentwicklungsplanung geben. Erläutern Sie Ihr Konzept!

Lösungsansatz

1. Schritt Zielbestimmung

Im Rahmen der strategischen Unternehmens- und Organisationsentwicklung stellt sich die Frage nach der Personalentwicklung, da der Erfolg von der Qualifikation, Motivation und den Kompetenzen der Mitarbeiter abhängt. Personalentwicklung i.e.S. geht über Aus- und Weiterbildung hinaus und umfasst aus Unternehmenssicht u. a. Ziele wie

- Markt- und Kundenorientierung
- Verbesserung der Qualität von Produkten und Dienstleistungen
- Innovationsfähigkeit
- Beschäftigungsfähigkeit (Employability)
- Identifikation mit dem Unternehmen
- Leistungsmotivation und Engagement
- Kompetenz und Professionalität
- Mobilität und Flexibilität und

aus der Sicht der Mitarbeiter Ziele wie

- Erwerb von beruflichen Qualifikationen
- Beherrschung von neuen Techniken und Verfahren
- Erlangung von Selbständigkeit, Sicherheit und Verantwortung
- Steigerung der Arbeitfreude und der Motivation
- Beschäftigungssicherheit und Beschäftigungsfähigkeit
- Karriereentwicklung

2. Schritt Bedarfsermittlung und Potenzialanalyse

Über Stellenbeschreibungen und Anforderungsprofile sowie Benchmarking können die Anforderungen beschrieben werden. Diese werden den bestehenden Qualifikationen der Mitarbeiter gegenüber gestellt, die durch Beurteilungen, Mitarbeitergespräche, Assessment Center ermittelt werden können. Neue Kompetenzen können durch Fördergespräche, Zielvereinbarungsgespräche, Potenzialanalysen bei den Mitarbeitern festgestellt werden. Diese werden mit dem Entwicklungsbedarf des Unternehmens gespiegelt, der sich aus Analyse von Fehlzeiten, Fluktuation, Mängelanalysen, Betriebsklimauntersuchungen, Mitarbeiterbefragungen ergibt.

3. Schritt Maßnahmenplanung und Realisierung von Qualifizierungs- und Entwicklungsmassnahmen

Zur Entwicklungsplanung i.w.S. gehört dann auch die Planung von Maßnahmen, die durch Einholen von Angeboten von Beratern und Weiterbildungsträgern, über Kostenvergleiche und Benchmarking geschehen kann. Eine zentrale Frage ist die nach der internen bzw. externen Durchführung von Entwicklungsmassnahmen, die Entscheidung für Berater und Coaches, Trainer, die organisatorische Vorbereitung sowie geeignete Methoden und Instrumente

4. Schritt Entwicklungscontrolling

Hierzu zählt zunächst einmal eine Maßnahmenbeurteilung, mit der die Maßnahme selbst evaluiert werden kann. Ob die Entwicklungsziele erreicht wurden, kann erst mit einer Langzeitanalyse ermittelt werden, da Seminar- und Entwicklungserfolg nicht notwendigerweise in einem kausalen Zusammenhang stehen müssen.

Aufgabe 8

Erfolgreiche Fördergespräche setzen eine intensive Vorbereitung und eine gelungene Gesprächstechnik voraus. Beides soll Gegenstand eines Workshops für die Führungskräfte in Ihrem Unternehmen sein.

a) Erläutern Sie, wie ein Vorgesetzter sich zielgerichtet auf ein Fördergespräch mit einem seiner Mitarbeiter vorbereiten kann!
b) Erarbeiten Sie einen Leitfaden für ein Fördergespräch!

Lösungsansatz

a) **Vorbereitung**

- frühzeitige Terminierung des Gespräches unter Bekanntgabe der Vorgehensweise und der Zielsetzung des Gespräches
- ausreichend Zeit einplanen und störungsfreien Ablauf sicherstellen
- Daten und Informationen über den Mitarbeiter, den Entwicklungsbedarf, die zukünftigen Anforderungen zusammentragen, dazu gehören z. B.
- das Studium der relevanten Auszüge aus der Personalakte
- die Analyse der bisherigen Aus- und Weiterbildung des MA
- die Einsicht in die letzten Beurteilungen bzw. Protokolle von Jahresmitarbeitergesprächen
- die Zielvereinbarungen und Protokolle von Zielerreichungsgesprächen mit dem Mitarbeiter analysieren

b) **Leitfaden**

- positiver Gesprächseinstieg
  - Ziele des Gespräches verdeutlichen
  - bisherige gute Zusammenarbeit herausstellen
- Mitarbeiter zu Wort kommen lassen
  - Interessen, Wünsche und Motive schildern lassen
  - Sichtweise des Mitarbeiters durch aktives Zuhören und Nachfragen klären
  - zusätzliche Gesprächsthemen und -inhalte des Mitarbeiter aufnehmen
- Stellungnahme des Vorgesetzten
  - auf die bisherige Entwicklung eingehen
  - Stärken und Schwächen des Mitarbeiters ansprechen
  - Potenziale und Anforderungen gegenüberstellen
- Entwicklungsperspektiven aufzeigen
  - Entwicklungsangebot erläutern
  - Stellenpläne, Nachfolge- und Laufbahnpläne erörtern
  - zukünftige Aufgabenbereiche schildern
  - Erwartungen des Mitarbeiters fördern bzw. dämpfen
- Protokollierung des Gespräches
  - Ergebnisse festhalten
  - zeitlichen Rahmen verdeutlichen
  - flankierende Maßnahmen besprechen
  - weitere Gespräche vereinbaren

3.5 Personalcontrolling gestalten und umsetzen

Aufgabe 1

Ihr Unternehmen ist ein Zulieferer für den Sanitär- und Heizungsbereich mit Standorten in der Bundesrepublik, weiteren 2 Standorten in der EU und in zwei asiatischen Staaten. Sie fertigen Gas- und Ölheizungen, Duschanlagen und Armaturen sowie als neuen Produktionszweig energiesparende Heizanlagen für Holzpellets

Die zunehmende Kaufzurückhaltung hat auch Ihr Unternehmen zu Überlegungen hinsichtlich einer systematischen Planung und Auswertung der Personalkosten in allen Produktionsbereichen gezwungen.

a) Beschreiben Sie vor diesem Hintergrund 2 Aufgaben eines Personalcontrollings!
b) Erläutern Sie, welche 3 Dimensionen in einem umfassenden Personalcontrolling unterschieden werden!
c) Erläutern Sie je 2 Ziele und Indikatoren für ein Controlling im Personalmarketing!

Lösungsansatz

a) Aufgaben des Personalcontrollings

- Abstimmung der Personalplanung und –kontrolle
- Sicherstellung der Kompatibilität von Personalplanung mit den anderen Teilplanungen (Absatz-, Fertigungs-, Beschaffungs-, Investitions- und Finanzplanung)
- Früherkennung von Veränderungen im Personalbereich und Entwicklung von Anpassungsstrategien
- Erarbeitung von Instrumenten, die eine Abschätzung der Wirkung der Personalarbeit auf die Errreichung der Erfolgsziele zulassen.

b) Dimensionen

Entsprechend dem Entwicklungsstand des Personalcontrollings lassen sich unterscheiden

- Kostencontrolling (= Kosten pro Periode) (unterste Entwicklungsstufe)

umfasst die periodische Planung der Personalkosten und der Kosten der Personalabteilung selbst. Die Wertschöpfung liegt in der Einhaltung der Budgetvorgaben.

- Effizienzcontrolling (= Kosten pro Prozess) (nächsthöhere Entwicklungsstufe) betrachtet die Produktivität der Personalarbeit durch einen Vergleich von tatsächlichem und geplantem Ressourceneinsatz für die personalwirtschaftlichen Prozesse. Wertschöpfung ist hier der effiziente Umgang mit Ressourcen.

- Effektivitätscontrolling (= Leistungen im Verhältnis zu den Kosten) (höchste Entwicklungsstufe)

zielt auf den Erfolgsbeitrag der Personalarbeit zum Unternehmenserfolg ab. Die Wertschöpfung beinhaltet die bedarfsgerechte Gestaltung der Personalfunktionen zur Sicherung des Humanpotentials.

c) Ziele und Indikatoren

Ziele

- Verbesserung der Bewerberqualität
- Reduzierung der Beschaffungskosten
- Sicherung der Beschaffung

Indikatoren

- Befragung wichtiger Bewerberzielgruppen
- Beschaffungskosten je Einstellung
- Qualität der Bewerber
- durchschnittliche Dauer der Stellenbesetzung
- Anzahl der Bewerbungen mit und ohne Anzeige

Aufgabe 2

Das Personalcontrolling hat u. a. eine Koordinierungsfunktion einzelner Planungsbereiche. Nennen Sie 5 Planungsbereiche, die Gegenstand eines Personalcontrollings sind!

Lösungansatz

- Personalbedarfsplanung
- Personalbeschaffungsplanung
- Personalauswahlplanung
- Personaleinsatzplanung
- Personalfreisetzungsplanung
- Personalentwicklungsplanung
- Personalkostenplanung

Aufgabe 3

Das Erfolgscontrolling von Personalentwicklungsmaßnahmen ist bisher noch nicht zufriedenstellend gelöst worden.

a) Erläutern Sie, wann Sie von einem Erfolg einer Personalentwicklungsmaßnahme sprechen können!
b) Mit welchen Problemen müssen Sie bei der Kontrolle von Personalentwicklungsmassnahmen rechnen? Erläutern Sie drei Problemfelder!

Lösungsansatz

a) Erfolgskriterien

Von einem Erfolg kann dann gesprochen werden, wenn die Ziele der Unternehmung und die Erwartungen der MA erfüllt wurden. Die Ziele des Unternehmens bestehen u. a. in der Deckung des Personalbedarfes durch Qualifizierung und dem optimalen Einsatz des Mitarbeiters in seinem Arbeitsfeld. Die Erfolgserwartungen des Mitarbeiters gehen in Richtung der Verbesserung seines beruflichen Weiterkommens und in der persönlichen Entfaltung. Häufig ist eine vollständige Übereinstimmung zwischen den wirtschaftlichen Zielen des Unternehmens und sozialen Zielen der Mitarbeiter nicht möglich.

b) Problemfelder

- Der Nachweis eines ursächlichen Zusammenhangs zwischen der Maßnahme selbst und dem erzielten Erfolg ist oft nicht oder nur sehr schwer zu führen, z. B. schlechtes Seminar, aber dadurch ausgelöste Reflexionen des MA führen zum Erfolg am Arbeitsplatz
- Die Auswirkungen bestimmter Entwicklungsmassnahmen können durch andere Faktoren im positiven und negativen Sinne beeinflusst werden, z. B. Führungverhalten, organisatorische Rahmenbedingungen im Betrieb
- Der Transfer des erworbenen Wissens wird häufig erst zeitversetzt oder im schlimmsten Falle gar nicht eintreten. Dies ist nicht immer dem Mitarbeiter anzulasten. (Änderungen der Geschäftsstrategie)
- Gleiche Entwicklungsmassnahmen führen bei verschiedenen Mitarbeitern zu unterschiedlichen Ergebnissen (unterschiedlicher Bildungsstand, „Chemie“ im Seminar)
- Unerwünschte Nebenwirkungen während der Entwicklungsmaßnahme beeinträchtigen den Erfolg (Entstehung von Abwanderungsgedanken während eines Seminars)
- Für die Erfolgsmessung fehlen dem Controlling häufig die Messinstrumente

Aufgabe 4

Nennen Sie je zwei Kennzahlen zu den personalwirtschaftlichen Funktionsbereichen

- Personalbeschaffung
- Personaleinsatz
- Personalentwicklung
- Personalfreisetzung!

Burkhard Zicke

Lösungsansatz

Personalbeschaffung

- Bewerber pro Ausbildungsplatz
- Beschaffungskosten je Eintritt
- Austritte in der Probezeit
- Kosten pro Beschaffungsweg

Personaleinsatz

- Leitungsspanne je Führungskraft
- Kosten je Arbeitsunfall
- Verbesserungsvorschlag je Mitarbeiter
- Erfolgsbeteiligung pro Mitarbeiter

Personalentwicklung

- Übernahmequote von Auszubildenden
- Anteil der Personalentwicklungskosten an den Gesamtpersonalkosten
- Weiterbildungskosten je Tag und Teilnehmer
- Weiterbildungszahl von Mitarbeitern pro Jahr

Personalfreisetzung

- Höhe der Abfindung pro Mitarbeiter
- Kosten der Kündigungschutzprozesse je Gekündigtem
- Anzahl der verlorenen Kündigungschutzklagen

Aufgabe 5

Auch im Personalcontrolling findet die Balanced Scorecard neuerdings Beachtung und Akzeptanz.

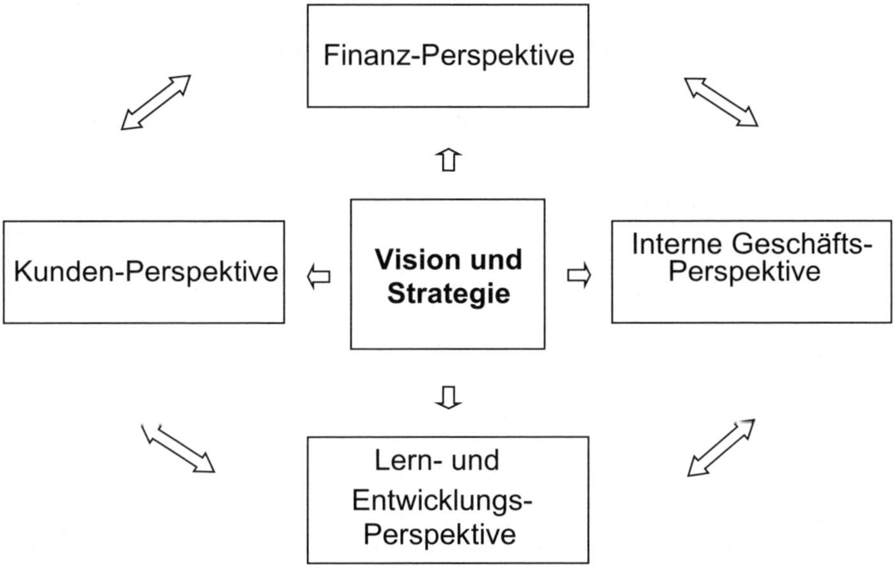

Erläutern Sie für alle vier Perspektiven je zwei Planungsgrössen!

Lösungsansatz

Finanzperspektive

- Entwicklung der Personalkostenstruktur
- Personalkosten je Mitarbeiter
- Produktivität je Mitarbeiter

Kundenperspektive

- Fluktuationsraten
- Fehlzeitenquote
- Zufriedenheit der Servicenehmer

Interne Prozessperspektive

- Dauer der Rekrutierung
- Kosten von Freisetzungen

Lern- und Entwicklungsperspektive

- Zufriedenheit der Mitarbeiter mit PE-Maßnahmen
- Entwicklung der Qualifikation der Mitarbeiter

Situationsaufgabe 1 „Die Tiefbau AG – Personalplanung im Umbruch“

Die Tiefbau AG ist seit mehr als 40 Jahren im norddeutschen Raum tätig. Zu ihren Schwerpunkten gehörten von Beginn an der Kanal- und Gleisbau, in dem die Zahl der Mitarbeiter in den letzten Jahren aufgrund der anhaltend schlechten Konjunktur kontinuierlich zurückgegangen ist. Auf der anderen Seite hat das Unternehmen einen grösseren Marktanteil im Bohrgeschäft erreichen können. Hierzu hat vor allem der Aufkauf einer kleineren, auf Ölbohrungen spezialisierten Firma, vor 6 Jahren beigetragen. Dieser Unternehmenszweig erfreut sich einer expansiven Auftragslage. Dem Unternehmen gehören heute im Kanal- und Gleisbau noch 240 Mitarbeiter an (Vorjahr 280), im Bohrgeschäft 140 (Vorjahr 90). Fachleute für das Bohrgeschäft sind schwer zu finden, der Markt ist leergefegt, zumal in Norwegen und Grossbritannien auch wesentlich höhere Löhne gezahlt werden. Die Berufsausbildung spielte für die Tiefbau AG bisher eine wichtige Rolle, allerdings mehr im Traditionsgeschäft, in dem spätestens im nächsten Jahr ein grösserer Personalabbau ansteht.

Sie selbst sind nach Ihrer kaufmännischen Ausbildung in der Tiefbau AG in den Personalbereich übernommen worden und sind seit 2 Jahren Personalleiter, nachdem Sie Ihre Fortbildung zum Personalfachkaufmann/zur Personalfachkauffrau erfolgreich abgeschlossen haben..

In 6 Wochen findet mit allen Führungskräften eine Strategiesitzung statt.

Berücksichtigen Sie, soweit es möglich ist, bei jeder Aufgabe den geschilderten betrieblichen Hintergrund!

Aufgabe 1 (18 Punkte)

Die Unternehmensleitung hat Sie beauftragt, ein Arbeitspapier für die Strategiesitzung zu erstellen, in dem Sie die Personalpolitik der nächsten Jahre darstellen.

a) Machen Sie deutlich, welche Planungsfristen Sie für überschaubar halten! (6 P.)

b) Erläutern Sie, welche Eckpunkte der zukünftigen Personalpolitik Sie in das Arbeitspapier aufnehmen werden! (12 P.)

Aufgabe 2 (10 Punkte)

Nennen Sie 5 Faktoren, die unternehmensintern massgeblich die Bestimmung des Bruttopersonalbedarfs beeinflussen! Eine Differenzierung nach beiden Unternehmensbereichen wird nicht erwartet!

Aufgabe 3 (38 Punkte)

Im Unternehmen sind am 1. Januar dieses Jahres 240 Mitarbeiter im Kanal- und Gleisbau beschäftigt. Als Personalbestand zum 1. Januar nächsten Jahres wird ein Bruttopersonalbedarf von 210 Mitarbeitern eingeplant. Im laufenden Jahr werden nur 4 Mitarbeiter neu eingestellt, dagegen werden 14 Kündigungen wirksam, die wegen der verlängerten Kündigungsfristen bereits bis 31.12. des Vorjahres ausgesprochen werden mussten. Die Fluktuationsquote für die unerwünschte Fluktuation liegt bei 3 %!

a) Erläutern Sie, welche Bedeutung bei der Personalbedarfsplanung eine verlässliche Vorhersage des Bruttopersonalbedarfs spielt! (16 P.)
b) Nennen Sie 5 Methoden zur Ermittlung des Bruttopersonalbedarfs! (10 P.)
c) Berechnen Sie mengenmässig den Nettopersonalbedarf im vorliegenden Fall! (12 P.)

Aufgabe 4 (20 Punkte)

Im Bohrgeschäft ist die Fluktuation doppelt so hoch wie im Kanal- und Gleisbau.

a) Erläutern Sie, welche Fluktuationskosten dem Unternehmen dadurch entstehen! (10 P.)
b) Für die Strategiesitzung sollen Sie Vorschläge erarbeiten, wie die Fluktuation gesenkt werden kann! (10 P.)

Aufgabe 5 (14 Punkte)

Der Kanal- und Gleisbau ist ein Bereich, in dem sehr hohe Fehlzeiten vorkommen.

Erläutern Sie auf der Strategiesitzung ein Konzept zur Einführung eines systematischen und erfolgreichen Anwesenheitsmanagements!

Lösungsansätze

Aufgabe 1

a) Planungsfristen

Beide Unternehmensbereiche sind keinen nennenswerten kurzfristigen Schwankungen unterworfen, weshalb

- eine operative Planung sich über einen Zeitraum von bis zu einem Jahr erstrecken kann, dies gilt für ungelernte und angelernte Mitarbeiter in beiden Bereichen.
- Die taktische Planung kann sich auf einen Zeitraum von bis zu drei Jahren erstrecken. Sie umfasst insbesondere Facharbeiter im Kanal- und Gleisbau, kaufmännische Mitarbeiter in beiden Bereichen und die Planung der betrieblichen Ausbildung.

- Die strategische Planung ist bis zu einem Zeitraum von 5 Jahren angelegt. Sie erstreckt sich auf Fachkräfte insbesondere im expandierenden Bohrgeschäft, Spezialisten in beiden Bereichen sowie Führungskräfte in beiden Bereichen.
- Die Planung sollte als rollierende oder dynamische Planung angelegt werden, so dass am Ende der verschiedenen Planungsperioden die vorliegenden Ergebnisse in die nächsten Planungsabschnitte eingearbeitet werden können.

b) Zukünftige Personalpolitik

Der Unternehmensleitung können folgende Eckpunkte vorgeschlagen werden

- Im Kanal- und Gleisbau einen sozialverträglichen Personalabbau anzustreben, der sich
  - auf den Abbau von flexiblen Personalreserven erstreckt
  - durch Arbeitszeitregelungen erreicht werden kann
  - durch Aufhebungsverträge und Frühpensionierungen erreichen lässt.
- Gleichzeitig sollte überlegt werden, ob geeignete Fachkräfte aus dem Kanal- und Gleisbau in das Bohrgeschäft übernommen werden können. Hierzu sollte rechtzeitig eine Personalentwicklungsplanung anlaufen, da die erforderlichen Qualifizierungen mit Sicherheit längere Zeit benötigen.
- Das Unternehmen sollte eine gezielte Kampagne zur Rückholung von Fachkräften aus dem Ausland starten. Die dort gezahlten höheren Löhne könnte man durch attraktive Sozialleistungen und unbefristete Verträge teilweise ausgleichen.
- Im Bohrgeschäft sollte die betriebliche Ausbildung intensiviert werden, um vor allen Dingen den dringend benötigten Nachwuchs aus den eigenen Reihen zu erhalten.

Aufgabe 2

- Arbeitszeitmodelle
- Flexibilisierung der Organisation
- strategische Unternehmenspolitik
- Fertigungsverfahren
- Arbeitsformen
- Produktionsprogramm
- Gruppenarbeitssysteme
- Technisierung und Automatisierung der Arbeit
- Bildungs- und Qualifizierungsstand der Mitarbeiter
- Fluktuation und Fehlzeiten

Weitere Beispiele sind denkbar. Entscheidend bei der Beantwortung ist die Schlussfolgerung für die Bestimmung des Personalbedarfs.

Aufgabe 3

a) Verlässliche Bestimmung des Bruttopersonalbedarfs

- Eine verlässliche Vorhersage des Bruttopersonalbedarfs ist der wichtigste Eckpfeiler bei der Berechnung des Nettopersonalbedarfs, der viel genauer zu ermitteln ist, wenn die Daten bekannt bzw. berechenbar sind.
- Mit Ausnahme der Kapazitätsrechnung (= Personalbemessungsmethode), die aber nur dort angewandt werden kann, wo Arbeitprozesse über Arbeitsstudien und Messverfahren genau berechnet werden können, sind alle anderen Verfahren mit einer mehr oder minder grossen Ungenauigkeit behaftet.
- Der Bruttopersonalbedarf muss sowohl quantitativ als auch qualitativ bestimmt werden. Die qualitative Bestimmung ist allerdings noch aufwendiger als die quantitative
- Im vorliegenden Fall ist die Ermittlung des Bruttopersonalbedarfs getrennt für beide Unternehmensbereiche vorzunehmen.
- Bei der Ermittlung des Bruttopersonalbedarfes sollte simultan mit mehreren Methoden gearbeitet werden und eine Abweichungsanalyse bei den Ergebnissen vorgenommen werden.
- Für Spezialisten und Führungskräfte sind ebenfalls Personalentwicklungsmaßnahmen in Gang zu setzen, da die Engpassprobleme wohl sonst nur durch teure Abwerbung gelöst werden können.

b) Methoden

- Personalbemessungsmethode
- Kennzahlenmethode
- Trendextrapolation
- Globale Bedarfsprognosen
- Stellenplanmethode
- Schätzungen

c) Rechenbeispiel

IST-Bestand am 01.01 dieses Jahres		240 Mitarbeiter
+ feste Zugänge	+	4 Mitarbeiter
– feste Abgänge	–	14 Mitarbeiter
– unerwünschte Fluktuation*	–	7 Mitarbeiter*
IST-Bestand am 31.12. dieses Jahres		223 Mitarbeiter
Bruttopersonalbedarf		210 Mitarbeiter
Nettopersonalbedarf (= Minderbedarf!)	–	13 Mitarbeiter

Die Berechnung der Fluktuation kann mit Hilfe der Schlüter oder BDA-Formel vorgenommen werden. Im vorliegenden Rechenbeispiel wurde BDA benutzt:

$$\text{Fluktuationsquote} = \frac{\text{Zahl der Abgänge} \times 100}{\text{durchschn. Personalbestand}}$$

$$3\ (\%) \times 225 = 100\ x$$

$$7 = x$$

Bei einer Fluktuationsquote von 3 % und einem durchschnittlichen Personalbestand von 225 MA während der Planungsperiode beträgt die Zahl der voraussichtlichen unerwünschten Abgänge 7 Mitarbeiter.

Aufgabe 4

a) Fluktuationskosten

- Anwerbungskosten
- Kosten der Bewerberauswahl und Einstellung
- Kosten der Einführung und Einarbeitung des neuen Mitarbeiters
- Minderleistungskosten während der Einarbeitung
- Minderleistung des weggehenden Mitarbeiters
- Entlassungskosten

b) Vorschläge zur Senkung der Fluktuation

Zur Senkung der Fluktuation kann dem Unternehmen ein ganzer Katalog von Maßnahmen empfohlen werden. Dazu sollten gehören

- eine Motivanayse der wichtigsten Fluktuationsmotive
- die Einführung von Abgangsinterviews
- die Verbesserung von Arbeitsprozessen
- die Überprüfung der Unternehmens- und Führungskultur
- das Angebot von attraktiven Sozialleistungen
- die Einführung von ausgeklügelten Arbeitszeitmodellen
- die Beteiligung der Mitarbeiter am Unternehmensgewinn
- die Einführung von Zulagen, Prämien u.ä.
- die Durchführung von Mitarbeiterbefragungen
- die Verbesserung des Betriebsklimas

Aufgabe 5

Ein Patentrezept für die Einführung eines erfolgreichen Anwesenheitsmanagements gibt es nicht, deswegen hier ein Lösungansatz, der möglichst viele Facetten berücksichtigen soll.

1. Schritt – Eine Bestandsaufnahme

- Definition der Grösse „Krankenstand“
- Entwicklung des Krankenstandes in den letzten Jahren
- Arbeiten mit Kalendarium

- Verteilung der Fehlzeiten auf die Betriebsteile
- Darstellung der Entgeltfortzahlungskosten
- Sparbeiträge dokumentieren bei Reduzierung der Fehlzeiten
- Kritische Gruppen im Betrieb identifizieren (Alter, Geschlecht, Arbeitsplatz)

2. Schritt – Präventivmassnahmen einführen

- Verbesserung des Arbeitsplatzes an „kritischen" Stellen
- Gesundheitsmanagement realisieren
- Information der Mitarbeiter über Fehlzeiten verbessern
- Betriebsklimaanalyse durchführen
- Fehlzeiten zum Gesprächsthema machen
- Hohe Anwesenheiten anerkennen

3. Schritt – Reaktive Maßnahmen

- Konsequente Handhabung der Nachweispflicht
- Zusammenarbeit mit MDK und Kassen in Zweifelsfällen
- Sensibilität bei Wiedereingliederungen nach langen Abwesenheiten
- Kürzung von Jahressonderzahlungen
- Disziplinarische Maßnahmen
- Änderungskündigungen oder Kündigungen
- Rückkehrer- oder Fehlzeitengespräche

Situationsaufgabe 2 „Personalplanung und Personalmarketing in der Hard & Soft GmbH“

Die Hard & Soft GmbH ist ein Unternehmen der IT-Branche und stellt im Softwarebereich anspruchsvolle interaktive Lernsoftware und im Hardwarebereich spezielle Konsolen für die Lernprogramme her. Projekte im Softwarebereich und teilautonome Gruppenarbeit in der Produktion spielen neben herkömmlichen Arbeitsformen eine grosse Rolle. Das Unternehmen beschäftigt 320 Mitarbeiter, davon 160 im Bereich Softwareentwicklung, 120 im Hardwarebereich. Die Hard & Soft GmbH gehört zu einem amerikanischen Konzern mit Hauptsitz in Baltimore.

Die Nachfrage nach IT-Spezialisten und Facharbeitern ist groß, der Bedarf konnte bisher eigentlich nie richtig gedeckt werden. Es gibt seit 5 Jahren eine betriebliche Ausbildung vorwiegend in den IT-Ausbildungsberufen, aber auch in der Facharbeiter- und kaufmännischen Ausbildung. Alle Auszubildenden wurden bisher übernommen. Das Unternehmen geniesst in der Weiterbildung einen guten Ruf.

Der Wettbewerb in der Branche ist stark. Das Unternehmen setzt konsequent auf Qualität und Innovationen in der Produktentwicklung. Die hochpreisigen Produkte werden auch international gut verkauft.

Vor der Übernahme durch die amerikanische Mutter war das Unternehmen ein Familienbetrieb. Auf Drängen der Konzernleitung will die Geschäftsleitung der Hard & Soft GmbH strukturelle Veränderungen vornehmen, die auch den Personalbereich betreffen.

Die folgenden Aufgaben beziehen sich auf die geschilderte Ausgangssituation. Bitte berücksichtigen Sie bei Ihren Antworten soweit möglich die betrieblichen Gegebenheiten.

Aufgabe 1 (25 Punkte)

a) Stellen Sie den Konjunkturverlauf in seinen typischen Phasen dar! Ordnen Sie das Unternehmen in seiner heutigen Situation einer dieser Phasen zu und begründen Sie Ihre Entscheidung! (10 P.)

b) Welche Auswirkungen hat die vorherrschende Konjunktur auf die Personalplanung in der Hard & Soft GmbH?

Aufgabe 2 (20 Punkte)

Das Unternehmen hat einer Marktstudie zufolge Akzeptanzprobleme, sich von Billiganbietern abzuheben. Das hatte in der Vergangenheit auch Auswirkungen auf die Personalrekrutierung. Deshalb soll durch ein neues Marketingkonzept das Unternehmensimage verbessert werden und das Unternehmen auf dem Arbeitsmarkt stärker bekannt gemacht werden.

a) Nennen Sie 5 Maßnahmen, die zum gewünschten Erfolg führen! (5 P.)
b) Erläutern Sie die beiden Aspekte „Umsetzbarkeit" und „Nutzen" an zwei Maßnahmen näher! (10 P.)
c) Mit welchen Kontrollinstrumenten kann der Marketingerfolg messbar gemacht werden? (5 P.)

Aufgabe 3 (25 Punkte)

Die angespannte Arbeitsmarktsituation zwingt die Hard & Soft GmbH, sich Gedanken hinsichtlich der Verbesserung des Prozesses „qualitative Personalbedarfsplanung" zu machen.

a) Erläutern Sie ein erfolgversprechendes Instrument näher! (15 P.)
b) Schlagen Sie einen geeigneten Ablauf für die schrittweise Einführung dieser Methode vor! (10 P.)

Aufgabe 4 (10 Punkte)

Erarbeiten Sie eine Stellenbeschreibung für den Personalreferenten „Personalbeschaffung", aus der später ein Anforderungsprofil entwickelt werden kann.

Aufgabe 5 (20 Punkte)

Die Geschäftsleitung überlegt, ob es sinnvoll ist, die Personalpolitik und Personalarbeit durch ein Personalcontrolling begleiten zu lassen.

a) Beschreiben Sie 5 Vorteile eines Personalcontrollings in dieser Situation! (10 P.)
b) Wählen Sie aus den zur Verfügung stehenden Controllinginstrumenten eines aus, dessen Einführung für Sie Prioriät hat. Begründen Sie Ihre Auswahl! (10 P.)

Lösungsansätze

Aufgabe 1

a) Konjunkturverlauf

Die Skizze oder Beschreibung muß alle Phasen des Konjunkturverlaufs beinhalten, also

- Hochkonjunktur (Boom)
- Rezession (Abschwung)
- Depression (Tiefstand)
- Expansion (Aufschwung)

Die Achsen (Zeit und Wachstum) müssen benannt sein. Der Hinweis auf Konjunkturzyklen und/oder Trend ist entbehrlich, desgleichen der Hinweis auf Konjunkturzyklen.

Das Unternehmen befindet sich mindestens in der Expansion, ggf. im Übergang zur oder in der Hochkonjunktur, obwohl letzteres aus der Aufgabenstellung nicht eindeutig abgeleitet werden kann.

b) Auswirkungen auf die Personalplanung

Das Unternehmen hat einen Bedarf nach Auszubildenden, insbesondere im IT-Bereich. Die zahlenmässig grosse Nachfrage danach darf nicht darüber wegtäuschen, dass vor allem der qualitative Bedarf gedeckt werden muss. Die Hard & Soft GmbH steht vor der Aufgabe, kurzfristig Engpässe beseitigen zu müssen, ggf. befristetete Arbeitsverträge abzuschliessen und/oder Leiharbeitnehmer zu beschäftigen, langfristig Fachkräfte aus externen Beschaffungsmärkten zu rekrutieren. Dabei muss die Krisenanfälligkeit der Branche berücksichtigt werden. Dem Unternehmen kann empfohlen werden, bei der zeitlichen Personalplanung eine rollierende Planung einzuführen, bei der die Ergebnisse der kurzfristigen Planung unmittelbar in die mittel- und langfristige Planung eingearbeitet werden. Gegebenfalls wird es sogar zur Aufrechterhaltung der Produktion nötig sein, Abwerbung von Facharbeitern zu betreiben bzw. freigesetzte Facharbeiter aus anfälligen Unternehmen der Branche zu umwerben.

Aufgabe 2

a) Maßnahmen

- Anwerbung bei Hochschulen
- Direktansprachen
- Imagewerbung (Besichtigungen, Tag der offenen Tür, Kontaktseminar)
- Mitarbeit in Verbänden, IHK (Hebelwirkung)
- Jobbörsen im Internet
- Messestände
- Praktikumsplätze
- Möglichkeit für Diplomanden zur Anfertigung von Diplomarbeiten

b) Umsetzbarkeit und Nutzen

Bei der Beschreibung kommt es darauf an,

- die Gestaltung der Maßnahmen zu beschreiben
- den Nutzen für das Unternehmen darzustellen,
- auf die Umsetzbarkeit der Maßnahme einzugehen.

c) Messbarkeit des Marketingserfolgs

Es gibt zwei Ansätze der Erfolgskontrolle.

- Ein Ansatz wäre die Messung über Kennzahlen, d. h. die Dokumentation der eingegangenen Bewerbungen, die durchgeführten Bewerbergespräche,

die Registrierung der Besuche auf der Homepage der Hard & Soft GmbH, die Kosten des Bewerbermanagements
- Parallel dazu kann eine Evaluation in qualitativer Hinsicht erfolgen. Profilvergleiche zwischen Anforderungsprofil der Stelle und Eignungsprofil von Bewerbern, Beurteilungen während der Probezeit, Auswertung von Mitarbeiter- und Vorgesetztengesprächen sind sinnvolle Ansätze

Aufgabe 3

a) Instrumente

Für die qualitative Personalbedarfsplanung kommen als Instrumente die

- Stellenplanmethode
- Szenariotechnik
- Supervision
- Personalentwicklungsplanung

in Frage.

Exemplarisch soll hier die Stellenplanmethode als Lösungsansatz beschrieben werden.

Ausgangspunkt der Stellenplanmethode, die auch als quantitatives Verfahren geeignet ist, ist das Vorhandensein von Stellenbeschreibungen, aus denen anschliessend Anforderungsprofile und ein Stellenplan entwickelt werden.

Die Anforderungsprofile sind Voraussetzung für einen späteren Profilvergleich, der Stellenplan ist eine nach Anzahl und Bezeichnung geordnete schriftliche Fixierung der Arbeitsplätze in einem Betrieb. Er stellt eine SOLL-Vorgabe der zu besetzenden Stellen als Ergebnis einer vorangegangenen qualitativen und quantitativen Personalplanung dar.

In Form eines Organigramms geben Stellenpläne auch Auskunft über Instanzentiefe und Instanzenbreite.

Dieser Stellenplan kann zu einem Stellenbesetzungsplan erweitert werden, der zusätzlich Namen, Eintrittsdatum, Tarifgruppe, Kostenstelle usw. enthalten kann, die unverzichtbar für eine qualitative Planung sind.

Die Differenz zwischen Stellenplan und Stellenbesetzungsplan ist der aktuelle Personalbedarf. Daraus ergibt sich eine Fortschreibung des Stellenplans auch unter qualitativen und Kostengesichtspunkten. Für die zu schaffenden Stellen müssen wiederum Stellenbeschreibungen und Anforderungungsprofile erstellt werden, sofern nicht schon vorhanden.

Aufgabe 4

Bezeichnung der Stelle	Leiter Personalbeschaffung
Rang	Personalreferent
Unterstellung	Leiter Personal

Überstellung	Sachbearbeiter Arbeitsmarktbeobachtung Sachbearbeiter Stellenausschreibung Sachbearbeiter Bewerbermanagement
Vertretung aktiv	Leiter Personaleinsatz
Vertretung passiv	Leiter Personal
Ziel der Stelle	Stelleninhaber ist verantwortlich für Beschaffung des benötigten Personals in qualitativer und quantitativer Hinsicht zum richtigen Zeitpunkt unter Berücksichtigung der Planvorgaben des Unternehmens.
Aufgaben	– Ständige Beobachtung von internen und externen Beschaffungsmärkten – Bereitstellung der zur Beschaffung benötigten Instrumente – Ausfertigung von Stellenausschreibungen, Stellenanzeigen, Mitwirkung bei der Gestaltung des Internetauftritts – Zusammenwirken mit Behörden und staatlichen Institutionen – Durchführung von Werbeerfolgskontrollen
Mindestanforderungen	– kaufmännische Ausbildung – 5 Jahre Erfahrung in der Personalarbeit – geprüfter Personalfachkaufmann, geprüfte Personalfachkauffrau
Kompetenzen	– analytische Fähigkeiten – kommunikative Stärken – mündliche und schriftliche Ausdrucksstärke – Fähigkeit zu Teamarbeit – Führungsqualifikation – gutes Selbstmanagement
Befugnisse	– Genehmigung von Dienstreisen im Inland – Artvollmacht

Aufgabe 5

a) Vorteile von Personalcontrolling

- Abstimmung von Personalplanung und Personalkontrolle
- Sicherstellung der Verträglichkeit von Personalplanung und anderen Teilplanungen im Unternehmen
- Früherkennungsfunktion von Veränderungen und Engpässen im Personalbereich
- Erarbeitung von Prognoseinstrumenten für Erfolgskontrollen
- Schaffung von Informationssystemen und -methoden für alle Aktivitäten der Personalarbeit

- Verantwortung für ein systematisches Berichtswesen an die Unternehmensleitung und andere Leitungsinstanzen
- Überwachung der Budgeteinhaltung
- Vorschläge zur Reduzierung von Personalkosten

b) Beschreibung eines Controllinstrumentes

Als Controllinginstrumente kommen z. B. Statistiken, Kennzahlensysteme, Balanced Scorecards, Personalinformationssysteme, Kosten- und Leistungsdaten usw. in Frage.

Exemplarisch soll die Einführung eines Personalinformationssystems beschrieben werden.

Es kann davon ausgegangen werden, dass im Unternehmen bereits ausreichend Daten, z. B. aus den Bereichen

- Aus- und Weiterbildungsmanagement
- Vergütungsmanagement
- Leistungsbeurteilungen
- Stellenbeschreibungen
- Stellenbewertungen
- Unternehmensanalysen usw.

vorliegen.

Da ein Personalcontrolling nicht ohne EDV denkbar ist, liegt die Implementierung eines PIS nahe. PIS unterstützen administrative und dispositive sowie Führungsfunktionen. Da es sich um ein IT- Unternehmen handelt, stellt sich in einem frühen Stadium die Frage nach dem make or buy.

Im Folgenden sollen wesentliche Phasen des Implementierungsprozesses in Form einer einfachen Checkliste wiedergegeben werden:

1. Was soll mein Personalinformationssystem leisten?
   - Nur Lohn- und Gehaltsabrechnung?
   - Abrechnung und Personalverwaltung?
   - Zusätzliches Informationssystem für die Unternehmensleitung?
2. Woher kommen die Daten?
   - Direkte Erhebung durch Fragebögen (Primärdaten, z. B. Fragebögen)
   - Durch das schon vorhandene Kontrollsystem (Sekundärdaten, z. B. Beurteilungen)
   - Von Dritten (frühere Zeugnisse, staatliche Stellen)
3. Welche Daten sollen berücksichtigt werden?
   - Verwaltungsdaten
   - Abrechnungsspezifische Daten
   - Stellendaten
   - Arbeitsplatzdaten
   - Schichtpläne, Arbeitszeitregelungen
   - Zusatzdaten (Ausländer, Schwerbehinderte)
   - Aus- und Weiterbildungsdaten

   - Arbeitszeiten
   - Abwesenheiten
   - Leistungsdaten (Prämien, Akkorde)
   - Kosten
4. Insellösung oder Integrierte Lösung?
5. Systemanalyse
   - Erarbeitung von Hard- und Softwarelösungen
   - Fertigware oder eigene Softwareentwicklung
   - Programmierbarkeit der Software
   - Erweiterungsfähigkeit – Ausbau zum Managementinformationssystem
6. Erstellung einer Kosten-Nutzen-Analyse zur Darlegung der Wirtschaftlichkeit
7. Gewährleistung von Datensicherung und Datenschutz
8. Maßnahmen der Weiterbildung
   - Einführungskurse
   - Systemschulung
   - DV-Organisation

Bei allen Maßnahmen sind die Mitbestimmungsrechte des Betriebsrates nach § 87 und § 90 BetrVG zu beachten.

Handlungsbereich 4 „Personal- und Organisationsentwicklung steuern“

4.1 Mitarbeiter beurteilen, deren Potenzial erkennen und fördern

Aufgabe 1

Die Humido GmbH ist ein wachstumsstarkes Unternehmen. Im ersten Jahr seit Firmengründung zählte das Unternehmen 10 Mitarbeiter. Mittlerweile ist das Unternehmen innerhalb von zwei Jahren auf 80 Mitarbeiter gewachsen. Als Folge wurde ein eigener Personalbereich im Unternehmen eingerichtet. Als neu eingestellter Personalreferent ist es Ihre erste Aufgabe, ein Mitarbeiterbeurteilungssystem einzuführen.

a) Erläutern Sie die unterschiedlichen Interessen von Führungskräften, Geschäftsführung, Betriebsrat und Mitarbeitern
b) Beschreiben Sie die Ziele eines Mitarbeiterbeurteilungssystems
c) Nennen Sie die einzelnen Phasen bei der Erarbeitung des Systems.
d) Beschreiben Sie den Unterschied zwischen offenen und geschlossenen Beurteilungssystemen.
e) Erläutern Sie mögliche Beurteilungsfehler.
f) Beschreiben Sie Möglichkeiten zur Vermeidung von Beurteilungsfehlern.
g) Nennen Sie erfolgskritische Faktoren bei der Einführung von Mitarbeiterbeurteilungssystemen.

Lösungsansatz

a) Interessen

Die Führungskräfte wollen ein gerechtes Beurteilungssystem, das objektiv alle Kriterien abbildet.Die Geschäftsführung möchte ein objektives Instrument, das alle akzeptieren und ein angemessenes Beurteilungssystem, das für Nachfolgeregelungen und Gehaltsverhandlungen einsetzbar ist.Betriebsrat und Mitarbeiter wollen ein gerechtes System, das nicht nach Schulnoten bewertet und aus dem den Mitarbeitern keinerlei Nachteile erwachsen.

b) Ziele

Eine qualifizierte Standortbestimmung ist für die systematische und strategische Entwicklung und Förderung von Mitarbeitern eine wichtige Basis. Die Mitarbeiterbeurteilung ist somit ein zentrales Führungs- und Personalentwicklungsinstrument. Mitarbeiterbeurteilungssysteme helfen Führungskräften und Mitarbeitern, eine zielgerichtete Standortbestimmung vorzunehmen, indem sie leistungs- und verhaltensbezogene Kriterien vorgeben, an denen sich beide orientieren können. Damit ist eine vergleichende Beurteilung verschiedener Mitarbeiter möglich.

c) Projektphasen der Einführung

Vorbereitungsphase

Definition der Zielsetzungen und Anforderungen an ein Mitarbeiterbeurteilungssystem

Entwicklungsphase

Erarbeiten des Beurteilungsbogens innerhalb einer Projektgruppe aus Führungskräften verschiedener Abteilungen. Ratsam ist die Einbindung des Betriebsrates.

Implementierungsphase

Das Beurteilungssystem wird für verbindlich erklärt. Begleitseminare, in denen die Handhabung des Systems eingeübt und erprobt wird, sollten angeboten werden.

d) Unterschiede in den Beurteilungssystemen

In offenen Beurteilungssystemen gibt es keine vorformulierten Kriterien und Bewertungsskalen. Die Einschätzungen erfolgen verbal. Nachteilig sind die starke subjektive Färbung der Beurteilung und das häufige Auftreten von systembedingten Beurteilungsfehlern. In geschlossenen Beurteilungssystemen werden demgegenüber meist standardisierte Bögen eingesetzt. Es werden konkrete Kriterien bzw. Merkmale formuliert und mit Skalierungsstufen verbunden. Halboffene Fragen, die dem Mitarbeiter und der Führungskraft einen Interpretations- und Gestaltungsspielraum eröffnen, können solche geschlossenen Beurteilungssysteme sinnvoll ergänzen.

e) Beurteilungsfehler

Stereotypenbildung

Wir nehmen unsere Umwelt schematisch wahr und bewerten diese anhand von Stereotypen. Im Extremfall entstehen dadurch Vorurteile. So stellen wir uns den typischen Bankangestellten beispielsweise korrekt gekleidet und mit einer hohen Affinität zu Zahlen, Daten, Fakten vor. Solche Stereotypen sind alltäglich, können aber andererseits Urteilsverzerrungen auslösen, wenn z. B. durch das äußere Erscheinungsbild Rückschlüsse auf die Leistungsbereitschaft eines Mitarbeiters gezogen werden.

Halo-Effekt

Wenige Eindrücke überstrahlen weitere Urteile. Menschen mit einer guten Rhetorik gelten bei Prüfern nicht selten als kompetent

Primacy-Effekt

Bei der Beurteilung mehrerer Personen bildet die erste Person oft einen Wahrnehmungs-„Anker“, d. h. sie bildet den Maßstab für alle übrigen zu beurteilenden Personen.

Soziale Ähnlichkeit

Wir nehmen Menschen, die uns vom sozialen Status her ähnlich sind, in der Regel eher sympathisch wahr. Das kann dazu führen, dass wir Mitarbeiter mit niedrigerem sozialen Status negativer bewerten.

Selektive Wahrnehmung

Jeder Beurteiler nimmt nur einen Teil des Geschehens seiner Umwelt wahr und wählt aus der Vielzahl der zur Verfügung stehenden Daten immer nur eine begrenzte Anzahl aus, die er zur Grundlage seines Urteils macht. Diese Verfälschung geschieht unbewusst, bei jedem Menschen und ist kaum zu kontrollieren oder zu korrigieren

f) Vermeidung von Beurteilungsfehlern

Beurteilungsfehler lassen sich nur teilweise durch objektiv vorgegebene Kriterien in einem Beurteilungssystem kontrollieren. Persönlichkeitsbedingte Fehler haben kaum eine Chance auf Korrektur. Ansonsten ist das Wissen um Beurteilungsfehler und die kritische Selbstprüfung ein wichtiger Ansatz zu einer möglichst gerechten Beurteilung

g) Einführung von Mitarbeiterbeurteilungssystemen

- Frühzeitige Einbeziehung des Betriebsrates und der Führungskräfte
- Bedenken und Probleme der Mitarbeiter aus der Vergangenheit aufarbeiten
- Einen praktikablen Gesprächsbogen entwickeln
- Ausführliche schriftliche Vorinformation aller Mitarbeiter über Verfahrensweisen und Gesprächsbogen
- Subjektive und einseitige Beurteilung der Mitarbeiter vermeiden
- Qualifizierung der Führungskräfte für konstruktive Gesprächsführung
- Auswertung der Gesprächsbögen und zeitnahe Umsetzung der Ergebnisse.

Aufgabe 2

Beschreiben Sie das Konzept eines 360-Grad-Feedbacks in der Mitarbeiterbeurteilung.

Lösungsansatz

Bei einem 360-Grad-Feedback soll das Feedback, das ein Mitarbeiter von seiner Führungskraft bekommt, erweitert werden. Das bedeutet, dass zusätzlich Kollegen zu einer Stellungnahme gebeten werden, eine Selbsteinschätzung durch den Mitarbeiter vorgenommen wird, Kunden befragt werden. Selbstverständlich können nicht alle befragten Personen zu allen Aspekten der Beurteilung Stellung beziehen, aber so entsteht ein ganzheitliches Bild von der Leistung und dem Verhalten eines Mitarbeiters, das auch wichtige Aspekte wie Kundenorientierung oder Servicequalität einbezieht.

Aufgabe 3

Erläutern Sie vier Prinzipien, die bei der Auswahl und Gewichtung von Merkmalen bei einem Mitarbeiterbeurteilungssystem zu berücksichtigen sind.

Lösungsansatz

Prinzip der Vollständigkeit

In dem Beurteilungsbogen sollten sich alle relevanten Arbeitsbereiche des Mitarbeiters wiederfinden

Prinzip der Eindeutigkeit

Die Merkmale sollen trennscharf sein, d. h. sich deutlich voneinander unterscheiden, klar definiert und eindimensional sein.

Prinzip der Ganzheit

In der Summe sollen die Merkmale ein Gesamtbild ergeben, das keine logischen Fehler aufweist

Prinzip der Praktikabilität

Die Merkmale sollen gut einschätzbar und transparent sein, sowohl für die Führungskräfte wie für die Mitarbeiter.

Aufgabe 4

Die Schiele AG hat ein veraltetes Beurteilungssystem, das ersetzt werden soll. Viele Mitarbeiter akzeptieren das bestehende System nicht, Führungskräfte setzen das System nur noch sporadisch ein, das Beurteilungssystem ist auf

Freiwilligkeit aufgebaut. Sie sollen nun als Personalreferent ein Projekt leiten, das ein neues weithin akzeptiertes Beurteilungssystem erarbeitet.

a) Nennen Sie die am Projekt beteiligten Personen.
b) Erläutern Sie die Bestandteile einer Mitarbeiterbeurteilung.
c) Erläutern Sie, wie der Betriebsrat aktiv in die Erarbeitung des neuen Mitarbeiterbeurteilungsssstems eingebunden werden kann.
d) Erläutern Sie, wie eine Akzeptanz bei Führungskräften und Mitarbeitern für das neue System gewonnen werden kann.
e) Skizzieren Sie an Hand eines Ablaufdiagramms, wie der Prozess eines MA-Gesprächs bis hin zur Dokumentation aussieht.

Lösungsansatz

a) Projektbeteiligte

Geschäftsführung als Auftraggeber, Lenkungsausschuss, ausgewählte Führungskräfte verschiedener Abteilungen, Betriebsrat, Personalrat, Personalleitung

b) Bestandteile einer Beurteilung

In einem Mitarbeiterbeurteilungssystem sollten sowohl leistungsorientierte Merkmale, wie Qualität und Quantität der Leistung und verhaltensorientierte Merkmale, wie z. B. Qualifikation, Motivation und soziales Verhalten enthalten sein. Für die Beurteilung des Mitarbeiters könnten die folgenden Dimensionen idealtypisch enthalten sein

Fachliche Kompetenz

Fachwissen, selbständiges Arbeiten, Arbeitsqualität, Arbeitstempo, systematisches Arbeiten.

Persönliche Kompetenz

Initiative, Flexibilität, Durchsetzungsvermögen, Verantwortung, Einsatzbereitschaft

Soziale Kompetenz

Verhalten gegenüber Kunden, Kollegen und Führungskräften, Überzeugungsfähigkeit, Kritik- und Konfliktfähigkeit, Teamfähigkeit.
Weiterhin sollte ein Beurteilungssystem auch die Möglichkeit einräumen, dass der Mitarbeiter der betreffenden Führungskraft ein Feedback geben kann. Ein Feedback könnte z. B. die beiden Dimensionen „Mitarbeiterorientierte Führung“ und „Mitarbeiterförderung“ umfassen.

c) Einbindung des Betriebsrates

Der Betriebsrat sollte frühzeitig in die Erarbeitung eines Mitarbeiterbeurteilungssystems eingebunden werden. Er kann eine wichtige Pufferfunktion wahrnehmen und Befürchtungen der Mitarbeiter zuvorkommen. Mitarbeiterbeurteilungssysteme sind mitbestimmungspflichtig. Es kommt darauf an, dem Betriebsrat frühzeitig Informationen zur Zielsetzung und Umsetzung zur Verfügung zu stellen. Eine aktive Projektmitarbeit von Betriebsratsmitgliedern sollte angestrebt werden.

d) Akzeptanzgewinnung

Zunächst müssen die Ziele des Beurteilungssystems verdeutlicht werden. Führungskräften und Mitarbeitern sollten die Vorteile, die mit einem solchen System verbunden sind, erläutert werden. Darüber hinaus ist es insbesondere wichtig, beide Seiten frühzeitig zu informieren und in die Projektarbeit einzubeziehen. Sobald das Beurteilungssystem eingeführt ist, sollten begleitende Trainings zur Anwendung des Fragebogens angeboten werden. Auch eine interne Vorstellung des Systems (z. B. im Intranet sollte erwogen werden.

e) Prozess eines Mitarbeitergesprächs

Personalabteilung gibt Anstoß zum Führen der jährlichen Beurteilungsgespräche

↓

Zur Vorbereitung übergibt Führungskraft dem Mitarbeiter den Beurteilungsbogen

↓

Gemeinsames Beurteilungsgespräch von Führungskraft und Mitarbeiter

↓

Gespräch wird im Bogen protokolliert und von beiden Seiten unterschrieben

↓

Gesprächsbogen wird von übergeordneter Führungskraft kontrolliert

↓

Übergabe des Beurteilungsbogens an die Personalabteilung

↓

Auswertung z. B. über bestehenden Qualifizierungsbedarf

↓

Beurteilungsbogen geht in Personalakte des Mitarbeiters ein, Kopie an Mitarbeiter

Aufgabe 5

Herr Piependreh – neuer Abteilungsleiter Marketing – soll die Jahresmitarbeitergespräche in seinem Bereich führen und will sich gezielt darauf vorbereiten.

a) Nennen Sie mögliche Fragen, die sich Herr Piependreh schon vor dem Gespräch beantworten sollte.
b) Erläutern Sie Erfolgsfaktoren für einen konstruktiven Gesprächsverlauf.
c) Skizzieren Sie den idealtypischen Verlauf eines Mitarbeitergesprächs.

Lösungsansatz

a) Leitfragen

Im Vorfeld des Mitarbeitergesprächs sollte sich eine Führungskraft mit den folgenden Fragen beschäftigen:

- Hat der Mitarbeiter die mit ihm vereinbarten Ziele erreicht?
- Wie haben sich Leistungen und Leistungsbereitschaft des Mitarbeiters entwickelt?
- Hat der Mitarbeiter besondere Fähigkeiten erworben?
- Hat der Mitarbeiter den richtigen Arbeitsplatz?
- Soll der Mitarbeiter in besonderer Weise gefördert werden? Könnte er an einer anderen Stelle des Unternehmens mehr leisten?
- Wo und wie sind vorhandene Mängel bei Leistung und Führung zu beheben?
- Welche Personalentwicklungsmaßnahmen sollten vereinbart werden?

b) Erfolgsfaktoren

Das Mitarbeitergespräch sollte in einer ungestörten, vertrauensvollen und angenehmen Gesprächsatmosphäre stattfinden. Es sollte von beiden Seiten gut vorbereitet und strukturiert sein. Es sollte sachlich sein und sowohl positive wie negative Sachverhalte ansprechen. Gespräche sind Dialoge, keine Monologe. Insbesondere ist es wichtig, dass die Führungskraft aktiv zuhört. Es sollte konstruktive Tipps für die persönliche Entwicklung beinhalten. Die Beurteilung sollte sich auf konkretes, veränderbares Verhalten beziehen und möglichst mit Beispielen untermauert sein.

c) Verlauf eines Mitarbeitergespräches

Ein Mitarbeitergespräch sollte folgendermaßen strukturiert sein:
Nach der Begrüßung und einigen einleitenden Sätzen, wird das Thema des Mitarbeitergesprächs dem Mitarbeiter genannt. Es werden Ziele und Wünsche des Gesprächs erläutert. Im Gespräch sollten Handlungsmöglichkeiten erarbeitet werden und das weitere Vorgehen besprochen werden. Die Führungskraft sollte dem Mitarbeiter bei Bedarf ihre Unterstützung anbieten. Sinnvoll ist es die Gesprächsergebnisse schriftlich festzuhalten und dem Mitarbeiter eine Kopie auszuhändigen.

Aufgabe 6

Die Guthsohn GmbH will den Qualifikationsstand der Mitarbeiter analysieren. Zu diesem Zweck soll ein Personalportfolio erstellt werden. Dazu sollen Leistungsstand und Entwicklungspotenzial qualitativ und quantitativ ermittelt werden.

a) Erläutern Sie den Unterschied zwischen der Leistung eines Mitarbeiters und seinem Potenzial.
b) Skizzieren Sie ein Personalportfolio mit den Dimensionen Leistungs- und Entwicklungspotential in den Ausprägungen hoch/niedrig.
c) Beschreiben Sie, wie ein strategisch günstiges Personalportfolio aussehen könnte und nach welchen Kriterien Sie dieses bewerten.
d) Angenommen, Sie stellen fest, dass Sie viele Mitarbeiter mit niedriger Leistung und hohem Potenzial haben. Erläutern Sie, wie ein Qualifizierungsplan vor diesem Hintergrund gestaltet werden kann.

Lösungsansatz

a) Unterschied Leistung und Potenzial

Die Leistung eines Mitarbeiters bezieht sich auf dessen gegenwärtig oder in der Vergangenheit gezeigtes Verhalten und seine Arbeitsergebnisse. Die Leistung lässt sich noch recht gut (z. B. durch die jeweilige Führungskraft) einschätzen. Demgegenüber ist das Potenzial eines Mitarbeiters relativ schwer zu beurteilen, weil es sich auf zukünftiges oder erwartetes Leistungsvermögen bezieht. Besonders schwierig ist die Einschätzung bei neu eingestellten Mitarbeitern oder Hochschulabsolventen. Hier gibt es wenig Anhaltspunkte für das Potenzial.

b) Personalportfolio

Leistung		
hoch	Solide Mitarbeiter	Spitzenkandidaten
niedrig	Mitläufer	Fragezeichen
	niedrig	hoch Potenzial

c) Strategisch günstiges Portfolio

Ein strategisch günstiges Personalportfolio zeigt ein Übergewicht im oberen Teil (hohe Leistung). Solide Mitarbeiter bilden die Grundlage jedes Unternehmens. Sie sind für die Leistungserbringung unentbehrlich, haben meist langjährige Erfahrungen und sind somit die Stützen eines jeden Unternehmens. Sie gilt es zu halten, auch wenn das weitere Entwicklungspotenzial eher niedrig einzustufen ist. Spitzenkandidaten, also Mitarbeiter mit hoher Leistung und weiterem hohen Potenzial sind selten. Hier stellt sich die Frage, ob der Mitarbeiter auf seiner jetzigen Position nicht vielleicht unterfordert ist. Diese Gruppe ist unter Umständen wechselbereit, d. h. sie sind möglicherweise schwer im Unternehmen zu halten. Mitarbeiter mit hohem Potenzial, aber gegenwärtig geringer Leistung (Fragezeichen) sind meist Nachwuchskräfte. Sie sind in der Regel erst seit kurzer Zeit im Unternehmen und haben ihre optimale Leistungskurve noch nicht erreicht. Sie sind aber für die zukünftige Entwicklung des Unternehmens von entscheidender Bedeutung, wenn z. B. solide Mitarbeiter ausscheiden, oder das Unternehmen sich in neuen Geschäftsfeldern etablieren möchte. Mitarbeiter mit niedriger Leistung und niedrigem Potenzial gibt es in fast jedem Unternehmen. Das Personalportfolio eines Unternehmens sollte natürlich möglichst wenig solche Mitarbeiter enthalten.

d) Qualifizierungsplan

Grundsätzlich sollte die Verweilzeit als „Fragezeichen" nur von begrenzter Dauer sein, z. B. für die Zeit der Ausbildung oder des Traineeprogramms. „Fragezeichen" entwickeln sich dann entweder zu soliden Mitarbeitern oder zu Mitläufern. Ein Qualifizierungsplan kann so aussehen, dass den als „Fragezeichen" identifizierten Mitarbeitern Projektverantwortung übertragen wird, um so die Leistungsmotivation zu verstärken. Gegebenenfalls ist an den Einsatz von Mentoren zu denken. Auch die Übertragung von Sonderaufgaben ist eine Methode zur Ermittlung von Potenzialen.

Aufgabe 7

Die Görtz GmbH will Führungskräftenachwuchs einstellen. Es sollen sechs Hochschulabsolventen eingestellt werden. Das Unternehmen entschließt sich ein Assessment-Center für insgesamt 18 Bewerber durchzuführen. Sie sollen als Personalverantwortlicher das AC konzipieren.

a) Nennen Sie die Vorteile eines AC im Vergleich zu einem klassischen Bewerbergespräch.
b) Beschreiben 5 mögliche Übungen in einem AC.
c) Erläutern Sie, was bei der Auswahl der Beobachter zu berücksichtigen ist.
d) Erläutern Sie den Unterschied zwischen einem Auswahl- und Entwicklungsassessment.

Lösungsansatz

a) Vorteile eines Assessment-Centers

Gegenüber einem Vorstellungsgespräch ist das Assessment-Center wesentlich differenzierter und zugleich komplexer gestaltet. Es können unterschiedliche Eigenschaften und Leistungen getestet werden. Die Vorhersagekraft eines AC übertrifft die eines Vorstellungsgespräches bei weitem. Alle Bewerber werden nach vergleichbaren Kriterien bewertet, so dass ein gerechteres Auswahlverfahren gewährleistet ist.

b) Übungen in einem AC

Gruppendiskussionen

Ein bestimmtes Thema soll innerhalb einer Gruppe mit mehreren Bewerbern diskutiert werden. Dabei können die Durchsetzungsfähigkeit, sowie soziale Fähigkeiten, wie aktives Zuhören oder konstruktive Zusammenarbeit getestet werden.

Rollenspiele

Hier werden fiktive Situationen, wie z. B. Verkaufsgespräche, oder Mitarbeitergespräche durchgespielt. Dabei werden Gesprächsführung und Kommunikationsfähigkeit der Teilnehmer analysiert.

Präsentationen

Präsentationen bieten die Möglichkeit zur Feststellung von Ausdrucksstärke, Gestaltungsfähigkeit, Begeisterungsfähigkeit, Kontakt zum Publikum und Authentizität

Postkorb-Übungen

Die Teilnehmer müssen bei dieser Übung eine Vielzahl von Aufgaben und Terminen erledigen und in ihrem Terminplan einplanen. Es gilt Prioritäten zu bilden und Aufgaben gegebenenfalls zu delegieren. Kriterien wie Selbstmanagement, Planungsgeschick, Organisationstalent und vor allem Belastbarkeit und Konzentrationsfähigkeit können gut gemessen werden.

Interviews

Auch Einzelgespräche, die den Charakter eines Vorstellungsgespräches annehmen sind in der Regel Bestandteil eines Assessment-Centers. Das mündliche Ausdrucksvermögen, die Körpersprache, die Fähigkeit zum aktiven Zuhören können auf diese Art und Weise ermittelt werden.

c) Auswahl der Beobachter

Die Beobachter bei einem Assessment-Center sollten sich zusammensetzen aus Führungskräften des Unternehmens und psychologisch und diagnostisch geschulten Mitarbeitern. Sinnvoll ist der Einsatz von Führungskräften der Abteilung, die Nachwuchskräfte sucht. Psychologisch geschulte Mitarbeiter finden sich meist in den Personalentwicklungsabteilungen. Es sollten aber auch externe Berater oder Trainer, die Erfahrungen mit der Durchführung von ACs besitzen, zum Einsatz kommen, um einer Betriebsblindheit in der Bewertungsphase vorzubeugen.

d) Auswahl- und Entwicklungsassessment

Bei einem Auswahlassessment-Center werden neu einzustellende Mitarbeiter beurteilt. In der Regel handelt es sich um Hochschulabsolventen, die als Nachwuchsführungskräfte eingestellt werden sollen.
Bei einem Entwicklungsassessment wird das Potenzial von Unternehmensmitarbeitern analysiert. Hier geht es darum zu prüfen, ob sich Mitarbeiter für qualifiziertere Tätigkeiten (z. B. Führungsaufgaben) eignen.

4.2 Konzepte für die Kompetenzentwicklung der Mitarbeiter sowie Qualifikationsanalysen und Qualifizierungsprogramme entwerfen und umsetzen

Aufgabe 1

Die Secura-Versicherungs AG beauftragt das Call-Center Easy-Phone mit der Abwicklung des telefonischen Kundenservice im Inbound (eingehende Telefonanrufe mit Anfragen von Kunden) und des Verkaufs eines neuen, wenig erklärungsbedürftigen Finanzproduktes im Outbound (ausgehende Telefonate). Die Call-Center-Mitarbeiter müssen auf die neuen Aufgaben vorbereitet werden.

a) Beschreiben Sie Ziele des Schulungsprogramms.
b) Erläutern Sie geeignete Lernmethoden für die Qualifizierung.
c) Beschreiben Sie die Einsatzmöglichkeiten von E-Learning in dieser Qualifizierung.
d) Erläutern Sie, wie die Qualität der Informations- und Beratungsprozesse sichergestellt werden kann.

Lösungsansatz

a) Ziele des Schulungsprogramms

Zunächst ist es wichtig, dass die Mitarbeiter des Call-Center die Finanzprodukte des Versicherers kennen. Im Outbound müssen detaillierte Produktkenntnisse vorhanden sein, schließlich soll das Produkt verkauft werden. Die Schulungsziele im Inbound sind herausfordernder. Hier geht es darum, die Mitarbeiter auf mögliche Kundenanfragen vorzubereiten.

- Mit welchen Fragen werden die Mitarbeiter konfrontiert?
- Wer ist mein Ansprechpartner im Versicherungsunternehmen bei Rückfragen?
- Wie behandle ich Reklamationen?

Übergeordnete Schulungsziele können sein: Kundenfreundlichkeit, Umgang mit schwierigen Kunden, Verhalten bei Reklamationen.

b) Lernmethoden

Für die Qualifizierung bieten sich unterschiedliche Lernmethoden an. Zur Vermittlung von Wissen bieten sich Vorträge an. Hier werden im vorliegenden Fall Kenntnisse der Finanzprodukte vermittelt. Es werden aber auch mögliche Fragen und Einwände von Kunden vorgestellt. Weiterhin bieten sich Übungen an und Simulationen von Kundengesprächen, die von einem entsprechenden Feedback der anderen Teilnehmer und des Seminarleiters begleitet werden. Dazu können Übungstelefonate und Rollenspiele durchgeführt werden.

c) Einsatzmöglichkeiten von e-learning

Zur Vertiefung des Wissens kann auch E-Learning zum Einsatz kommen, bei dem die Mitarbeiter die Gelegenheit haben, selbst Themen nachzuarbeiten. E-Learning dient im vorliegenden Fall aber insbesondere der Schulung sachbezogener Themen, wie Produkte, Ansprechpartner etc. Es bietet die Möglichkeit, dass sich jeder Mitarbeiter bedarfsgerecht mit Informationen versorgen kann bzw. auf der Basis von zur Verfügung gestellten Übungsmaterialien seinen Lernprozess selbst steuert

d) Sicherstellung der Prozessqualität

Die Qualität der Information und Beratung kann durch eine Vielzahl von Maßnahmen sichergestellt werden. Zum einen bieten moderne Telefonanlagen in Call-Centern die Möglichkeit des Mithörens von Kundengesprächen durch die jeweilige Führungskraft. Dies dient in erster Linie nicht der Kontrolle des Mitarbeiters, sondern stellt ein Einzelcoaching zur Identifizierung von Schwachstellen und Unsicherheiten dar, die in regelmäßigen Feedbackgesprächen thematisiert werden sollten. Weiterhin kann die Anrufdauer Aufschluss über Schwachstellen in den Telefonaten ergeben. Wenn ein Mitarbeiter überdurchschnittlich lange mit Kunden telefoniert, kann es sein, dass der Mitarbeiter noch Wissenslücken hat. Wichtig zur Sicherstellung der Prozessqualität ist auch die Kontrolle der nachgelagerten Bearbeitung.

- Wie lange muss der Kunde vom Anruf bis zur Auftragszusendung warten?
- Wie schnell werden Reklamationen bearbeitet?
- Wird alles zur Zufriedenheit des Kunden durchgeführt?

Zur Evaluation der Qualifizierung könnten Kundenbefragungen durchgeführt werden.

Aufgabe 2

Die Dr. Siebold Pharma GmbH stellt Mängel im telefonischen Kundenservice fest. Kunden beschweren sich über unfreundliche Auskünfte, lange Bearbeitungszeiten, wenig Kulanz bei Reklamationen. Ihre Aufgabe als Personalreferent ist die Beratung der entsprechenden Fachabteilung hinsichtlich einer Qualifizierung der Service-Mitarbeiter.

a) Das Unternehmen hat sich entschlossen, die Mitarbeiter im telefonischen Kundenservice zu schulen. Beschreiben Sie beispielhaft, welche Module eine solche Qualifizierung beinhalten könnte.
b) Erläutern Sie Maßnahmen zur Sicherung und Kontrolle des Lerntransfers.
c) Erläutern Sie, warum E-Learning in diesem Beispiel als Schulungsmaßnahme nur bedingt geeignet ist.
d) Erläutern Sie, inwiefern die Organisation des Unternehmens Ursache des Problems sein könnte.

Lösungsansatz

a) Module einer Schulungsmaßnahme

Telefontraining

Insbesondere für neue und unerfahrene Mitarbeiter bietet sich ein grundsätzliches Telefontraining an. Übungen zu Freundlichkeit, Gesprächsverlauf und Stimme sollten enthalten sein.

Reklamationsverhalten am Telefon

In diesem Modul sollte spezifisch auf die Behandlung von Reklamationen eingegangen werden, von der Annahme der Reklamation bis hin zur schnellen Bearbeitung.

Workshop zur speziellen Unternehmenssituation mit Praxistransfer

In diesen Workshop werden die Mitarbeiter eingebunden, wenn es darum geht, das spezifische Reklamationsverhalten der Kunden der Dr. Siebold Pharma zu analysieren und Möglichkeiten zur Optimierung zu erörtern.

b) Sicherung des Transfererfolgs

Der Lerntransfer sollte sichergestellt werden durch einen follow-up-Workshop, d. h. in einem Workshop, der ca. einen Monat nach Beendigung der Qualifizierung stattfindet, und der zum Ziel hat zu überprüfen, ob sich das Reklamationsverhalten der Mitarbeiter verändert hat. Weiterhin könnten Telefonate zu zweit geführt werden (ein Mitarbeiter spricht mit dem Kunden, ein anderer Mitarbeiter hört zu und gibt Feedback). Auch die betreffenden Führungskräfte sind gefordert, durch Mitarbeitergespräche das Reklamationsverhalten zu überprüfen.

c) Eignung von e-learning

E-Learning ist eine sinnvolle Trainingsmaßnahme, die allerdings in diesem Fall kaum nennenswerten Trainingserfolg verspricht. Das Reklamationsverhalten von Mitarbeitern bedarf praktischer Übungen mit einem unmittelbaren Feedback durch qualifizierte Trainer. Nur so können konkrete Situationen reflektiert oder durchgespielt werden. E-Learning-Systeme können meist nur für standardisierte Schulungen eingesetzt werden.

d) Unternehmensorganisation als Ursache

Die Kundenorientierung eines Unternehmens ist in vielfältiger Weise von dessen Organisation abhängig. Lange Bearbeitungszeiten von Reklamationen können auf einen ineffizienten Bearbeitungsablauf (Workflow) hindeuten. Möglicherweise hat der Mitarbeiter, der eine Reklamation entgegennimmt, nicht genügend Kompetenzen und Entscheidungsspielräume, um eine Reklamation schnell und unbürokratisch zu erledigen. Vielleicht verfügt die Dr. Siebold Pharma GmbH nicht über eine eigene Reklamationsabteilung und lässt anfallende Reklamationen von Innendienstmitarbeitern mit bearbeiten. In allen Fällen handelt es sich um Organisationsstrukturen, die die Kundenorientierung des Unternehmens bestimmen.

Dr. Frank Frieß/Dr. Frank Zils

Aufgabe 3

Für den Leiter der Marketingabteilung des Unternehmens Kaiser-Schuhe, der demnächst in Ruhestand geht, wird ein Nachfolger gesucht. Herr Weber, der seit sechs Jahren im Unternehmen ist, soll Nachfolger werden. Weber hat bislang keine Führungserfahrungen.

a) Wie kann Weber auf die neue Aufgabe vorbereitet werden?
b) Welche Schwierigkeiten können auftreten, wenn Weber vom Kollegen zum „Chef" wird?

Lösungsansatz

a) Einarbeitung des Nachfolgers

Sinnvoll ist in jedem Fall eine Einarbeitung von Herrn Weber durch seinen Vorgänger. Hierbei kommt es insbesondere auf die Vermittlung der entsprechenden Fachkenntnisse und spezifischen Problemlagen an. Weiterhin kann ein Qualifizierungsplan für Herrn Weber erstellt werden, der entsprechende Schulungsmaßnahmen (Seminar, Workshop) oder eine Hospitation in einem befreundeten Unternehmen vorsieht. Ergänzend hierzu kann ein Coaching sinnvoll sein, um Herrn Weber auf die neuen Führungsaufgaben vorzubereiten.

b) Akzeptanzprobleme

Wird ein Teamkollege zum Vorgesetzten, können Konflikte auftreten. Möglicherweise gibt es Neider oder Konkurrenten, die sich übergangen fühlten und jetzt unter starken Motivkonflikten leiden. Auch die Durchsetzungsfähigkeit der neuen Führungskraft kann auf eine harte Probe gestellt werden. Fragen nach der Autorität können auftreten. Der Kollege wird zum Chef. Automatisch ist er nicht mehr Mitglied des Kollegenkreises, dem man alles erzählt. Grundsätzlich sollte im Unternehmen darauf geachtet werden, dass bei einer neu zu besetzenden Führungsposition aus den eigenen Reihen die Führungsqualitäten der betreffenden Person dieser besonderen Situation adäquat sind. Wichtig ist, dass Herr Weber als eine Führungspersönlichkeit anerkannt wird, die neben der fachlichen Kompetenz auch eine hohe soziale Kompetenz mitbringt. Dies ist bereits bei der Auswahl für die neue Position zu berücksichtigen. Die Praxis zeigt, dass die Nachbesetzung von Führungspositionen bisweilen noch ausschließlich auf Grund der Fachkompetenz erfolgt. Dies reicht jedoch bei weitem nicht aus und macht sich dann meist auch schon noch kurzer Zeit negativ bemerkbar.

Aufgabe 4

Die Aqua-Waters GmbH entwickelt sich von einem Hersteller von Badeinrichtungen zu einem Full-Service-Anbieter mit komplexem Beratungsangebot. Die Geschäftsführung plant Maßnahmen, um das Servicedenken von

Monteuren und Kundenberatern zu verbessern. Die Führungskräfte sollen Fördergespräche durchführen, aus denen Qualifizierungspläne hervorgehen.

a) Erläutern Sie den Aufbau von Fördergesprächen in diesem Fall.
b) Beschreiben Sie die Struktur eines Qualifizierungsplanes.
c) Sie sollen der Geschäftsführung Maßnahmen vorschlagen, wie der Servicegedanke ausgebaut werden kann. Beschreiben Sie drei weitere Maßnahmen.
d) Nennen Sie Faktoren, die die Lernbereitschaft von Teilnehmern beeinflussen.

Lösungsansatz

a) Aufbau eines Fördergespräches

Fördergespräche dienen dazu, die fachlichen, persönlichen, sozialen und methodischen Kompetenzen mit den gegenwärtigen Aufgaben und den zukünftigen Herausforderungen abzugleichen. Sollte sich daraus ein Qualifizierungsbedarf ableiten, muss über entsprechende Maßnahmen nachgedacht werden. Im vorliegenden Fall sind die Fördergespräche vor dem Hintergrund einer Bewertung des Servicegedankens bei Monteuren und Kundenberatern zu führen. Stärken und Schwächen im Service sollten sowohl vom Mitarbeiter selbst eingeschätzt wie auch von der jeweiligen Führungskraft beurteilt werden.

b) Struktur eines Qualifizierungsplanes

Aus den Fördergesprächen lassen sich Qualifizierungspläne erstellen. Es wird konkret analysiert, wo sich ein Qualifizierungsbedarf im Unternehmen ergibt. Wenn dieser Bedarf mit den Qualfizierungsbedürfnissen des Mitarbeiters deckungsgleich ist, wird entschieden, welche Maßnahmen durchgeführt werden. Ein Qualifizierungsplan enthält einerseits die Definition eines Entwicklungsziels, die Auflistung erforderlicher Maßnahmen, z. B. Teilnahme an einem Fachseminar, Hospitation, Coaching etc. Außerdem sollte ein Zeitplan für die Qualifizierung erstellt werden, eine Entscheidung getroffen werden, ob diese Maßnahme inter oder extern durchgeführt wird, Angebote sind einzuholen und der Mitarbeiter ist freizustellen.

c) Maßnahmen zum Ausbau des Servicegedankens

Als weitere Maßnahmen lassen sich beispielhaft nennen: Kundenbefragungen zur Kundenfreundlichkeit und Reklamationsbearbeitung, Feldbegleitungen durch Führungskräfte oder einen Coach, eine Ausrichtung der Unternehmensprozesse und Organisation am Kunden, Durchführung von Benchmarkings sind angebracht.

d) Lernbereitschaft

Die Lernbereitschaft von Teilnehmern setzt schon vor der Teilnahme an einer Qualifizierung an. Die nachhaltigste Motivation ist eine intrinsische, d. h. der

Mitarbeiter erkennt den unmittelbaren Nutzen der Qualfizierung für sich selbst, für seinen beruflichen Werdegang, für den Erhalt des Arbeitsplatzes. Diese Lernbereitschaft kann bereits im Fördergespräch erzeugt werden.
Zur Motivation gehört auch die Attraktivität der Qualifizierungsmaßnahme selbst, vor allem die didaktische Planung, d. h. mit welchen Inhalten der Mitarbeiter konfrontiert wird, welche Bedeutung diese Inhalte für ihn selbst haben und mit welcher Wahrscheinlichkeit diese Inhalte im Arbeitsprozess umgesetzt und Nutzen bringen können.
Weiterhin spielt die Zusammensetzung der Lerngruppe eine entscheidende Rolle, d. h. Homogenität oder Heterogenität der Gruppenzusammensetzung. Ferner ist die persönliche, pädagogische und methodische Kompetenz des Trainers und sein Einfühlungsvermögen von grosser Bedeutung. Darüber hinaus ist die Auswahl von interaktiven und handlungsorientierten Methoden sowie die Versorgung mit lernprozessbegleitenden Materialien wichtig.

Aufgabe 5

Im Zeitungsverlag „News-Group" wird der Anzeigenbereich umstrukturiert. Mitarbeiter, die bislang nur für die Abwicklung der Anzeigenaufträge zuständig waren, sollen in Zukunft auch Kunden beraten. Auf diese Arbeiten müssen die entsprechenden Mitarbeiter vorbereitet werden.

a) Sie werden beauftragt, geeignete Schulungsmaßnahmen durchzuführen. Beschreiben Sie exemplarisch ein entsprechendes Schulungsprogramm.
b) Nennen Sie Kriterien, die bei der Auswahl der Trainer von Bedeutung sein können.
c) Beschreiben Sie Vor- und Nachteile beim Einsatz von internen oder externen Trainern.

Lösungsansatz

a) Schulungsprogramm

Ein entsprechendes Schulungsprogramm sollte folgende Schwerpunkte beinhalten:

- Produkttraining
- Kundenansprache
- Analyse des Kundenverhaltens
- Durchführung der Kundengespräche
- Vertragsabschlussgestaltung
- Umgang mit schwierigen Kunden
- Behandlung von Reklamationen

Das Schulungsprogramm sollte den Schwerpunkt auf das Training der sogenannten „Personal Skills“ legen, damit der Übergang von einem administrativen zu einem verkäuferischen Profil gelingt.

b) Kriterien für die Trainerauswahl

- Sehr gute Branchen- und Produktkenntnisse
- Erfahrungen in Verkaufs- und Kommunikationstrainings
- Fähigkeit, auf die spezifischen Bedürfnisse des Unternehmens und der Teilnehmer einzugehen
- Fähigkeit zur Motivation der Teilnehmer
- Moderationsfähigkeiten und Kenntnisse des Konfliktmanagements

c) Vor- und Nachteile von internen und externen Trainern

Interne Trainer haben den Vorteil, dass sie mit der jeweiligen Branche und den spezifischen Markterfordernissen gut vertraut sind. So können sie spezifischer auf die Bedürfnisse des Unternehmens eingehen. Zudem besteht in der Regel ein Kostenvorteil gegenüber externen Trainern.
Nachteilig ist jedoch, dass interne Trainer in der Regel über weniger methodische und pädagogische Fähigkeiten verfügen. Zudem kann eine Rolle als Trainer und Kollege Konflikte mit sich bringen. Generell lässt sich feststellen, das Konflikt-, Kommunikations-, Persönlichkeits- und Führungsthemen meist besser bei „neutralen“, unabhängigen, externen Trainern aufgehoben wird, da hier auch die Vertraulichkeit eher gewahrt bleibt und eine grössere Teilnehmerakzeptanz erreicht wird.

Aufgabe 6

Das Unternehmen „Pro Forma“ hat seine Außendienstmitarbeiter von einem externen Trainingsinstitut schulen lassen. Die Personalleitung will den Trainingserfolg evaluieren.

a) Beschreiben Sie Inhalt und Struktur eines Seminarbeurteilungsbogens.
b) Machen Sie Ihre Vorschläge, wie der Trainingserfolg in den Arbeitsalltag integriert werden kann.

Lösungsansatz

a) Seminarbeurteilung

Die Beurteilung sollte mit einem standardisierten Beurteilungsbogen erfolgen, mit dem der Teilnehmer einer Trainingsmaßnahme aus seiner Sicht eine Beurteilung und Bewertung abgeben kann. Dieses Feedback soll dazu dienen, Verbesserungsbedarfe am Seminarablauf, den Trainern oder der Infrastruktur festzustellen. Dazu eignen sich Fragen mit einer skalierbaren Antwortvorgabe und ergänzenden offenen Fragen, wie z. B.

- Wie beurteilt der Teilnehmer das Seminar bzw. das Training allgemein
- Wie ist der Gesamteindruck?
- Wie wird der Referent bzw. Trainer beurteilt?
- Wie ist die Zufriedenheit mit der Organisation des Seminars?
- Wurden alle angekündigten Inhalte und Themen behandelt?
- Wie verständlich und klar wurden die Inhalte vermittelt?
- Wie werden die Unterrichtsmethoden beurteilt?
- Wie werden die Arbeitsunterlagen bewertet?
- Wie gut lassen sich die Inhalte des Seminars in den Arbeitsalltag übertragen?

Alle Fragen können durch Zusatzfragen den betriebsspezifischen Bedürfnissen angepasst werden. Sie ersetzen jedoch nicht das Gespräch mit dem Mitarbeiter nach der Maßnahme, vor allem im Hinblick auf den Transfer der erlernten Fertigkeiten und Kenntnisse in die betriebliche Praxis.

b) Übertragung des Trainingserfolgs in die Praxis

Beim Transfer des Gelernten in die Praxis kommt es neben der Anwendungs- und Veränderungsbereitschaft des Mitarbeiters insbesondere auf die jeweilige Führungskraft an. Die Führungskraft nimmt bei Zielsetzung, Planung, Kontrolle und Unterstützung der Maßnahmen eine Schlüsselfunktion ein. Sie sollte den Prozess zusammen mit dem Mitarbeiter von Anfang bis Ende aktiv gestalten. Die Transfersicherung kann aber auch durch Mentoren sichergestellt werden, die von Zeit zu Zeit mit dem Seminarteilnehmer die Übertragung in den Arbeitsalltag gemeinsam reflektieren. Auch sogenannte Follow-up-Veranstaltungen, d. h. Veranstaltungen, bei denen sich die Seminarteilnehmer nochmals nach einer gewissen Zeit im Gruppenverband treffen, können eine Transfersicherung bieten.

Aufgabe 7

Sie sind beauftragt worden, eine E-Learning Plattform für den technischen Kundenservice einzurichten. Die E-Learning Plattform soll dazu dienen, neue Produkte in ihrer Funktionsweise zu beschreiben und Dokumentationen bereitzuhalten. Außerdem soll die Möglichkeit bestehen, Standardanfragen zu beantworten.

a) Erstellen Sie eine Checkliste, aus der die wichtigsten vorbereitenden Fragen hervorgehen, die bei der Einführung von E-Learning zu berücksichtigen sind.
b) Beschreiben Sie verschiedene Arten von E-Learning.
c) Nennen Sie Vor- und Nachteile von E-Learning.

Lösungsansatz

a) Checkliste

- Was soll mit E-Learning erreicht werden?
- Wer ist die Zielgruppe?
- Ist die Zielgruppe mit dem Einsatz der E-Learning Plattform vertraut?
- Welche Themen und Inhalte sollen vermittelt werden?
- Wer ist für die Erstellung der Inhalte verantwortlich?
- Wie sind die Lern- und Arbeitsplätze ausgestattet?
- Wann soll das Projekt E-Learning beginnen?
- Wann muss das Training verfügbar sein?
- Welches Budget steht zur Verfügung?
- Wie wird das E-Learning in andere Trainingseinheiten eingebunden?
- Wer kontrolliert den Erfolg?
- Wie wird der Erfolg von E-Learning kontrolliert?

b) Arten von E-learning

Computer-Aided-Instruction bzw. Computer-Based-Training: Die Lerninhalte werden am Computer präsentiert und können mit dem Computer trainiert und geübt werden. Meist ist das Lernprogramm als Computersoftware verfügbar. Der Computer wird offline, d. h. netzunabhängig eingesetzt.
Web-Based-Training: Dies ist eine Weiterentwicklung herkömmlicher Lernprogramme und funktioniert online. Der Lernende ist interaktiv mit anderen Lernenden und gegebenenfalls einem Trainer online verbunden.

c) Vor- und Nachteile

E-Learning ist flexibel einsetzbar. Der Mitarbeiter kann dann die Lerneinheiten bearbeiten, wenn er die entsprechende Zeit zur Verfügung hat. E-Learning ist nicht an Seminarräume oder feste Termine gebunden. Durch multimediale Elemente kann der Mitarbeiter gegebenenfalls umfangreiche Simulationen durchführen oder sich vertiefte Produktkenntnisse aneignen. E-Learning stößt dort an Grenzen, wo der Einsatz eines Trainers sinnvoll erscheint, insbesondere in Kommunikationstrainings, die ein individuelles Feedback erfordern, oder in Präsentationstrainings.

Aufgabe 8

Betriebliche Weiterbildungsmaßnahmen werden immer wichtiger für den Erfolg des Unternehmens, weil nur dadurch der Qualifizierungsstand der Mitarbeiter an die zukünftigen Herausforderungen angepasst werden kann.

a) Erläutern Sie, weshalb Lebenslanges Lernen ein Bestandteil der Berufsbiographie ist.
b) Beschreiben Sie die Mitbestimmungsrechte des Betriebsrates in der Personalentwicklung.

Lösungsansatz

a) Lebenslanges Lernen

Die Erstqualifikation eines Arbeitnehmers reicht heute in den seltensten Fällen, um den Anforderungen einer Berufsbiographie zu genügen. Unsere Wirtschaft unterliegt einem permanenten Wandel, der die Unternehmen zur Anpassung an die technischen, sozialen, wirtschaftlichen und gesellschaftlichen Veränderungen zwingt. Das hat Auswirkungen auf die Qualifikationen der Mitarbeiter. Bisherige Qualifikationen verlieren an Wert, neue Technologien oder neues Wissen müssen gelernt und angewendet werden. Zudem kann ein durchschnittlicher Arbeitnehmer heute nur noch in den seltensten Fällen davon ausgehen, beim selben Arbeitgeber bis zum Erreichen des Rentenalters zu arbeiten. Der Wechsel des Arbeitsgebers, der Branche ist die Regel. Auch der mehrfache Wechsel des Berufes während des Berufslebens ist die Norm. Lebenslanges Lernen, durch Erwerb von Schlüsselqualifikationen erleichtert, gehört zu den Herausforderungen, denen sich Arbeitnehmer stellen müssen.

b) Mitbestimmungsrechte des Betriebsrates

Qualifizierungsprogramme sollen mit dem Betriebsrat abgestimmt werden. Durch eine geeignete Informationspolitik sollte der Betriebsrat als Partner gewonnen werden, um damit auch die Akzeptanz bei Mitarbeitern zu erreichen. Die spezifischen Beteiligungsrechte (Information, Beratung, Initiative, Vorschlagsrecht, Mitbestimmung) ergeben sich insbesondere aus den §§ 92,96 bis 98 BetrVG. Bei der Durchführung von Maßnahmen der betrieblichen Berufsbildung hat der Betriebsrat ein Mitbestimmungsrecht.

Aufgabe 9

Schlüsselkompetenzen (Personal Skills) spielen in der heutigen Arbeitswelt eine zunehmend wichtige Rolle.

a) Nennen Sie 10 Schlüsselkompetenzen.
b) Beschreiben Sie drei Anwendungsfälle, in denen Schlüsselqualifikationen besonders wichtig sind.

Lösungsansatz

a) Schlüsselkompetenzen

- Teamfähigkeit
- Flexibilität
- Kritikfähigkeit
- Verantwortungsbewusstsein
- Konfliktfähigkeit
- Belastbarkeit
- Kommunikationsfähigkeit
- Kreativität
- Selbständigkeit
- Veränderungsbereitschaft

b) Anwendungsfälle

Teamfähigkeit

In Projektgruppen ist Teamarbeit gefragt. Es kommt hier nicht so sehr auf die Einzelleistung an, wichtig ist, dass das Projekt erfolgreich durchgeführt wird. Die Projektmitglieder müssen hier zusammenarbeiten, um ein gemeinsames Arbeitsergebnis zu erzielen. Teamfähigkeit bedeutet hier andere zu unterstützen, respektvoll mit den anderen Projektmitgliedern umgehen und das gemeinsame Arbeitsergebnis vor den individuellen Erfolg stellen.

Konfliktfähigkeit

Konflikte sind im beruflichen Alltag die Realität. Konflikte sind an sich nichts Schlimmes, im Gegenteil, sie können kreative Prozesse auslösen, Dinge voranbringen und Positionen klären. Voraussetzung dafür ist die Fähigkeit der Konfliktparteien, angemessen miteinander umzugehen. Konfliktfähigkeit erfordert den respektvollen Umgang mit dem Konfliktpartner. Die Interessengegensätze sollten objektiv betrachtet und nicht mit persönlichen Angriffen auf die Person verbunden werden. Konfliktfähigkeit bedeutet auch ein Interesse an der Konfliktlösung mitzubringen und gegebenenfalls auch Kompromisse zu schließen.

Selbständigkeit

Schnelle Marktveränderungen erfordern schnelle Reaktionen darauf und selbständig denkende und handelnden Mitarbeit, die in der Lage sind, eigenständige Entscheidungen zu treffen und verantwortungsvoll mit den zur Verfügung stehenden Ressourcen umzugehen. Führungskräfte müssen ihrerseits dafür Sorge tragen, dass die Mitarbeiter entsprechende Entscheidungsspielräume besitzen und entsprechend qualifiziert sind.

Belastbarkeit

Stress ist ein allgemeines Phänomen der modernen Arbeitswelt geworden. Wichtig ist, dass man die Gelegenheit hat, diesen Stress abzubauen und mit Stress und Arbeitsbelastung adäquat umzugehen. Belastbarkeit als Schlüsselqualifikation bedeutet beispielsweise in Stresssituationen kundenfreundlich zu bleiben. Es kann auch bedeuten, unter schwierigen Umständen respektvoll mit Kollegen umzugehen.

Kreativität und Innovationsbereitschaft

Potenzialanalysen zeigen häufig, dass das Kreativitäts- und Innovationspotenzial der Mitarbeiter durch den betrieblichen Alltag nicht annähernd abgefordert wird. Gerade für Unternehmen, die sich dem Change Management verschrieben haben, ist es unumgänglich, diese Potenzial zu nutzen. Dazu gehören entsprechende Trainings und Workshop sowie Instrumente wie Vorschlagswesen, Kreativitätsworkshops, Ideen- und Wissensmanagement.

4.3 Zielgruppenspezifische Förderprogramme erarbeiten und umsetzen

Aufgabe 1

a) Nennen Sie unterschiedliche Zielgruppen von betrieblichen Förderprogrammen.
b) Nennen Sie Merkmale eines professionell entwickelten Förderprogramms.
c) Erläutern Sie die Bedeutung der Unternehmensstrategie für die Entwicklung von Förderprogrammen.
d) Skizzieren Sie ausgehend von den Unternehmenszielen die einzelnen Schritte, die bei der Planung eines Förderprogramms zu beachten sind.

Lösungsansatz

a) Zielgruppen

Führungskräfte, Mitarbeiter, Nachwuchsführungskräfte, Experten oder neue Mitarbeiter, Aussendienstmitarbeiter, Betriebsräte, Migranten, Frauen, Auszubildende

b) Merkmale von Förderprogrammen

- Sie orientieren sich an der Unternehmensstrategie
- Sie verfolgen eine zielgerichtete Entwicklung für das Unternehmen und die Mitarbeiter
- Sie sind mit der Organisationsentwicklung verschränkt
- Sie werden begleitet von erfahrenen Führungspersonen, die als Mentor oder Coach in das Programm eingebunden sind
- Sie fördern einen selbstgesteuerten Lernprozess
- Sie verbinden unterschiedliche Lernformen
- Sie sind praxisnah und sorgen für eine entsprechende Transfersicherung

c) Bedeutung der Unternehmensstrategie

Ausgangspunkt für alle Förderprogramme sollten die Ziele des Unternehmens und die Unternehmensstrategie sein. Erst vor diesem Hintergrund – der Frage, wohin sich das Unternehmen entwickeln will – macht es Sinn, den Qualifizierungsbedarf für die Zielgruppen zu bestimmen. Der Qualifizierungsbedarf ergibt sich erst nach dieser Definitionsphase. Der Qualifizierungsbedarf spiegelt die Interessen und Wünsche des Unternehmens wider, d. h. sie entsprechen den wirtschaftlichen Zielen des Unternehmens.
Die Unternehmensstrategie sollte auch die sozialen Bedürfnisse der Mitarbeiter berücksichtigen, die im Bereich der Personalentwicklung häufig mit den wirtschaftlichen Zielen des Unternehmens komplementär sind.

d) Planungsschritte

Bei der Konzeption von Förderprogrammen sind die folgenden Planungsschritte zu beachten:

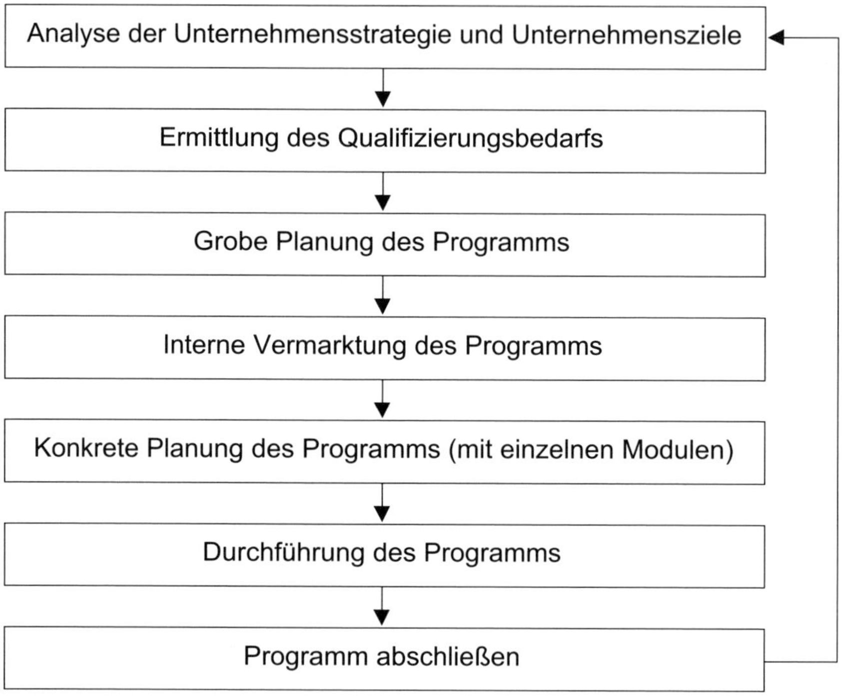

Aufgabe 2

a) Beschreiben Sie die Kennzeichen individueller und gruppenbezogener Förderprogramme.
b) Nennen Sie Vor- und Nachteile individueller Förderprogramme.
c) Erläutern Sie den Unterschied zwischen betrieblichen und staatlichen Förderprogrammen.

Lösungsansatz

a) Kennzeichen individueller und gruppenbezogener Förderprogramme

Individuelle Förderprogramme richten sich speziell an einzelne Mitarbeiter und sind auf deren individuellen Bedarf hin ausgerichtet. In der Regel werden diese Programme für Nachwuchsführungskräfte z. B. im Rahmen eines Traineeprogramms durchgeführt.
Demgegenüber richten sich gruppenbezogene Förderprogramme an eine bestimmte Zielgruppe innerhalb des Unternehmens. Darunter könnte beispielsweise ein Verkaufstraining für die Außendienstmitarbeiter fallen. Diese

Programme fördern außerdem das Lernen innerhalb einer Gruppe und leisten damit einen Beitrag zur Optimierung der Teamarbeit.

b) Vor- und Nachteile individueller Fördergramme

Vorteile

- Punktgenauer Zuschnitt auf den Entwicklungsbedarf des Mitarbeiters
- Schnelle Reaktionsmöglichkeit bei veränderten Rahmenbedingungen
- Direktes Feedback zum Praxistransfer.

Nachteile

- Hoher Aufwand für die individuelle Konzeption
- Nur bedingt auf weitere Personen anwendbar
- Intensive Einzelbetreuung und Koordination
- Kostenintensiv

c) Betriebliche und staatliche Förderprogramme

Während betriebliche Förderprogramme dazu dienen, den Qualifikationsstand der Mitarbeiter eines Unternehmens entsprechend den Unternehmenszielen zu verbessern, damit das Unternehmen zukünftige Herausforderungen bestehen kann, richten sich staatliche Förderprogramme weniger an Unternehmen als vielmehr am einzelnen Arbeitnehmer aus. Die meisten staatlichen Programme dienen dazu, Dequalifizierung von Arbeitslosen zu vermeiden, oder besonders benachteiligte Gruppen am Arbeitsmarkt gezielt zu fördern. Die staatliche Förderung ist grundsätzlich eher finanzieller oder infrastruktureller Art.

Aufgabe 3

Die Cartech GmbH ist Zulieferer der Automobilindustrie. Es werden Elektronikkomponenten für die Motorsteuerung entwickelt und hergestellt. Nun hat die Entwicklungsabteilung auf Kundenanforderung ein neues Motorsteuerungsmodul als Prototyp angefertigt, der bald ins Produktionsprogramm aufgenommen werden soll. Die Fertigungsmitarbeiter und Schichtführer sollen entsprechend vorbereitet und geschult werden.

a) Beschreiben Sie den möglichen Aufbau eines solchen Schulungsprogramms
b) Nennen Sie Lernmethoden und Lernmittel, die zum Einsatz kommen könnten.
c) Beschreiben Sie Maßnahmen zur Sicherstellung des Lernerfolges.

Lösungsansatz

a) Aufbau eines Schulungsprogramms

Das neue Motorsteuerungsmodul sollte zunächst in einer Art Einführungsveranstaltung allen betroffenen Mitarbeitern vorgestellt werden. Dabei soll umfassend über das Produkt als solches informiert werden. Die Möglichkeit, Fragen zu stellen sollte dabei eingeräumt werden. Anschließend erhalten Schichtführer und Fertigungsmitarbeiter gesonderte Trainingsmaßnahmen, die auf den jeweiligen Arbeitsplatz fokussiert sind. In Übungseinheiten werden Probeläufe getestet und gegebenenfalls der weitere Qualifizierungsbedarf individuell festgelegt.

b) Lernmethoden und Lernmittel

Vorträge zur Vorstellung des neuen Produktes, eventuell E-Learning Module, die den Aufbau des Produktes zeigen, individuelle Einweisung und Übungen an Modellgruppen.

c) Maßnahmen zur Sicherstellung des Lernerfolgs

Der Lernerfolg zeigt sich zunächst an der Fehlerquote und an der Arbeitsgeschwindigkeit, die bestimmte Prozesse brauchen. Wichtig ist in der Anfangsphase die regelmäßige Kontrolle und Überprüfung der Fehlerquoten. Gegebenenfalls lassen sich hier mit Einzeleinweisungen Qualifizierungsdefizite beheben. Die Produkt- und Prozessqualität ist laufend zu kontrollieren.

Aufgabe 4

Die Neuhuber GmbH will ein Entwicklungsprogramm für jüngere Mitarbeiter entwickeln, die als Potenzialträger für eine Führungsaufgabe in Frage kommen. Es soll gezielt auf die Wahrnehmung von Führungsaufgaben vorbereiten. Sie sollen die Projektleitung übernehmen.

a) Beschreiben Sie mögliche Ziele, Inhalte, Methoden sowie den Aufbau eines Entwicklungsprogramms.
b) Erläutern Sie, wie das Programm intern positioniert/vermarktet werden soll, damit es erfolgreich realisiert werden kann.
c) Nennen Sie Maßnahmen zur Sicherung des Lernerfolges bzw. des Lerntransfers.
d) Die Neuhuber GmbH möchte ältere Mitarbeiter in das Programm einbinden. Beschreiben Sie geeignete Möglichkeiten der Einbindung.

Lösungsansatz

a) Beschreibung des Entwicklungsprogramms

Ziel eines Mitarbeiterentwicklungsprogrammes für Potenzialträger ist die Vorbereitung auf eine weiterführende Aufgabe innerhalb des Unternehmens,

z. B. für die Übernahme einer Führungsverantwortung. Daraus ergeben sich verschiedene „Teilziele", die wie folgt beschrieben werden können:

- Verbesserung der Kommunikation (innerhalb und zwischen den Abteilungen)
- Förderung der persönlichen Entwicklung des Mitarbeiters
- Bildung eines unternehmensinternen Netzwerkes
- Verbesserung des Verständnisses der strategischen Ausrichtung des Unternehmens.

Dazu sollen insbesondere die Schlüsselqualifikationen trainiert werden. Folgende Module seien beispielhaft erwähnt:

- Selbstmanagement und Arbeitsorganisation
- Schärfung des persönlichen Profils
- Zusammenarbeit im Team
- Projektmanagement
- Präsentationstraining
- Führung und Kommunikation

Als Methoden kommen in Betracht:

- Impulsvorträge
- Kommunikationstrainings
- Outdoortraining
- Projektarbeiten
- Gruppen- und Einzelarbeiten.

b) Positionierung des Programms

Wichtig für die Positionierung und interne Vermarktung eines solchen Programmes ist eine hohe „Sichtbarkeit". Das Commitment der Geschäftsführung und der wichtigsten Führungskräfte ist ausschlaggebend für den Erfolg des Programmes. Innerhalb des Programmes kann eine Projektarbeit durchgeführt werden, die für das Unternehmen wichtige Ergebnisse erbringen soll. Die Projektergebnisse sollten intern z. B. durch eine Präsentation vor den Führungskräften und/oder einen Bericht in der Mitarbeiterzeitschrift dokumentiert werden.

c) Sicherung des Lernerfolges

Zur Sicherung des Lernerfolges können Follow-up-Workshops installiert werden, die nach einer gewissen Zeit die Anwendung der Seminarinhalte in der Praxis reflektieren helfen. Weitere Unterstützungsmaßnahmen sollten besprochen werden. Auch die jeweilige Führungskraft kann den Transfer in die Praxis begleiten, indem sie herausfordernde Aufgaben und Projekte an die Seminarteilnehmer vergibt.

d) Einbindung von älteren Mitarbeitern

Zur Sicherstellung des Lernerfolges und des Wissenstransfers bieten sich auch ältere Mitarbeiter an, die als Mentoren die Seminarteilnehmer begleiten und jeweils ein „Zweiergespann" bilden. Aufgabe der Mentoren wäre es, gemeinsam mit dem Seminarteilnehmer die Übertragung der Lerninhalte auf die konkrete Arbeitspraxis zu reflektieren.

Aufgabe 5

Experten gehen davon aus, dass der heutige Berufsanfänger mehrere Arbeitgeberwechsel in seiner Berufslaufbahn haben wird. Erfahrungen zeigen, dass der erlernte Beruf nur bedingt und zum Teil kurzfristig oder gar nicht dem ausgeübten Beruf entspricht. Im Laufe des Berufslebens verändern sich permanent die Anforderungen und das Wissen. Erläutern Sie vor diesem Hintergrund den Begriff der „Arbeitsmarktfähigkeit" (Employability).

Lösungsansatz

Arbeitsmarktfähigkeit oder „Employability" wird angesichts des schnellen wirtschaftlichen wie unternehmerischen Wandels zu einer immer wichtigeren Einstellung von Arbeitnehmern. Es bedeutet, sein eigenes Qualifikationsprofil ständig zu überprüfen und den Arbeitsmarktgegebenheiten anzupassen. Wo liegen meine Kernfähigkeiten, wo liegen meine Einsatzmöglichkeiten auf dem Arbeitsmarkt. Nicht mehr die Karriere in einem Unternehmen wird so in den Blick genommen, sondern der Arbeitsmarkt generell. Das schließt selbstgewählte Arbeitgeberwechsel mit ein. Der Umgang mit Unsicherheiten und ständigem Wandel gehört ebenso dazu wie das Vertrauen in die eigenen Fähigkeiten und die ständige Anpassung an neue Rahmenbedingungen. Dort wo Arbeitsplatzsicherheiten brüchig werden, gewinnt die Arbeitsmarktfähigkeit an Bedeutung.

4.4 Qualitätsmanagement in der Personal- und Organisationsentwicklung umsetzen

Aufgabe 1

Ihr Unternehmen stellt mit 450 Mitarbeitern hochwertige Büromöbel her. Seit einiger Zeit wird überlegt, ob die Einführung eines Qualitätsmanagements in den Bereichen Produktion, Kundenservice sowie im Personalbereich eine grössere Akzeptanz bei den Kunden bewirken kann.

a) Stellen Sie dar, welche Zusammenhänge es zwischen Qualität und Qualitätsmanagement gibt!

b) Erläutern Sie drei Merkmale für Produktqualität und Dienstleistungsqualität!

Lösungsansatz

a) Qualität und Qualitätsmanagement

Unabhängig von den verschiedenen Ansätzen zur Begriffsbestimmung von Qualität bezieht sich Qualität immer auf ein Resultat, also z. B. auf ein optimiertes Produkt oder eine verbesserte Dienstleistung. Sichtbar wird die Qualität durch die Akzeptanz der Kunden, d. h. externe Kunden wie Käufer, Lieferanten, Banken, aber auch interne Kunden wie Geschäftsleitung, Führungskräfte, Mitarbeiter, Betriebsrat. Ist die Akzeptanz des Kunden nicht gegeben, können alle Qualitätsanstrengungen noch so gross gewesen sein, sie waren vergebens.
Steht bei Qualität demnach das Resultat und der Nutzen für den Abnehmer im Vordergrund, geht es beim Qualitätsmanagement um den Weg hin zu dem Resultat, um Arbeitsabläufe, Prozesse, also um die Gestaltung der Qualität.

b) Produktqualität und Dienstleistungsqualität

Produktqualität kann erreicht werden durch Verringerung von Durchlaufzeiten, bessere Produktkontrollen, bessere technische Standards, zuverlässigere Prüfverfahren, weniger Ausschuss, bessere Rohstoffe. Es handelt sich hierbei eher eine um messbare Qualitätsverbesserung, die auch relativ leicht nachzuweisen und zu dokumentieren ist.
Dienstleistungsqualität ist schwieriger zu messen, darzustellen und nachzuweisen. Sie ist auch schwieriger als Produktqualität zu erreichen, weil sie sich eher auf der Verhaltensebene als auf der Sachebene abspielt. Dienstleistungsqualität lässt sich am Grad der Kundenorientierung ablesen, teilweise auch an der Kundenzufriedenheit. Die Mitarbeiter können vielleicht mit einer durchgeführten Betriebsklimanalyse zufrieden sein, wenn Sie nicht von vornherein in diesen Prozess eingebunden wurden, ist die Kundenorientierung des Personalbereichs gering gewesen.

Aufgabe 2

Im Zusammenhang mit Qualitätsmanagement werden auch die Begriffe Lean Management, KAIZEN und TQM benutzt. Erläutern Sie diese drei Begriffe!

Lösungsansatz

Lean Management

- will höhere Produktivität und
- bessere Qualität durch
- Verschlankung der Hierarchien,
- Orientierung an Prozessen und
- neueren Arbeitsformen (Teamarbeit, Projektarbeit, Qualitätszirkel)

KAIZEN

- ist ein kontinuierlicher Verbesserungsprozess (KVP)
- setzt vor allem an den Prozessen, weniger an den Ergebnissen an
- richtet sich vor allem an die Mitarbeiterorientierung in Hinblick auf Prozessqualität
- suggeriert die Akzeptanz des steten Wandels

TQM (Total Quality Management)

- bedeutet die Ausrichtung aller Mitarbeiter auf Q-Ziele, Q-Planung, Q-Kontrolle
- durch ständiges Bewusstmachen dieser Orientierung
- und angestrebte Null-Fehler-Arbeit

Aufgabe 3

Im Rahmen eines Qualitätsmanagements wird über die Einführung einer Vorgesetzten-Einschätzung nachgedacht.

a) Nennen Sie je drei allgemeine und unternehmensspezifische Dimensionen der Vorgesetzten-Einschätzung!
b) Erläutern Sie zwei Problemfelder hinsichtlich der Umsetzung und des Feedbacks!

Lösungsansatz

a) Dimensionen der Vorgesetzten-Einschätzung

Allgemeine Dimensionen orientieren sich den Anforderungen an jede Führungskraft in jedem Betrieb und sind z. B.

- Entscheidungsfreude und -fähigkeit
- Planungs- und Organisationsgeschick

- Information der Mitarbeiter
- Förderung der Mitarbeiter
- Kommunikationsfähigkeit
- Selbstmanagement

Unternehmensspezifische Dimensionen sind solche, die im Zusammenhang mit der Aufgabenerfüllung typisch für die individuelle Führungskraft sind, z. B.

- Umsetzung des Qualitätsmanagements
- Grad der Kundenorientierung
- Abschluss von Zielvereinbarungen mit den Mitarbeitern
- Grad der Zielerreichung
- Umsetzung von Gruppenarbeit im seinem Bereich
- Förderung der Kreativität und Innovationsbereitschaft bei den Mitarbeitern

b) Problemfelder

Umsetzung

Die Einschätzung des Vorgesetzten durch den Mitarbeiter sollte flankiert werden durch eine Selbsteinschätzung des Vorgesetzten oder sogar durch eine Einschätzung des Vorgesetzten durch seine Vorgesetzten.
Die Vorgesetzten-Einschätzung erfolgt häufig auf freiwilliger Basis, d. h. die Führungskräfte entscheiden selbst darüber, ob sie dieses Instrument einsetzen wollen. Es sollte selbstverständlich sein, dass sich alle Führungskräfte dieser Fremdeinschätzung unterziehen.

Feedback

Eine Vorgesetzten-Einschätzung erfolgt häufig anonym, vor allem wenn sie als Beurteilung verstanden wird. Das dient angeblich dem Schutz der Vorgesetzten. Die Einschätzung sollte gegenüber dem Personalbereich und den Vorgesetzten der Führungskraft vertraulich behandelt werden. Es geht um ein Feedback der Mitarbeiter an die Führungskraft und nicht um die Bereitstellung von Sanktionsgründen oder gar Hebeln zur Selektierung von Führungskräften
Ein Feedbackgespräch sollte zeitnah an die erfolgte Einschätzung stattfinden und ggf. moderiert werden. Die Ergebnisse sollten (schriftlich) festgehalten werden, um den Erfolg dieser Feedback-Runde später dokumentieren zu können.

Aufgabe 4

Beschreiben Sie den Ablauf eines Zertifizierungsprozesses!

Lösungsansatz

Entscheidung zu einem Zertifizierungsprozess

Dazu gehören der unbedingte Wille und die Zustimmung zu diesem Vorhaben. Bei auch nur geringem Zweifel an der Sinnhaftigkeit sollte Abstand von diesem auch kostenverursachenden Prozess genommen werden. Die Entscheidung umfasst auch die Klärung, auf welche Unternehmensbereiche sich die Zertifizierung erstrecken soll.

Planung des Zertifizierungsprozesses

Eine erstmalige Zertifizierung erfüllt alle Voraussetzungen eines Projektes, also ist es nur logisch, einen Projektauftrag zu erteilen und ein verantwortliches Projektteam einzusetzen.

IST-Aufnahme und kritische Analyse der relevanten Prozesse

Die vollständige Erfassung der betrieblichen Prozesse und ihre Verzahnung untereinander werden anschliessend kritisch überprüft. Dazu gehören auch die Verfahren und Methoden, die bisher in diesen Prozessen angewendet wurden. Diese Phase und die damit verbundene Dokumentation bildet die Grundlage für die spätere Zertifizierung.

Kontakt mit den Zertifizierern

Diese sind langfristige Prozessbegleiter und -berater und sollten sorgfältig ausgewählt werden, da nicht nur deren Fachkompetenz, sondern vor allem ihre Methoden- und Sozialkompetenz gefragt ist.

Gestaltung und Entwicklung

Das Projektteam hat jetzt die Aufgabe, zusammen mit allen Beteiligten im Unternehmen Prozesse neu zu gestalten, Verfahrensanweisungen zu erstellen und neue Methoden für den Arbeitsablauf vorzuschlagen.

Dokumentation

Im Wesentlichen besteht die Dokumentation aus der Definition der unternehmerischen Qualitätspolitik, dem Qualitätshandbuch, dem Verfahrenshandbuch und der Dokumentation des QM-Systems.

Einführung und Evaluation

Nach einem Probedurchlauf und der Durchführung von internen Audits, verbunden mit einer unmittelbaren Korrektur erfolgt die externe Zertifizierung durch Audits.

4.5 Führungsmodelle und Führungsinstrumente anwenden, Führungskräfte beraten

Aufgabe 1

Beschreiben Sie einen idealtypischen Ablauf einer Teambesprechung.

Lösungsansatz

Einleitung

In dieser Phase sollen das Ziel der Besprechung genannt sowie der Ablauf und der Zeitplan festgelegt werden. Der Moderator verteilt einzelne Rollen (Verantwortlicher für das Protokoll, Verantwortlicher für das Einhalten der geplanten Zeit für die Besprechungspunkte)

Hauptteil

In diesem Teil werden die einzelnen Tagesordnungspunkte abgearbeitet. Hier kommt dem Moderator eine zentrale Aufgabe zu. Er ist dafür verantwortlich, dass die Besprechungspunkte effizient bearbeitet werden. Dazu gehört u. a. das gemeinsame Verständnis darüber, ob es in dem jeweiligen Besprechungspunkt um eine Information, eine Diskussion und/oder eine Entscheidung geht. Ferner muss der Moderator zusammen mit dem Zeit-Master darauf achten, dass einzelne Besprechungspunkte nicht über den vorgesehene Zeit hinaus behandelt werden. Ansonsten müssen Besprechungspunkte auf der Agenda gestrichen oder auf die nächste Besprechung verschoben werden.

Abschluss

Die Besprechungsergebnisse werden zusammengefasst und das weitere Vorgehen festgelegt. Wichtig ist, dass jede Besprechung mit einem konkreten Aktionsplan endet. Die Teilnehmer müssen Klarheit darüber haben, wer, was, bis wann zu erledigen hat. Die Abarbeitung der Aufgaben muss spätestens bei der nächsten Besprechung nachgehalten werden.

Aufgabe 2

Erläutern Sie, wie sich die Motivation des Mitarbeiters auf dessen Leistung auswirkt.

Lösungsansatz

Die Motivation eines Mitarbeiters hängt in der Regel von drei Faktoren ab

1. Der Bereitschaft des Mitarbeiters, Leistung zu erbringen sowie seinem Engagement

2. Den Möglichkeiten zur Leistungserbringung. Dies ist vordringliche Aufgabe der Führungskraft, die dafür Sorge trägt, dass die Bedingungen für die Leistungserbringung vorhanden sind, so z. B. ein gut ausgestatteter Arbeitsplatz, präzise definierte Anforderungen und herausfordernde Ziele.
3. Die Fähigkeit zur Leistungserbringung. Hierfür sind Mitarbeiter und Führungskraft verantwortlich, indem sie dafür sorgen, dass der Mitarbeiter die entsprechenden Qualifikationen hat (oder sich erwirbt), um seine Arbeit auszuführen.

Das folgende „Motivationsdreieck" verdeutlicht den Zusammenhang der drei Faktoren:

Aufgabe 3

Erläutern Sie Sinn und Zweck von Coachingmaßnahmen.

Lösungsansatz

Durch ein Coaching soll die eigene Wahrnehmung geschult und verbessert werden, die Handlungskompetenzen sollen gestärkt und die Selbstreflexion gezielt unterstützt werden. Jeder Mensch hat ungenutzte Potenziale und Stärken. Diese gilt es bewusst zu machen und zu stärken. Besondere Herausforderungen oder neue Situationen sollen analysiert und reflektiert werden. Handlungsalternativen sollen diskutiert und neue Vorgehensweisen entwickelt werden. Coachingmaßnahmen werden vor allem mit Führungskräften durchgeführt, damit diese zeitnah und effizient ihr Profil schärfen. Dazu gehört es, die Stärken zu verstärken und die Schwächen (Entwicklungsbedarfe) insoweit zu kompensieren, wie es für die aktuelle oder künftige Aufgabe erforderlich ist. Der wesentliche Vorteil des Coachings gegenüber Seminaren besteht darin, dass die Entwicklungsbedarfe individuell und sehr fokussiert bearbeitet werden können. Da es sich im Rahmen eines Coachings oftmals um Fragen der sozialen Kompetenz sowie des Persönlichkeitsprofils handelt, ist eine individuelle Vorgehensweise erforderlich. Vor diesem Hintergrund ist es wichtig, dass im Vorfeld der Maßnahmen die Entwicklungsbedarfe sorgfältig ermittelt werden. Ferner sollte das Ziel des Coachings in einem Briefing-Gespräch mit dem Coach genau definiert werden. Die Praxis zeigt, dass die Einbindung des Personalmanagers in das Briefing-Gespräch von großer Bedeutung ist, damit im Rahmen des Coachings die Interessen des Unternehmens und die Einschätzung des Coachees durch Führungskräfte, Kollegen und Mitarbeiter berücksichtigt werden.

Aufgabe 4

a) Nennen Sie typische Rollen einer Führungskraft.
b) Erläutern Sie die Kernaufgaben einer Führungskraft.

Lösungsansatz

a) Rollen

- Manager
- Organisator
- Koordinator
- Gestalter für Zusammenarbeit
- Potenzial- bzw. Persönlichkeitsentwickler
- Ideengeber
- Motivator
- Entscheider
- Verantwortungsträger
- Prozessbegleiter

b) Aufgaben

Vereinbarung von Zielen

Dabei geht es darum, mit Mitarbeitern herausfordernde, an das jeweilige Arbeitsgebiet angepasste Ziele zu vereinbaren, die aus der Unternehmensstrategie abgeleitet sind. Erst anhand konkret vereinbarter und terminierter Ziele kann die Umsetzung zielgerichtet erfolgen. Aufgaben können entsprechend definiert, zu Arbeitspaketen zusammengefasst und gegebenenfalls delegiert werden.

Kontrollen

Es geht nicht um eine Dauerbeobachtung von Mitarbeitern, sondern darum, Prozesse aufmerksam zu begleiten, um gegebenenfalls korrigierend eingreifen zu können. Wichtig ist darüber hinaus, dem Mitarbeiter ein entsprechendes Feedback zu Leistung und Verhalten geben zu können.

Entscheidungen

Sowohl auf operativer wie auf strategischer Ebene sind täglich Entscheidungen von kurzer, mittlerer oder längerfristiger Reichweite zu treffen. Ziel einer effektiven Führung ist es jedoch auch, die Mitarbeiter zu ermutigen, selbständige Entscheidungen in ihrem jeweiligen Verantwortungsbereich zu treffen. Dies ist ein Zeichen vertrauensvoller Zusammenarbeit, bei der die Mitarbeiter nicht entmündigt werden.

Organisation

Es geht darum, Arbeitsprozesse, Mitarbeiter und Ressourcen in optimaler Weise abzustimmen, um eine effiziente Arbeitsorganisation zu erreichen.

Förderung der Mitarbeiter

Führungskräfte sind immer auch Personalentwickler. Sie sollten die vorhandenen Mitarbeiter ermutigen, sich weiter zu entwickeln und sie in ihrem beruflichen Werdegang unterstützen. Führungskräfte sollten Mitarbeitern herausfordernde Aufgaben übertragen, an denen diese wachsen können. Nach dem Prinzip „Fördern und Fordern" sollen die Potenziale der Mitarbeiter zum Tragen kommen, damit Mitarbeiter weder über- noch unterfordert sind.

Aufgabe 5

Beschreiben Sie Merkmale der klasssichen Führungsstile!

Lösungsansatz

a) Klassische Führungsstile

Autoritärer Führungsstil

- Entscheidungen werden allein vom Vorgesetzten getroffen
- Aufgaben werden befehlsgemäß angeordnet
- Informationen werden nur auf dem Dienstweg weitergegeben
- Übermäßige soziale Distanz des Vorgesetzten zum Mitarbeiter
- Aufrechterhaltung der Disziplin steht im Vordergrund
- Vorgesetzter pocht auf Amtsautorität
- Kritik ist nicht konstruktiv
- Gruppenbildung ist nicht erwünscht
- Geringe Entwicklungsmöglichkeiten der Mitarbeiter
- Fehlende Motivation der Mitarbeiter zur Eigeninitiative
- Gefahr von Fehlentscheidungen durch den Vorgesetzten
- Zeitverlust durch häufige Kontrollen

Kooperativer Führungsstil

- Mitarbeiter werden bei Entscheidungsfindung beteiligt
- Prinzip der Delegation wird konsequent umgesetzt

- hierarchische Distanz wird als hinderlich angesehen
- persönliche Autorität des Vorgesetzten ist wichtig
- Legitimation der Führung geschieht durch Akzeptanz
- Informationen werden leicht zugänglich gemacht
- Mitarbeiter kontrollieren sich selbst
- Vorgesetzter kontrolliert in Form von Ergebniskontrollen
- soziale Bedürfnisse, Statusstreben und der Wunsch nach Selbstverwirklichung werden befriedigt
- entspanntes Betriebsklima

Lassez-faire-Stil

- Vorgesetzter kontrolliert selten und lässt die Mitarbeiter gewähren
- Vorgesetzter ist ausschliesslich leistungs- und nicht mitarbeiterorientiert
- Führungskraft neigt zu weichem Kurs und übersieht unerwünschtes Verhalten der Mitarbeiter
- Vorgesetzter bemüht sich nicht, bei Mitarbeitern Interessen und Aktivitäten zu wecken
- Informationen fliessen mehr oder weniger zufällig

Aufgabe 6

Herr Huber, Abteilungsleiter Marketing in der Phonetechnics AG, möchte sich coachen lassen, und sucht bei Ihnen als Personalreferent Rat. Herr Huber bereitet sich auf die Nachfolge des Vertriebsbereichsleiters vor.

a) Nennen Sie Qualitätskriterien, die einen guten Coach kennzeichnen.
b) Erläutern Sie, wodurch ein Coaching sich von anderen Entwicklungsmaßnahmen unterscheidet.
c) Skizzieren Sie, wie ein Coachingprozess idealerweise verläuft.

Lösungsansatz

a) Qualitätskriterien

Ein guter Coach zeichnet sich aus durch

- Selbstreflexion
- Offenheit für unterschiedliche Menschen
- eigene Berufs- und Lebenserfahrungen
- eine entsprechende psychologische Qualifikation
- Geduld und die Fähigkeit zu einem kritischen Feedback.

b) Besonderheiten des Coachings

Ein Coaching zielt auf Selbsterkenntnis. Das bedeutet, dass ein Coaching keine Rezepte oder Schulungsinhalte weitergibt, sondern dass der Coachee zusammen mit dem Coach seine eigenen Zielsetzungen reflektiert und ausarbeitet. Der Coachee soll seine eigenen Wertvorstellungen, Ziele und Handlungsmotive durch eigene Einsicht erkennen. Der Coach spielt die Rolle eines „Sparringspartners", der Feedback gibt und den Coachingprozess zielgerichtet leitet. Im Gegensatz dazu werden bei Schulungsmaßnahmen Lerninhalte vermittelt oder in Trainings Kompetenzen geschult.

d) Coachingprozess

Erstgespräch Es werden Erwartungen und Ziele geklärt
↓
IST-Analyse der Person Werte, Motive und Ziele werden analysiert
↓
Erarbeiten der SOLL-Persönlichkeitskultur Klärung der Frage, was erreicht werden soll
↓
Erarbeitung des Coaching-Konzepts Klärung der Frage, wie es erreicht werden soll
↓
Durchführung der festgelegten Maßnahmen

Aufgabe 7

Im Folgenden werden beispielhaft Leitlinien für Mitarbeiter von Johnson & Johnson vorgestellt:

- Integrität
- Selbsterkenntnis und Anpassungsfähigkeit
- Zusammenarbeit und Teambildung
- Ergebnis- und Leistungsorientierung
- Übernahme von kalkulierten Risiken
- Gespür für Dringlichkeit
- Strategisches Denken
- Den Gesamtzusammenhang sehen, ohne Details aus den Augen zu verlieren
- Wissbegierde
- Organisations- und Talententwicklung

Für Führungskräfte werden folgende ergänzende Anforderungen formuliert:

- Handelt entschlossen – steht zu Entscheidungen
- Handelt konsequent im Umgang mit Mitarbeitern mit schwacher Leistung

- Agiert sicher in vieldeutigen und/oder unsicheren Situationen
- Stellt das Interesse des gesamten Unternehmens über die Bedürfnisse des eigenen Bereichs
- Ist offen für die Meinungen und Ideen aller
- Stellt sich nötigen Konflikten
- Sieht den Gesamtzusammenhang ohne die Details aus den Augen zu verlieren

a) Wie lassen sich diese Leitlinien in den Alltag übertragen? Beschreiben Sie Indikatoren, die die Leitlinien für Mitarbeiter verdeutlichen.
b) Erläutern Sie warum die Anforderungen für Führungskräfte wichtig sind, gegebenenfalls durch Beispiele.

Lösungsansatz

a) **Indikatoren**

Integrität	– Sagt immer die Wahrheit, auch wenn die Wahrheit unangenehm ist; hält nichts zurück, was gesagt werden muss. – Behandelt Menschen mit Respekt und Würde.
Selbsterkenntnis und Anpassungsfähigkeit	– Fordert aktiv Feedback ein. – Schätzt und nutzt konstruktive Kritik.
Zusammenarbeit und Teambildung	– Zeigt die Fähigkeit zur Zusammenarbeit mit Teams und Einzelpersonen. – Erkennt andere für ihre durch Teamarbeit und Zusammenarbeit erzielten Leistungen an.
Ergebnis- und Leistungsorientierung	– Hält sich selbst für eine konforme und fehlerlose Durchführung verantwortlich. – Fordert andere heraus, den Kunden zum Mittelpunkt ihres Denkens zu machen. – Akzeptiert gerne herausfordernde Ziele
Übernahme von kalkulierten Risiken	– Geht Risiken ein, um Innovation voranzutreiben. – Zeigt den Mut, Ideen und Meinungen, die sich von denen anderer Personen unterscheiden, alleine zu vertreten.
Gespür für Dringlichkeit	– Kann Informationen schnell aufnehmen und verarbeiten. – Identifiziert und ergreift neue Geschäftschancen. – Zeigt eine klare Handlungsbereitschaft und konzentriert sich auf Prioritäten.

Strategisches Denken	– Denkt strategisch, um Wachstum zu erzeugen, die finanzielle Leistung zu verbessern und einen globalen Wettbewerbsvorteil zu erzielen – Erleichtert anderen das Verständnis für komplexe Probleme. – Setzt Vision und Strategie in durchführbare Ziele und Prioritäten um.
Den Gesamtzusammenhang sehen, ohne Details aus den Augen zu verlieren	– Implementiert beste Praktiken und Systeme, die zu einer wesentlichen Verbesserung der Geschäftsabwicklung führen. – Sorgt für ein gutes Gleichgewicht zwischen notwendigen kurzfristigen Geschäftsergebnissen und langfristigem Nutzen für das Unternehmen.
Wissbegierde	– Verfolgt Branchentrends und versteht die Strategien der Konkurrenten sowie deren Auswirkungen und Relevanz für das Geschäft. – Ist daran interessiert, zu verstehen, wie globale Trends sowohl Herausforderungen als auch Chancen erzeugen. – Hört aktiv zu und ist offen für die Ideen anderer.
Organisations- & Talententwicklung	– Zeigt die Fähigkeit, andere zu inspirieren und zu motivieren. – Identifiziert Talent und Potential in anderen. – Gibt und empfängt konstruktives und ehrliches Feedback.

b) Anforderungen für Führungskräfte

Entschlossenheit

Führungskräfte müssen für Mitarbeiter berechenbar sein. Verlässlichkeit bedeutet, Entscheidungen zu treffen, diese deutlich und angemessen zu kommunizieren und hinter den Entscheidungen zu stehen.

Konsequenz im Umgang mit schwachen Mitarbeitern

Mitarbeiter müssen klar erkennen können, wie Führungskräfte ihre Leistung beurteilen. Erst die Klarheit des Feedbacks kann zu Verhaltensänderungen führen. Insofern müssen auch schwache Leistungen thematisiert werden, auch um gerecht gegenüber leistungsstärkeren Mitarbeitern zu sein.

Sicheres Agieren

Oftmals muss eine Führungskraft Entscheidungen in unklaren Situationen oder mit ungenügender Information treffen. Wichtig ist in solchen Situationen, eindeutig Stellung zu beziehen und danach zu handeln. Unsicheres Agieren würde dazu führen, dass sich Unsicherheit auf Mitarbeiter überträgt und sich negativ auf die Motivation auswirken kann.

Vertritt Interessen des Unternehmens

Es kommt bisweilen vor, dass die Abteilungsinteressen den Unternehmensinteressen entgegenstehen, wenn z. B. Kosteneinsparungen an anderer Stelle Qualitätseinbußen verursachen. In solchen Fällen von Interessengegensätzen ist es wichtig, dass die Führungskraft das Interesse des gesamten Unternehmens im Blick behält und nicht die Interessen der Abteilung höher bewertet.

Offenheit

Führungskräfte müssen offen sein für Ideen und Anregungen von Mitarbeitern und Kollegen. Nur so kann es zum Austausch kommen und Kreativität entstehen. Wichtig ist, dass Ideen und Anregungen aufgegriffen werden, und Realisierungschancen kritisch geprüft werden.

Stellt sich Konflikten

Konflikten kann nicht ausgewichen werden. Früher oder später wirken sie sich negativ aus, sei es in einer schlechten Arbeitsatmosphäre, fehlender Motivation oder noch extremer in Sabotage. Je früher Konflikte angegangen werden, umso eher kann eine Lösung herbeigeführt werden, die im Sinne aller Beteiligten liegt. Insofern muss sich eine Führungskraft Konflikten stellen und darf ihnen nicht aus dem Weg gehen.

Sieht den Gesamtzusammenhang

Eine Führungskraft sollte sich nicht in Details verlieren. Ihre Aufgabe ist es, die strategischen Herausforderungen für die Abteilung, das Team, den Bereich und das Unternehmen zu erkennen und danach zu handeln. Strategische Herausforderungen sind nur zu erkennen, wenn man sich den Blick für den Gesamtzusammenhang bewahrt.

Aufgabe 8

Vor dem Hintergrund der Einführung einer Qualitätsmanagements wird deutlich, dass die Führungskräfte in Ihrem Unternehmen überlastet sind, weil sie zu wenig Aufgaben nach unten delegieren.

a) Beschreiben Sie das Prinzip der Führung durch Delegation (Management by Delegation)
b) Erläutern Sie drei Voraussetzungen, die gegeben sein müssen, damit dieses Modell funktioniert!
c) Nennen Sie drei Vorteile, die sich bei konsequenter Anwendung des Delegationsprinzips ergeben!

Lösungsansatz

a) Prinzip

Führung durch Delegation bedeutet eine dauerhafte Übertragung von

- Aufgaben
- Kompetenzen und
- Verantwortung

auf die Stellen in der Hierarchie, die sie am besten wahrnehmen können. Dabei wird deutlich, dass dieses Führungsmodell über die reine Form der Übertragung von Aufgaben hinausgeht, bei der der Mitarbeiter nur mit der Ausführung beauftragt wird, genaue Anweisungen erhält und den Vorgesetzten bei jedem Problem zu fragen und zu informieren hat.

b) Voraussetzungen

- systematische Informationen der Mitarbeiter über ihre erweiterten Rechte und Pflichten
- Einführung von Stellenbeschreibungen, Funktionsbeschreibungen und Ausarbeitung von Führungsgrundsätzen und Führungsanweisungen
- Mitarbeiter müssen objektiv delegationsfähig (Eignung, Anforderungen, Know-how) und subjektiv delegationswillig (Neigung, Motivation) sein
- Rückdelegation an den Vorgesetzten und Weiterdelegation durch die Mitarbeiter müssen ausgeschlossen sein
- Klare Trennung in Handlungsverantwortung des Mitarbeiters und Führungsverantwortung des Vorgesetzten
- keine Übertragung von demotivierenden Routinearbeiten

c) Vorteile

- Der Vorgesetzte wird entlastet und kann sich stärker seiner Führungsverantwortung widmen
- Entscheidungen können sachgerechter und schneller getroffen werden
- Eigeninitiative, Leistungsmotivation und Verantwortungsbereitschaft der Mitarbeiter können durch die übertragene Handlungs- und Entscheidungskompetenz gefördert werden

Aufgabe 9

Ihr Unternehmen hat die schrittweise Einführung von Zielvereinbarungen beschlossen. Erfahrungen mit diesem Führungsmodell gibt es noch nicht. Sie sollen deshalb in einem Arbeitspapier das Grundsätzliche des Managements by Objectives (MBO)

darstellen.

a) Erläutern Sie den Prozess von Zielvereinbarungen
b) Beschreiben Sie, nach welchen Regeln Ziele formuliert werden sollten!

Burkhard Zicke

c) Die Führung von Zielvereinbarungen stösst in der Realität häufig schnell an schwer zu überwindende Grenzen. Erläutern Sie drei Problemfelder näher!

Lösungsansatz

a) Prozess

- Festlegung einer Zielhierarchie, d. h. Ableitung nachgeordneter Ziele aus Unternehmenszielen, Abteilungszielen. Dabei Weitergabe von Informationen über Objekte, Zeiträume und Verantwortliche
- Formulierung der Zielvorstellungen des Vorgesetzten und des Mitarbeiters.
- Durchführung von Zielveinbarungsgesprächen
- Ergebniskontrolle in Form von Mitarbeiterbeurteilungen
- Festlegung neuer Ziele

Dieses starre Ablaufschema wird in der Praxis durchbrochen durch die Kontrolle von Zwischenergebnissen mit der Möglichkeit, die ursprüngliche Vereinbarung abzuändern.

b) Formulierung von Zielen

Die Ziele müssen operationalisierbar sein, d. h. sie müssen so präzise formuliert sein, dass das Ergebnis des Handelns beobachtbar und eindeutig messbar ist. Die Ziele müssen für die Mitarbeiter realisierbar sein. Hierfür werden Bedingungen vereinbart und Indikatoren gesetzt. Im Vordergrund steht daher nicht die Handlung des Mitarbeiters, sondern das Ergebnis seines Handelns.
Einprägsam ist die SMART-Formel:

S	Spezifisch	auf den einzelnen Mitarbeiter zugeschnitten
M	Messbar	es muss ein Maßstab vorhanden sein
A	Attraktiv	die Zielvereinbarung muss Anreize enthalten
R	rational	die Ziele müssen erreichbar sein
T	terminiert	es müssen Fristen zur Erreichung gesetzt werden

c) Problemfelder

- Das Konzept ist anfällig gegen Missbrauchstendenzen, vor allem in Zeiten des starken Personalabbaus und des Lean Managements werden Zielvereinbarungen mehr und mehr durch Zielvorgaben ersetzt.
- Quantitative und damit eindeutig messbare Ergebnisse werden überbetont, kreative, innovative oder visionäre Zielsetzungen bleiben unberücksichtigt.
- Die Mitarbeiter sehen sich einem hohen Leistungsdruck ausgesetzt, der ständig ausgebaut wird

- Die Einhaltung von Plänen steht bei den Führungskräften im Vordergrund, andere Führungsaufgaben werden vernachlässigt oder kommen zu kurz
- Planung, Organisation und Kontrolle erfordern mitunter einen hohen administrativen Aufwand, es kommt zur Überbetonung des bürokratischen Kontrollsystems
- Ziele für Gruppen oder Teams sind schwer zu vereinbaren
- die Technik (Zielbildungs-, Planungs- und Kontrollprozess) ist sehr zeit- und kostenaufwendig
- es ist eine ständige Evaluation notwendig und die Einführung eines Controllings ist unerlässlich

Aufgabe 10

Trotz ausgefeilter Motivierungs- und Anreizprogramme in ihrem Unternehmen vermuten Sie in Teilen der Belegschaft eine starke Demotivation, der Sie entgegen wirken wollen.

a) Erklären Sie den Führungskräften, wo im Bereich des persönlichen Verhaltens von Mitarbeitern Hinweise für Demotivation sein können!
b) Beschreiben Sie Einflussfaktoren auf die Demotivation von Mitarbeitern!

Lösungsansatz

a) Hinweise für Demotivation

können sein, wenn ein Mitarbeiter

- zu vermehrten Fehlzeiten neigt
- für sich keine Aufstiegschancen mehr sieht
- Dienst nach Vorschrift macht
- Entscheidungen von Vorgesetzten stets kritisch kommentiert
- zum Ja- oder Nein-Sager wird
- sich bei seinem Auftreten zurückhält
- Eingriffe in seinen Arbeitsbereich kommentarlos hinnimmt
- vor allem mit Dritten über seine Arbeit spricht
- kein Interesse mehr an Auseinandersetzungen hat

b) Einflussfaktoren

organisationale Faktoren	Ablauforganisation, Aufbauorganisation
	Unternehmensleitbild, -kultur, -ziele
	Strategie des Unternehmens
gesellschaftliche Faktoren	Wertewandel
	Zeitgeist
	Zukunftschancen

interpersonelle Faktoren	Kollegen Kunden Führungskräfte
individuelle Faktoren	Erfahrungen Konflikte Wahrnehmung Interpretation

Aufgabe 11

Ihr Unternehmen will in allgemeinen Führungsanweisungen (Führungsrichtlinien) konkrete und verbindliche Verhaltensweisen für Führungskräfte und Mitarbeiter verankern.

a) Erläutern Sie, welche Bedeutung Unternehmens- und Führungsgrundsätze für die Erarbeitung solcher Führungsrichtlinien haben!
b) Nennen Sie 5 Führungsanweisungen (Führungrichtlinien)!

Lösungsansatz

a) Unternehmens- und Führungsgrundsätze

Unternehmensgrundsätze sind der Ausgangspunkt für die Ableitung personalpolitischer Leitbilder. Die Grundsätze sind der Ausdruck der Unternehmensphilosophie. Häufig finden die Unternehmensgrundsätze sich in Unternehmensleitbildern wieder, die sich in erster Linie nach aussen richten, z. B. an Kunden, Lieferanten, Banken, Gesellschaft. Unternehmensgrundsätze sind relativ offen und auf einem hohen Abstraktionsniveau formuliert, z. B.

- Einsetzen für den wirtschaftlichen Erfolg als dem obersten Ziel
- Handeln auch aus Verpflichtung gegenüber Kunden und Verbrauchern
- soziale Verantwortung für die Mitarbeiter
- sich der Bedeutung als regionalem Wirtschaftsfaktor bewusst sein

Führungsgrundsätze, auch als personalpolitische Leitbilder oder Führungsleitsätze bezeichnet, beziehen sich auf das Verhältnis der Unternehmensleitung zu den Mitarbeitern schlechthin. Auch sie sind noch relativ offen gehalten und werden auf einem mittleren Abstraktionsniveau formuliert. Dazu gehören z. B.

- Bedeutung der Mitarbeiter für den Unternehmenserfolg
- offene Kommunikation als Grundsatz der Zusammenarbeit der Träger der Personalpolitik
- kooperativer Führungsstil als Basis für das Verhältnis zwischen Führung und Mitarbeiter
- transpararente Informationspolitik des Unternehmens

b) Führungsanweisungen (Führungsrichtlinien)

sind auf konkrete Verhaltensregeln wie z. B.

- Verantwortung für die Einführung von Mitarbeitern
- Gleichbehandlungsregeln von Mann und Frau
- Unterscheidung von Handlungs- und Führungsverantwortung
- sichere Arbeitsplatzgestaltung
- Regeln für Kritik und Anerkennung
- Formen der Kontrolle der Mitarbeiter und ihrer Leistung
- Regeln für Teamarbeit
- Verhalten im Beschwerdefall und Einhaltung der Beschwerdewege
- Stellung von Fachvorgesetzten und Disziplinarvorgesetzten
- Organisation des betrieblichen Vorschlagswesens oder Ideenmanagements
- Grundsätze der Informationspolitik

Führungsanweisungen (Führungsrichtlinien) sind für das gesamte Unternehmen oder Teile des Unternehmens verbindlich. Sie sollten allen Betroffenen ausgehändigt und kommuniziert werden. Obwohl sie keinen Rechtscharakter haben, vermitteln sie dennoch ein Grundverständnis und einen Grundkonsens und wirken deshalb verhaltensbestimmend.

Aufgabe 12

Eine wichtige Führungsaufgabe besteht in der Kontrolle der Mitarbeiter und deren Leistung und Verhalten.

a) Erläutern Sie den Zweck von Kontrollmassnahmen!
b) Beschreiben Sie Merkmale von kooperativer, d. h. motivierender Kontrolle!
c) Erläutern Sie unterschiedliche Ansätze und Arten von Kontrolle!

Lösungsansatz

a) Zweck von Kontrollmassnahmen

Kontrolle ist ein wesentliches Instrument zur Unternehmenssteuerung. Im Prinzip geht es darum, rechtzeitig Ursachen für Zielabweichungen zu finden, um noch ebenso rechtzeitig Korrekturmassnahmen einleiten zu können. Es geht nicht darum, Schuldige zu identifizieren, sondern dem Mitarbeiter eine Rückmeldung über sein Leistungsverhalten zu geben. Dies umzusetzen erfordert aber sehr viel Führungskompetenz, denn die Wirklichkeit sieht meistens anders aus.

b) Merkmale motivierender Kontrolle

Kontrolle ist also vom Ansatz her nicht unbedingt demotivierend, die sachliche Notwendigkeit wird von Mitarbeitern durchaus eingesehen. Die Art und Weise, wie Kontrolle vom Vorgesetzten ausgeübt wird, ist letztlich dafür entscheidend, ob sie motivierend oder demotivierend wahrgenommen wird.

Motivierende Kontrolle erkennt man an

Offenheit

Der Mitarbeiter weiß, was kontrolliert wird und kennt die Methoden. Er erwartet eine Rückmeldung in Form von Anerkennung oder Kritik

Klarheit

Kontrolle erfordert Maßstäbe, Normen und Regeln, an denen das Leistungsverhalten gespiegelt wird. Diese Maßstäbe müssen eindeutig und gerecht sein

Sachlichkeit

Kontrolle muss korrekt durchgeführt werden und darf nicht persönlich werden, obwohl sie natürlich persönlich erfolgen muss.

Taktgefühl

Kontrolle darf nicht verletzen, die Achtung vor dem Mitarbeiter muss erhalten bleiben.

c) Arten und Ansätze

Selbstkontrolle	Der Mitarbeiter überprüft seine Leistungen nach eigenem Ermessen
Fremdkontrolle	Führungskräfte, Controller oder technische Einrichtungen werden mit der Kontrolle beauftragt
Verfahrenskontrolle	Dabei geht es um Kontrollen des Prozesses, des Arbeitsablaufes und des Arbeitsverhaltens des Mitarbeiters
Ergebniskontrolle	Nicht das Zustandekommen, sondern allein das Ergebnis ist Gegenstand der Kontrollmassnahmen
Stichprobenkontrolle	Arbeitsleistungen werden durch wenige, aber systematisch ausgesuchte regelmässige oder zufällige Vorgänge kontrolliert
Gesamtkontrolle	Alle Tätigkeiten und Leistungen unterliegen einer permanten Kontrolle

4.6 Betriebliche Arbeitsformen mitgestalten, Grundsätze moderner Arbeits- und Lernorganisation umsetzen

Aufgabe 1

Die Geschäftsführung der Multiplan KG hat festgestellt, dass die Zusammenarbeit innerhalb der Führungsmannschaft nicht optimal ist. Die Kommunikation funktioniert schlecht, es herrscht Misstrauen.

a) Beschreiben Sie folgende Maßnahmen zur Lösung des Problems: Teamtraining, Gruppencoaching, Einzelcoaching.
b) Nennen Sie deren Vor- und Nachteile.

Lösungsansatz

a) Maßnahmen

In einem Teamtraining können allgemeine Einsichten vermittelt werden, z. B. können in einem Outdoortraining mit Erlebnisfaktor grundlegende Aspekte der Zusammenarbeit und der Führung thematisiert werden. Ein Gruppencoaching in Form eines Workshops geht im Gegensatz dazu detaillierter auf konkrete Probleme in der Kommunikation ein und versucht eine gemeinsame Lösungsstrategie zu erarbeiten. Das Einzelcoaching setzt beim einzelnen Mitarbeiter bzw. der einzelnen Führungskraft an. Im Fokus steht die Frage, was der Einzelne tun kann, damit die Kommunikation besser läuft, und wie sein Arbeitsgebiet sich besser organisieren lässt.

b) Vor- und Nachteile

Das Teamtraining hat häufig eine höhere Akzeptanz als Gruppen- oder Einzelcoaching, da es allgemeine Einsichten vermittelt, ohne detailliert auf konkrete Problemlagen einzugehen. Es geht dadurch aber nicht immer an die Wurzel der konkreten Problemlage. Das Gruppencoaching kann insbesondere dort auf Ablehnung stoßen, wo die Ursachen für Probleme lokalisiert sind. Mitarbeiter sperren sich unter Umständen, wenn sie erkennen, dass sie an schlechter Kommunikation und Zusammenarbeit beteiligt sind. Dadurch ist ein Gruppencoaching allerdings auch sehr effizient, da konkrete Probleme analysiert und abgestellt werden können. Ein Einzelcoaching wird nicht von jedem akzeptiert und es kann die genuin sozialen Aspekte mangelhafter Kommunikation und Zusammenarbeit nicht einbeziehen.

Aufgabe 2

a) Beschreiben Sie die Unterschiede zwischen Lernen-on-the-job und Lernen-off-the-job. Worin liegen Vor- und Nachteile?

b) Beschreiben Sie die Unterschiede zwischen Job-Rotation, Job-Enrichment und Job-Enlargement.
c) Nennen Sie Vorteile von Job-Rotation.
d) Erläutern Sie, wann und unter welchen Umständen der Einsatz von E-Learning sinnvoll ist.
e) Nennen Sie die Vorteile von E-Learning

Lösungsansatz

a) On-the-job und off-the-job

Lernen-on-the-job bedeutet, dass der Lernprozess am Arbeitsplatz stattfindet und zielgerichtet an der jeweiligen Arbeit ausgerichtet wird. Lernen-off-the-job findet in Seminaren, Trainings oder zu Hause in Eigenverantwortung statt. Der Vorteil von on-the-job-Maßnahmen liegt darin, dass Arbeiten und Lernen Hand in Hand gehen. Wichtig ist, dass der Mitarbeiter entsprechende Unterstützung bei Kollegen, Führungskräften und Mentoren findet. Teilweise ist jedoch ein Lernen-off-the-job angebrachter. Dann nämlich, wenn die Lerninhalte unabhängig vom Tagesgeschäft in Ruhe vermittelt werden sollen. Der Transfer in den Arbeitsalltag stellt dann natürlich eine eigene Herausforderung dar.

b) Job-Rotation, Job-Enrichment, Job-Enlargement

Job-Rotation bedeutet den Wechsel des Arbeitsplatzes oder des Aufgabenbereichs, während Job-Enrichment einen Aufgaben- und Verantwortungszuwachs meint. Das heißt der Arbeitsplatz bleibt gleich, es kommen aber weitere (qualitativ hochwertigere) Aufgaben hinzu. Job-Enlargement bedeutet einen Aufgabenzuwachs in quantitativer Hinsicht. Man kann hier auch von Aufgabenverbreiterung, Arbeitsfeldvergrößerung oder Arbeitseinsatzausdehnung sprechen.

c) Vorteile von Job-Rotation

- Erweiterung der Qualifikation des einzelnen Mitarbeiters
- Gegenseitige Vertretung in der Abteilung oder Gruppe wird erleichtert
- Eventuelle Fluktuation in der Abteilung lässt sich leichter ausgleichen
- Verbesserung der wechselseitigen Kommunikation
- Verbesserung des Verständnisses für andere Aufgaben und Abläufe.

d) Einsatz von E-Learning

E-Learning bietet sich besonders dort an, wo Mitarbeiter sich eigenständig Wissensgebiete aneignen können, wie z. B. bei Produktschulungen, EDV-Schulungen oder Schulungen im technischen Bereich. E-Learning stößt dort an Grenzen, wo ein differenziertes Feedback durch einen Trainer erforderlich wird.

e) Vorteile von E-Learning

- Qualifiziertes, flexibles und schnelles Schulungsinstrument
- Stellt bedarfsgerechtes Training zur rechten Zeit zur Verfügung
- Ermöglicht strukturiertes Lernen am Arbeitsplatz
- Fördert das Lernen außerhalb der Arbeitszeit
- Verkürzt unter Umständen den Zeitaufwand für Lernen und Training
- Nimmt auf individuelle Lerngewohnheiten und Lerngeschwindigkeiten Rücksicht
- Stellt eine einheitliche Trainingsquelle dar.
- Ist kostengünstig.

Aufgabe 3

Der Erwerb der beruflichen Handlungskompetenz soll durch handlungsorientiertes Lernen sichergestellt werden.

a) Erläutern Sie die Eckpfeiler dieses Konzeptes!
b) Welche Ziele verfolgt mit diesem Konzept?

Lösungsansatz

a) Eckpfeiler

Berufliche Handlungskompetenz wird begriffen als die Fähigkeit eines Mitarbeiters, seine Arbeit selbst zu planen, zu steuern und zu kontrollieren. Es handelt sich um einen ganzheitlichen Ansatz, der im Gegensatz zu bisherigem Lernen die fachlich-kognitive Komponente durch überfachliche Kompetenzen wie Methodenkompetenz und soziale Kompetenz ergänzt. Der Erwerb von Schlüsselqualifikationen ist ein wesentlicher Erfolgsfaktor bei diesem Lernansatz. Die Prinzipien des handlungsorientierten Lernens sind u. a.

- Lernen an realen betrieblichen Situationen
- Lernen in der Gruppe oder im Team
- selbstgesteuertes Lernen
- Vorgesetzter ist Lernbegleiter, Moderator oder Coach
- Informationsbeschaffung erfolgt durch den Lernenden selbst
- der Lernende ist für die Organisation seines Lernprozesse selbst verantwortlich
- Lernen ist dezentral und verbindet Arbeits- und Lernprozesse
- Lernen geschieht individuell

b) Ziele

Man verspricht sich durch das handlungsorientierte Lernen u. a.

- ein nachhaltigeres Lernen, d. h. längere Behaltenserfolge
- schnellere Umsetzung des Erlernten in den Arbeitsalltag

- ein motivierendes Lernen, weil es für den Lerner einsichtiger ist
- eine Entlastung von Vorgesetzten, Ausbildern und Trainern
- eine grössere berufliche Mobilität und Flexibilität der Mitarbeiter
- die Vermeidung von Lernschwierigkeiten und Lernhindernissen
- die Fähigkeit, das Lernen zu lernen
- die Verbesserung von Problemlösungspotenzialen
- die Erhöhung der Employability

Aufgabe 4

Nach einer Umstrukturierung ihres Personalbereiches soll die Personalarbeit von mehreren Referententeams wahrgenommen werden. Da diese neue Arbeitsform nicht verordnet werden kann, soll die Teamentwicklung von internen Trainern begleitet werden.

a) Erläutern Sie Ziele eines Teamtrainings!
b) Beschreibung Sie typische Merkmale in den Phasen der Teamentwicklung!

Lösungsansatz

a) Ziele eines Teamtrainings können sein

- ein gemeinsames Verständnis von Gruppenarbeit zu erzielen
- Vor- und Nachteile der Gruppenarbeit zu erleben und zu diskutieren
- Erfahrungen für typische Gruppenprozesse zu vermitteln
- Spielregeln für erfolgreiche Gruppenarbeit kennen zu lernen
- die eigene Rolle und die Veränderung der Aufgaben bei der Einführung von Gruppenarbeit zu diskutieren
- das soziale Zusammenwachsen der Gruppe zu fördern
- konkrete Maßnahmen für die zukünftige Gruppenarbeit zu vereinbaren

b) Phasen der Teamentwicklung

Jedes Team durchläuft auf der Beziehungsebene typische Entwicklungsstadien bzw. –phasen. Diese Prozesse sind notwendig zur Entwicklung eines erfolgreichen, selbstbewussten Teams.

Teamentwicklung bedeutet

- eine eigene Teamidentität zu entwickeln, die von jedem Teammitglied angenommen wird
- alle Teammitglieder mit ihren Leistungen und Emotionen ganzheitlich ernst zu nehmen
- das Zusammenwirken der Einzelnen im Team zu analysieren und zu optimieren
- die Einbindung und die Bedeutung des Teams für das Gesamtunternehmen herauszuarbeiten

In der Entwicklung dazu durchläuft ein Team mehrere Phasen:

- Testphase
  - höflich
  - unpersönlich
  - gespannt
  - vorsichtig
- Nahkampfphase
  - unterschwellige Konflikte
  - Konfrontation der Personen
  - Cliquenbildung
  - mühsames Vorwärtskommen
- Orientierungsphase
  - neue Umgangsformen
  - neue Verhaltensweisen
  - Feedback
  - Konfrontation der Standpunkte
- Verschmelzungsphase
  - ideenreich
  - flexibel
  - leistungsfähig
  - solidarisch
  - hilfsbereit

Aufgabe 5

Das Interesse an teilautonomen oder selbstregulierenden Arbeitsgruppen hat in den letzten Jahren vor allem in der Automobil- und Elektroindustrie zugenommen. Beschreiben Sie Konzeptmerkmale dieser Arbeitsform!

Lösungsansatz

Selbstregulation

Einer Gruppe von Mitarbeitern wird die Erstellung eines kompletten (Teil-) Produktes oder einer Dienstleistung überwiegend verantwortlich übertragen. Sie gehören zur regulären Organisationsstruktur, sind dauerhaft angelegt und ihre Mitglieder arbeiten konstant zusammen.

Flexibler Arbeitseinsatz

Der Arbeitseinsatz wird kollektiv und autonom durch die Gruppe geregelt. Dabei wird nach dem Prinzip der Job Rotation vorgegangen. Die Gruppenmitglieder sollen zwischen verschiedenen Arbeitplätzen wechseln und unterschiedliche Aufgaben wahrnehmen. Dies garantiert im Vertretungsfall die Kontinuität der Arbeit

Weiterbildung der Gruppenmitglieder

Damit die TAG funktionieren kann, müssen die Gruppenmitglieder für die Wahrnehmung unterschiedlicher Aufgaben qualifiziert werden. Diese Mehrfachqualifikation kann zu einer abwechslungsreicher erlebten Arbeit und zu einer breiteren Qualifikation der Mitarbeiter führen (Job Enlargement)

Ganzheitliche Arbeitsaufgabe

Entscheidendes Kennzeichen der Arbeit einer TAG ist, dass sie die Planung, Steuerung und Kontrolle der übertragenen Aufgaben zum grössten Teil selbst übernimmt. Dies umfasst vor allem Funktionen wie die Prozessgestaltung, den Mitteleinsatz, die Bestimmung der Feinsteuerung von Fertigungsaufträgen oder die Optimierung von Arbeitsbedingungen

Flache Hierarchien

Ausser einem Gruppensprecher, der die Gruppe nach aussen vertritt, entscheidet die Gruppe häufig nur in Grenzsituationen, ob sie einen formalen Vorgesetzten haben will und welchen

Aufgabe 6

Im Rahmen einer Qualifizierungsmassnahme sollen Mitarbeiter mit Hilfe eines neuen Personalinformationssystems die Anwesenheitszeiten der Mitarbeiter erfassen, analysieren und darstellen.

a) Erläutern Sie mit je einem Beispiel, welche Lernbereiche bei dieser Qualifizierung angesprochen werden!
b) Nennen Sie drei Lerntypen, denen Sie als Trainer dieser Qualifizierung begegnen können!
c) Welche Bedeutung hat die Kenntnis der Lerntypen für die Lernorganisation in diesem Fall?
d) Welche Methoden werden Sie einsetzen, um handlungsorientiertes Lernen zu ermöglichen?

Lösungsansatz

a) Lernbereiche

- Kognitiver Lernbereich („Kopf“)
  - Wissen
  - Erkennen
  - Begreifen

Beispiel: Kenntnisse des Arbeitszeitgesetzes, Erkennen von Überstunden und Mehrarbeit von Mitarbeitern

- Psychomotorischer Lernbereich („Körper“)
  - Gestik
  - Mimik
  - Motorik

Beispiel: Bedienung des Rechners, Eingeben von Daten

- Affektiver Lernbereich („Bauch, Herz")
  - Einstellungen
  - Gefühle
  - Werte
  - Normen

Beispiel: Sauberes, genaues Arbeiten, Wissen um die Bedeutung der Arbeitszeiterfassung für die Lohn- und Gehaltsabrechnungen, kundenorientiertes Arbeiten

b) Lerntypen

- Visueller Lerntyp
- Auditiver Lerntyp
- Haptischer Lerntyp

c)

Die Kenntnis der Lerntypen ist von Bedeutung für die methodische Aufbereitung des Lernstoffes und für die Auswahl der Medien für den Lernprozess. Da in jedem Menschen alle drei Lerntypen mit unterschiedlicher Verteilung verankert sind, gibt es die allein erfolgversprechende Methode nicht. Es ist deshalb darauf zu achten, dass es zu einem Wechsel in den Methoden und Medien kommt.

d) An Methoden eignen sich bei dieser Qualifizierung u. a. der Einsatz von

- Kurzvorträgen, um z. B. kognitive Lerninhalte kurz und prägnant zu vermitteln,
- e-learning, um z. B. den Mitarbeitern die Nacharbeit des Lernstoffes am Arbeitsplatz zu ermöglichen,
- Fallbeispielen, um z. B. die Umsetzung der Lerninhalte in die Praxis zu erleichtern,
- Gruppenarbeit, um komplexe Sachverhalte gemeinsam von der Gruppe bearbeiten zu lassen,
- Einzelcoaching, um z. B. lernschwächere Mitarbeiter gezielt zu unterstützen

Jede andere, zielführend begründete Methode ist anzuerkennen

Aufgabe 7

Ein Vorteil der Teamarbeit ist, dass die Entscheidungen, die in der Gruppe getroffen werden, zwar langsamer zustande kommen, aber durch die Synergieeffekte der Gruppe in der Regel qualitativ hochwertiger als Einzelentscheidungen sind.

a) Beschreiben Sie den Prozess einer Entscheidungsfindung im Team!
b) Nennen Sie Arbeitstechniken im Team, die Vorbereitung von Entscheidungen erleichtern!

Lösungsansatz

a) Prozessbeschreibung

1. Probleme analysieren
2. Probleme beschreiben und präzisieren
3. Entscheidung vorbereiten, Informationen systematisch sammeln
4. Entscheidungsfindung angehen, Ziele und Kriterien zusammenstellen
5. Alternativen präzisieren, mögliche Auswirkungen der Entscheidung darstellen
6. Alternativen gewichten/bewerten
7. Entscheidungsbasis/-alternativen präsentieren
8. Entscheiden und Entscheidung umsetzen

Diese Prozessbeschreibung kommt auch mit weniger Stufen aus!

b) Arbeitstechniken

- Action List und Themenspeicher
- Baumdiagramm
- Brainstorming
- Datenblatt und Flussdiagramm
- Delphi-Methode
- Entscheidungstabellentechnik
- Nutzwertanalyse
- Matrix-Diagramm
- Methode 635
- Portfolio-Darstellung
- Pro- und Contra-Spiel
- Radardiagramm
- Relationendiagramm
- Szenariotechnik
- Ursache-Wirkungsdiagramm
- Wertschöpfungsanalyse
- Zielanalyse

Da diese Frage in anderen Kontexten beliegt ist, empfiehlt es sich, einige wenige Techniken zu beherrschen!

Situationsaufgabe 1 „Der Wandel in der Führung bei der ErgoBüro GmbH“

Die ErgoBüro GmbH hat sich im Laufe der letzten Jahre von einem traditionellen Büromittelhersteller zu einem Anbieter von modernen ergonomisch ausgerichteten Designerbüromöbeln gewandelt, der sich als „all-in-one“-Anbieter auf dem Markt versteht. Die Kunden des Unternehmens werden bei der Planung beraten, die Möbel werden nach den Wünschen der Kunden hergestellt und beim Kunden vor Ort aufgestellt. Durch diesen Wandel in der Produktgestaltung musste auch die Aufbauorganisation angepasst werden, die Stablinienorganisation ist durch ein reines Projektmanagement ergänzt worden. Die neue Produktlinie verlangte auch nach Innovationen in der Personalentwicklung, die gestrafft und systematisiert wurde. Die Ausbildung wurde verstärkt, neue Ausbildungsberufe eingeführt. Ein Unternehmensleitbild wurde geschaffen und Führungsgrundsätze erarbeitet.

Beantworten Sie die folgenden Fragen vor dem Hintergrund der geschilderten Ausgangssituation!

Aufgabe 1 (25 Punkte)

In Ihrem Unternehmen soll die bisher übliche Form der Jahresmitarbeitergespräche durch ein Beurteilungssystem abgelöst werden, das zusammen mit der neuen „Führung durch Zielvereinbarungen“ eingeführt wird und mit diesem kompatibel ist.

a) Erläutern Sie 5 Voraussetzungen für Zielerreichungs- und Beurteilungsgespräche mit Zielvereinbarungen! (10 P.)
b) Nennen Sie 5 Bestandteile für einen zu entwickelnden Gesprächsleitfaden! (5 P.)
c) Erläutern Sie 5 wichtige Voraussetzungen für das Gelingen von Zielvereinbarungen (Management by Objectives) (10 P.)

Aufgabe 2 (30 Punkte)

Sie haben den Auftrag von der Geschäftsleitung erhalten, die zukünftigen Personalentwicklungsmaßnahmen individueller, kostengünstiger und erfolgreicher zu gestalten.

a) Beschreiben Sie drei Möglichkeiten der Individualisierung von Förder- und Qualifizierungsmassnahmen! (6 P.)
b) Nennen Sie 5 Möglichkeiten der Gestaltung von erfolgssichernden Rahmenbedingungen von Qualifizierungsmassnahmen! (5 P.)

c) Bei der Durchführung von internen Qualifizierungsmaßnahmen mit eigenem Trainingspersonal fallen die Seminarbeurteilungen in der Regel schlechter aus als bei externen Maßnahmen. Erläutern Sie, welche Ursachen dafür verantwortlich sein könnten! (10 P.)
d) Erläutern Sie drei Maßnahmen für einen Transfererfolg von Qualifizierungsmassnahmen! (9 P.)

Aufgabe 3 (20 Punkte)

In der Vergangenheit dominierten in Ihrem Unternehmen im Bereich der beruflichen Weiterbildung Anpassungsmaßnahmen, d. h. fehlende Fertigkeiten und Kenntnisse für einen Arbeitsprozess wurden meist durch kurze on-the-job-Maßnahmen vermittelt. Die Geschäftsleitung fordert die verstärkte Hinwendung zu Maßnahmen, die unternehmerisches Denken und Handeln, Innovationsbereitschaft und Akzeptanz einer Null-Fehler-Mentalität unterstützen. In Zukunft sollen deshalb Schlüsselqualifikationen eine grössere Rolle spielen, um diese Veränderungen in der Verhaltenskompetenz erfolgreich zu begleiten.

a) Beschreiben Sie, welche Kompetenzbereiche mit den Schlüsselqualifikationen angesprochen werden! (6 P.)
b) Erläutern Sie, welche Bedeutung Schlüsselqualifikationen für die Personalentwicklung eines Unternehmens haben! (5 P.)
c) Nennen Sie zwei Schlüsselqualifikationen und beschreiben Sie eine konkrete betriebliche Situation, für die diese von Bedeutung ist! (5 P.)
d) Nennen Sie vier Entwicklungsmassnahmen, in denen vor allem Schlüsselqualifikationen erworben und weiterentwickelt werden! (4 P.)

Aufgabe 4 (25 Punkte)

Der Anteil an Projektarbeit in Ihrem Unternehmen steigt stetig an. Damit stellt sich auch die Frage nach einem Führungsstil, der dieser Arbeitsform am ehesten gerecht wird. Sie erhalten die Aufgabe, den Führungskräften das Konzept der „situativen Führung" zu erläutern.

a) Beschreiben Sie das Grundschema der situativen Führung! (10 P.)
b) Erläutern Sie die Bedeutung des „Reifegrades" für die situative Führung! (5 P.)
c) Erläutern Sie den Zusammenhang zwischen Reifegrad und angemessenen Führungsverhalten in diesem Modell! (10 P.)

Lösungsansatz

Aufgabe 1

a) Voraussetzungen

- Die Vorgesetzten müssen im Hinblick auf die neuen Gesprächsanforderungen geschult sein.
- Den Mitarbeitern müssen die Inhalte des Gespräches bekannt sein, damit eine offene Kommunikation zustande kommt.
- Die Mitarbeiter müssen die Möglichkeit einer Vorbereitung auf diese Gespräche haben.
- Das Sanktionsspektrum (Anerkennung, Lob, Tadel, Kritik) sollte Führungskräften und Mitarbeitern bekannt sein.
- Der Grad der Zielerreichung oder -abweichung muss eindeutig bestimmbar sein!
- Die Zielvereinbarungen müssen eindeutig formulierte Ziele beschrieben haben, d. h. spezifisch auf den einzelnen Mitarbeiter zugeschitten, messbar, attraktiv, erreichbar und terminiert

b) Bestandteile des Leitfadens

- Eingehen auf die Zielvereinbarung, die mit dem Mitarbeiter abgeschlossen wurde
- Darstellung und Kommentierung des Ergebnisses durch den Mitarbeiter (Selbsteinschätzung)
- Einschätzung und Kommentierung durch den Vorgesetzten (Fremdeinschätzung)
- Gemeinsame Analyse von abweichenden Einschätzungen
- Versuch der Ursachenfindung (betriebliche Einflüsse, Probleme im Arbeitsablauf, Verhinderungen in der Leistungserbringung durch den Mitarbeiter, Mangelnde Unterstützung durch das Unternehmen und/oder Vorgesetzten, fehlende Kompetenzen und Qualifikation)
- Konsequenzen aus der Zielerreichung in positiver und negativer Hinsicht
- neue Zielvereinbarung unter Berücksichtigung der vorliegenden Ergebnisse

c) Voraussetzungen für das Führen mit Zielvereinbarungen

- Vorhandensein einer Zielhierarchie, d. h. die Ableitung von Zielen aus Unternehmenszielen, Abteilungszielen usw.
- Reibungsloses Funktionieren des Delegationsprinzips, d. h. die Unterscheidung in Handlungs- und Führungsverantwortung
- Die Übertragung von selbständigen Aufgabenbereichen an den Mitarbeiter zusammen mit den erforderlichen Befugnissen
- Die Versorgung des Mitarbeiters mit allen zur Aufgabenerfüllung benötigten Informationen
- Die Möglichkeit der Mitbestimmung des Mitarbeiters bei den Zielvereinbarungsgesprächen, also nicht Führung durch Zielvorgaben
- Ein attraktives Anreizsystem für den Mitarbeiter
- Ein Kontrollsystem, das vom Mitarbeiter akzeptiert wird

Burckhard Zicke

Aufgabe 2

a) Möglichkeiten der Individualisierung

- Ermittlung des individuellen Bildungsbedarfs durch Förder- und Entwicklungsgespräche
- Enge Zusammenarbeit zwischen Vorgesetzten und Personalentwicklung bei der Auswahl von Qualifizierungsmassnahmen
- Ermittlung des Entwicklungspotenzials des Mitarbeiters
- Überprüfung der Stellenbeschreibung, des Anforderungsprofils, der Funktionsbeschreibung, der Arbeitsplatzbeschreibung mit den Lernzielen der Qualifizierungsmassnahme
- Sicherstellung einer gemeinsamen Evaluation der Qualifizierungsmaßnahme durch Mitarbeiter, Vorgesetzten und Personalentwicklung

b) Gestaltung der Rahmenbedingungen

- Aufstellung von klaren Lernzielen
- Einhaltung einer klaren Gliederung der Veranstaltung
- Motivierendes Lernklima
- Vielfalt in den Lehr- und Lernmethoden
- hoher Praxisbezug
- Eingehen auf die individuellen Fragen der Teilnehmer
- Ansprechende schriftliche Unterlagen für die Teilnehmer
- Sicherstellung einer Nachbetreuung („hotline")

c) Ursachensuche

- Hierarchieunterschiede in der Teilnehmergruppe verhindern häufig eine offene Kommunikation
- Mitarbeiter können sich nicht auf das Seminar konzentrieren, sondern werden durch betriebliche Abläufe gestört („wichtige" Telefongespräche, Unterschriften)
- Konflikte im Umgang der Teilnehmer werden in das Seminar mit hineingenommen
- Angst, sich den internen Trainern gegenüber offen zu verhalten (Kritik an betrieblichen Gegebenheiten, Vorgesetzten)
- Mangelnde pädagogische und methodische Kompetenz des Trainers

e) Maßnahmen für Transfererfolg

- Auswertung der Erkenntnisse und Ergebnisse der Qualifizierungsmaßnahme
- Durchführung einer zweiten Beurteilung der Qualifizierungsmaßnahme mit einem entsprechenden Zeitabstand
- Erstellung eines gemeinsamen Umsetzungsplanes nach der Qualifizierungsmassnahme
- Anschliessendes Coaching durch den Vorgesetzten verstärkt die Akzeptanz beim Mitarbeiter
- Sichtbarmachung der Veränderungen als Ergebnis der erfolgreichen Qualifizierung

Burckhard Zicke

Aufgabe 3

a) Kompetenzbereiche

Schlüsselqualifikationen sind für alle Kompetenzbereiche notwendig und sinnvoll.
Fachkompetenz erfordert von Mitarbeitern berufliche Handlungskompetenz, d. h. das selbständige Planen, Steuern und Kontrollieren von Arbeitsabläufen.
Methodenkompetenz zeigt sich insbesondere in der Flexibilität und Anpassungsfähigkeit von Mitarbeitern bei unterschiedlichen Aufgabenstellungen, in ihrem Umgang mit schwierigen Situationen, Problemen und Entscheidungen.
Sozialkompetenz und Humankompetenz wird in den neuen Arbeitsformen, wie z. B. Gruppenarbeit, Projektarbeit, Mitwirkung in Qualitätszirkeln, TQM usw. gefordert. Hier sind Schlüsselqualifikationen für die Zusammenarbeit mit anderen gefragt, Kommunikationsstärke, Toleranz gegenüber anderen Meinungen, Umgang mit Konflikten und ein selbstbewusstes Gesprächsverhalten

b) Bedeutung von Schlüsselqualifikationen für das Unternehmen

Schlüsselqualifikationen sind extrafunktionale Fähigkeiten, die mit der Bewältigung der unmittelbaren Aufgabe wenig zu tun haben, sondern mehr mit den Fähigkeiten zur Bewältigung von neuen Aufgaben, der Einstellung auf technischen, organisatorischen Wandel.
Die Bedeutung für das Unternehmen liegt darin, dass im Zusammenhang mit dem Wandel die Anforderungen an das selbständige Denken und Handeln stärker werden. Nicht jede neue Qualifikation kann durch Entwicklungsmassnahmen trainiert werden, es muss vom Mitarbeiter ein hohes Maß an selbständiger Planung, selbständiger Durchführung und Selbstkontrolle verlangt werden, um nicht nur seine persönliche Entwicklung im Unternehmen, sondern die Wettbewerbsfähigkeit des Unternehmens mitgestalten zu helfen.

c) Drei Schlüsselqualifikationen in ihrem betrieblichen Kontext

Informationsbeschaffung

Benchmarking in allen Bereichen eines Unternehmens erfordert vom Mitarbeiter, sich den Zugang zu Datenbanken, Internet, Suchprogrammen zu verschaffen und die Informationen auszuwerten

Teamfähigkeit

Bei der Mitarbeit in Projekten ist diese Schlüsselqualifikation unerlässlich. Dazu gehört die Bereitschaft zur gemeinsamen Problemlösung und dem kollektiven Entscheiden für bestimmte Lösungen

Planungsgeschick

Es geht insbesondere um die Planung des eigenen Arbeitsverhaltens und um die Organisation der eigenen Aufgabenbewältigung. Dazu gehört die Fähigkeit zum Zeitmanagement und Selbstmanagement

Burckhard Zicke

d) Entwicklungsmassnahmen

- Outdoor-Trainings
- Projektarbeiten
- Selbstmanagementschulungen
- Kommunikationstrainings
- Konzentrations- und Gedächtnisschulungen

Aufgabe 5

a) Grundschema

Das Konzept der situativen Führung geht davon aus, dass zwischen dem Verhalten des Vorgesetzten hinsichtlich seiner

- Aufgabenorientierung
- Mitarbeiterorientierung
- Auffassung von Partizipation

und der Arbeitssituation hinsichtlich

- Aufgabenstellung
- Organisation
- Erfahrungen
- Gruppenstrukturen

Wechselwirkungen bestehen, die den Führungserfolg hinsichtlich

- Arbeitsleistung
- Innovation
- Zufriedenheit
- gutes Betriebsklima

beeinflussen.

b) „Reifegrad“

Die Grundannahme des situativen Führungsmodells geht davon aus, dass der Führungsstil oder das Führungsverhalten eines Vorgesetzten in einer speziellen Situation bei einer bestimmten Aufgabe vom Reifegrad des Einzelnen oder der Gruppe abhängig ist.
Dieser Reifegrad kann stets nur in Verbindung mit einer konkreten Aufgabe gesehen werden. Kein Mensch kann daher in einem umfassenden Sinne als reif oder nichtreif bezeichnet werden.
Der Reifegrad hängt ab von der Leistungsmotivation, dem Verantwortungsbewusstsein und den Fähigkeiten und Fertigkeiten, die jeweils in einer bestimmten Aufgaben gezeigt werden.
Der Reifegrad kann mit einer Reihe von Tests ermittelt werden und vier Reifestufen zugeordnet werden.

c) Zusammenhang zwischen Reifegrad und Führungsstil

Der Situativen Führung liegt die Erfahrung zugrunde, dass sich die Reife eines Mitarbeiters in seiner beruflichen Tätigkeit in der Regel entwickelt.

Parallel dazu wird die Führungskraft Schritt für Schritt ihr aufgabenorientiertes Führungsverhalten reduzieren und sich zunehmend mitarbeiterorientiert verhalten.
Hat der Mitarbeiter dann ein mittleres Reifeniveau überschritten, so wird die Führungskraft wieder ihr Verhalten ändern – sie wird zunächst ihre aufgabenorientierten und dann auch mitarbeiterorientierten Führungsaktivitäten einschränken. Ist ein Mitarbeiter oder eine Gruppe erst einmal in der Lage, sich selbst zu motivieren und zu bestätigen, benötigt sie von der Führungskraft kaum mehr sozioemotionale Unterstützung: Am Ende des Entwicklungsprozesses steht Selbstkontrolle statt Fremdkontrolle.
Die Führungsstile oder das Führungsverhalten, das in der situativen Führung eine Rolle spielt, wechseln nach Aufgaben- bzw. Mitarbeiterorientierung und Reife von anordnend, argumentierend, partizipierend nach delegierend.

Situationsaufgabe 2 „Personalentwicklung in einem international agierenden Unternehmen“

Sie sind Personalreferent in der MediTop GmbH, einem mittelständischen Unternehmen mit 260 Mitarbeitern, das medizinische Geräte und Apparate für den OP-Bereich herstellt. Ihr Unternehmen ist in den vergangenen Jahren in Deutschland zum Marktführer geworden und hat Verbindungen in die USA und in den asiatischen Raum geknüpft. Die Ausbildung wurde intensiviert, für die nahe Zukunft stehen in der Personalentwicklung für verschiedene Mitarbeitergruppen Personalentwicklungsmassnahmen an, z. B. interkulturelle Trainings und Sprachschulungen. Auch die Führungsgrundsätze der MediTop sollen überarbeitet werden, ein neues Leitbild sollen die Unternehmensphilosophie und das Unternehmen bekannter machen.

Diese Situationsbeschreibung sollte bei allen Aufgaben berücksichtigt werden.

Aufgabe 1 (15 Punkte)

Sie erhalten den Auftrag, ein ganzheitliches Modell zur Förderung des Führungsnachwuchses zu erarbeiten.

a) Erläutern Sie Ihre Vorgehensweise! (10 P.)
b) Nennen Sie 5 Aspekte, die bei der Auswahl von Trainern in Qualifizierungsmassnahmen von Führungsnachwuchskräften eine Rolle spielen!

Aufgabe 2 (20 Punkte)

Auf allen Stufen der Führungskräftenachwuchsförderung sollen Potenzialeinschätzungen stattfinden. Nur so können die zukünftigen Vorgesetzten individuell gefördert und gefordert und zielgerichtet mit dem grössten Nutzen eingesetzt werden.

a) Was verstehen Sie unter einer Potenzialeinschätzung? (5 P.)
b) Nennen Sie 5 Methoden, mit denen das Potenzial einer Nachwuchsführungskraft ermittelt werden kann. (5 P.)
c) Erläutern Sie, was sie unter einem Assessment-Center verstehen. (5 P.)
d) Erläutern Sie zwei geeignete Übungen in einem Assessment für Führungskräfte! (5 P.)

Aufgabe 3 (25 Punkte)

Mehrere Vorgesetzte, die für die Betreuung der angehenden Führungskräfte zuständig sind, berichten Ihnen über eine zunehmende allgemeine Unlust und Gleichgültigkeit in dieser Gruppe, die sie sich nicht erklären können. Sie wollen gemeinsam die Ursachen dafür feststellen, um geeignete Gegenmaßnahmen treffen zu können.

a) Beschreiben Sie vor diesem Hintergrund das Entstehen von Motivkonflikten. (5 P.)
b) Mit welchen Reaktionen auf Motivkonflikte müssen Sie bei der Zielgruppe Nachwchsführungskräfte rechnen? (10 P.)
c) Erläutern Sie mögliche betriebliche Ursachen für die Demotivation! (10 P.)

Aufgabe 4 (25 Punkte)

Ihr Unternehmen ist aufgrund der internationalen Ausrichtung gezwungen, in den Katalog der Entwicklungsmassnahmen solche aufzunehmen, die auf den Erwerb von „interkulturellen Kompetenzen“ ausgerichtet sind.

a) Sie überlegen, ob Sie diese Maßnahmen eher intern oder extern durchführen sollten. Erläutern Sie, was sie unter interner oder externer Qualifizierung verstehen. (5 P.)
b) Nennen Sie Vorteile interner und externer Qualifizierung. (10 P.)
c) Sie wollen „interkulturelle Trainings“ von externen Anbietern durchführen lassen. Erläutern Sie vor diesem Hintergrund Auswahlkriterien für Anbieter und Trainer. (10 P.)

Aufgabe 5 (15 Punkte)

Die MediTop GmbH ist gezwungen, zahlreiche Mitarbeiter in einer Fremdsprache zu qualifizieren. Dort, wo Basiskenntnisse nicht vorhanden sind, will das Unternehmen Computer-Based-Training (CBT) einsetzen.

a) Nennen Sie Vorteile, die Sie sich von dieser Methode versprechen. (5 P.)
b) Erläutern Sie Merkmale und Regeln für den Einsatz von CBT. (10 P.)

Lösungsansatz

Aufgabe 1

a) Vorgehensweise

Ein ganzheitliches Konzept setzt bereits im Ausbildungsbereich an. Hier sollten Ausbildung und Studium miteinander verzahnt werden und Doppelqualifikationen in Form von anerkannten Abschlüssen angeboten werden.
Durch die Zusammenarbeit mit Hochschulen in Form von Praktika oder Betreuung bei Diplomarbeiten kann der Führungskräftenachwuchs langfristig beobachtet und sukzessive in das Unternehmen integriert werden.

In einigen Unternehmen (z. B. Volkswagen AG) wird von den Führungskräften verlangt, dass sie nicht nur über eine technische oder kaufmännische Ausbildung, sondern darüber hinaus auch noch über praktische Erfahrungen im produktiven Bereich verfügen müssen.
Durch ein gezieltes Trainee-Programm können spezielle Eignungen und Neigungen angehender Führungskräfte beobachtet und gefördert werden. Dadurch wird das Risiko einer Fehlbesetzung verringert, aber gleichzeitig die innerbetriebliche Mobilität gefördert.
Führungskräfte sollten nicht nur im eigenen Unternehmen rotieren, sondern auch in konzernverbundenen Unternehmen oder befreundeten Unternehmen auf Austauschbasis im In- und Ausland eingesetzt werden.
Durch Übertragung von Sonderaufgaben und Beteiligung an Projekten kann der Horizont für den Führungskräftenachwuchs wesentlich erweitert werden.

b) Anforderungen an Trainer und Mentoren

- auf die Erfahrungen des Personals achten, wünschenswert sind eigene Erfahrungen als Führungskraft („Wirtschaftssenioren")
- auf die Erfahrungen von anderen Unternehmen zurückgreifen („Benchmarking")
- besonders auf die Methoden- und Sozialkompetenz von Trainern und Mentoren achten
- Nachwuchsführungskräfte bei Entscheidungen über Trainer und Mentoren beteiligen
- Auf die Persönlichkeit des Trainers achten („Akzeptanz erzielen")

Aufgabe 2

a) Begriff Potenzialeinschätzung

Potenzialeinschätzungen sind im Gegensatz zur Beurteilung zukunftsorientiert. Es wird versucht, auf diese Art und Weise eine Prognose des Führungs- und Leistungsverhaltens zu erzielen, die mit einer hohen Treffsicherheit ausgestattet ist.
Diese Prognose kann allgemein langfristig erstellt werden oder aber im Hinblick auf Stellenbesetzungen sehr konkret erfolgen.

b) Methoden zur Potenzialermittlung

- Stärken-Schwächen-Analysen
- Assessment Center
- Beauftragung mit Sonderaufgaben
- Einsatz in Projekten
- gezielte Potenzialinterviews
- Beratungs- und Fördergespräche
- Zeugnisanalysen

c) Begriff Assessment Center

Unter einem Assessment Center wird

- ein systematisches und flexibles Verfahren
- zur kontrollierten und qualifizierten Feststellung
- von Verhaltensleistungen und -defiziten,
- das von mehreren Beobachtern
- gleichzeitig für mehrere Teilnehmer
- in Bezug auf vorher festgelegte Übungen
- und bestimmte Anforderungen
- vornehmlich zur MA-Auswahl und -entwicklung
- in grösseren Unternehmen eingesetzt wird,

verstanden.

d) Übungen

Postkorbübung

Wahrscheinlich die am häufigsten vorkommende Übung in ACs. Das Prinzip ist immer das gleiche: Bei sehr knapper Zeitvorgabe soll ein Eingangskorb mit Schriftstücken bearbeitet werden, meist wird ein Organisationsplan des Unternehmens mitgeliefert und ein Zeitplaner. Die Anforderungskriterien an den Teilnehmer sind meist auch identisch:

- Konzentrationsvermögen
- Belastbarkeit
- Systematische Arbeitsweise
- Problemerkennung und -analyse
- Entscheidungsfreude
- Risikoverhalten
- Zeitmanagement

Präsentationen

Dem Teilnehmer wird kurzfristig ein Thema für eine Präsentation übergeben, das er zu bearbeiten hat. Dadurch können eine Reihe von potentiellen Fähigkeiten und Fertigkeiten festgestellt werden, die man von einer angehenden Führungskraft in einer solchen Situation erwarten kann.

- Selbstsicherheit
- Kommunikationsverhalten vor einem Publikum
- Überzeugungskraft
- Strukturierungsfähigkeit
- analytisches und logisches Denken
- Zielgruppenorientierung
- Rhetorik

Organisationsaufgabe

Ausgehend von der Darstellung einer bestimmten Form der Aufbau- oder Ablauforganisation, meist eingebunden in einen Fall und mit einer Mängelanalyse des IST-Zustandes versehen, soll der Teilnehmer Vorschläge zur Reorganisation machen. Dabei kommt es auf

- Problemerkennung und -analyse
- Belastbarkeit
- Systematische Arbeitsweise
- Arbeitstempo
- Arbeitssorgfalt

an.

An weitere Methoden und Übungen können beschrieben werden

- Einzelinterview
- Gruppendiskussion
- Konfliktgespräch
- Rollenspiel

Aufgabe 3

a) Entstehen von Motivkonflikten

Ein Motivkonflikt entsteht immer dann, wenn ein oder mehrere Motive nicht befriedigt werden können. Da unser Verhalten zur gleichen Zeit immer von mehreren Motiven gesteuert wird, setzen wir Prioritäten – das stärkere Motiv setzt sich durch.
Wenn allerdings zwei gleich starke Motive aufeinandertreffen, kommt es zu einem Motivkonflikt. Es wird dann gleichermaßen ein Kettenprozess in Gang gesetzt:
Ein dauerhaft unbefriedigtes Motiv für zum Aufbau von Frustration. Hält dieser Zustand an, kann die individuelle Stressschwelle überschritten werden. Wird auch dies zum Dauerzustand, kommt es zur Bedrohung des Selbstwertgefühls und als Reaktion wehren sich Psyche und Körper dagegen – es kommt zu Abwehrmechanismen.

b) Reaktionen auf Motivkonflikte

Es gibt eine Fülle von Abwehrmechanismen, die alle die gleiche Zielsetzung haben – den Druck und die Spannung abzubauen, die sich durch den Konflikt aufgestaut haben.

Mögliche Reaktionen bei dieser Zielgruppe könnten sein:

Der Mitarbeiter richtet sein Verhalten nach dem des Mentors oder Vorgesetzten aus, um damit an dessen Erfolgen oder „Status“ teilzuhaben. Dieses Verhalten führt bei der Person zu einer Erhöhung des Selbstwertgefühls („Radfahrertum“) (Identfifikation)
Aufgestaute Emotionen werden an Dritte, Unbeteiligte abgeleitet. Wegen einer nicht zufriedenstellenden Beurteilung in einem Traineeabschnitt fängt der Trainee mit einem Kollegen Krach an. (Verschiebung)

Nach einer Auseinandersetzung mit seinem Vorgesetzten oder Mentor fehlt der Mitarbeiter am nächsten Tag wegen starker Kopfschmerzen (Flucht in die Krankheit, psychosomatische Erkrankungen)
Fehlschläge in der beruflichen Karriere wurden durch vorgeschobene „rationale" Erklärungen bemäntelt. Dem Misserfolg werden positive Seiten abgewonnen oder ein nicht erreichtes Ziel wird im Nachhinein als sowie nicht erstrebenswert hingestellt. (Rationalisierung)
Der Mitarbeiter, der als Führungskraft versagt, vergräbt sich in Büroarbeit oder fällt in frühere Verhaltensweisen zurück (Regression)
Der Mitarbeiter nimmt Rache für erlittene Niederlagen. Da in unserer Gesellschaft eine brachiale Aggression sozial geächtet ist und auch direkte Aggressionen gegen den Verursacher nicht opportun sind, tritt Aggression heute meist als indirekte, verbale Aggression auf, die sich in ständigem, nicht berechtigten Kritisieren, Sticheln, Hetzen, Witze machen oder Mobbing entlädt.

c) Betriebliche Ursachen

Bei dieser Zielgruppe können sehr wohl betriebliche Ursachen primär verantwortlich für das Verhalten sein.
Der Mitarbeiter wurde im Rahmen seiner Qualifizierung für einige Monate in eine Abteilung versetzt, wo er Probleme mit der Aufgabenstellung und/oder den Mitarbeitern hat.
Laufbahn- und Nachfolgepläne zeigen, dass nicht alle Nachwuchskräfte Führungspositionen übernehmen können, egal wie gut deren Leistung sein wird.
Betriebliche Strukturen und Abläufe verhindern weitgehend, dass der Mitarbeiter seine eigenen Ideen verwirklichen kann.
Das Unternehmen verfolgt eine Produktpolitik, mit der sich der Mitarbeiter nicht identifizieren kann.
Von dem Mitarbeiter wird verlangt, dass er während seiner Qualifizierung den grössten Teil im Ausland verbringt, wozu er wegen der sozialen Beziehungen zu Hause nicht bereit ist.
Führungsstil und erwartetes Führungsverhalten werden von der Nachwuchsführungskraft nicht akzeptiert.

Aufgabe 4

a) Interne vs. externe Qualfizierung

Als intern werden alle Maßnahmen bezeichnet, bei denen die Verantwortung für die Zielsetzung, Planung und Durchführung beim Unternehmen selbst liegt. Das kann auch dann der Fall sein, wenn eine Veranstaltung in Räumen ausserhalb des Unternehmens stattfindet oder wenn für bestimmte Themenstellungen betriebsfremde Referenten herangezogen werden.
Zu den externen Veranstaltungen zählen alle Kurse und Seminare, auf deren Zielsetzung und Gestaltung der Betrieb keinen unmittelbaren Einfluss hat. Die Verantwortung für die Programmkonzeption bzw. die Durchführung liegt vielmehr bei einem Weiterbildungsanbieter oder Unternehmensberater, selbst wenn die Initiative für die Behandlung bestimmter Problemstellungen gelegentlich vom Betrieb ausgegangen sein kann.

b) Vorteile interner und externer Qualifizierung

Vorteile interne Qualifizierung

- Firmenspezifische Themen werden kompetenter konzipiert und umgesetzt
- Vertraulichkeit und Betriebsgeheimnisse bleiben gewahrt
- Stärkung des firmeninternen Kontakts
- Bessere Integration mit „training-on-the-job"
- Homogener Teilnehmerkreis möglich
- Kostengünstiger bei grossen Teilnehmerzahlen

Vorteile externe Qualifizierung

- Blick über den eigenen Zaun verhindert Betriebsblindheit
- Neue Idee und Anregungen werden durch die Trainer vermittelt
- Austausch mit Mitarbeitern anderer Unternehmen
- Freieres Lernklima
- Geeignete Referenten mit großer Methoden- und Sozialkompetenz
- Kostengünstiger bei kleineren Teilnehmerzahlen

c) Auswahlkriterien für interkulturelles Training

Träger und Trainer

- Werden Referenzen genannt?
- Können Dritte nach ihren Erfahrungen befragt werden?
- Verfügen die Trainer über Berufs- und Branchenerfahrung?
- Wie gut kennen sich die Trainer mit Sprache und Kultur des Ziellandes aus?
- Welche Betreuung ausserhalb der offiziellen Veranstaltung bietet der Träger an?

Lernziele, Lerninhalte und Zielgruppen

- Entsprechen die Lernziele der Veranstaltung dem aktuellen Bildungsbedarf?
- Sind die Trainingsinhalte genau umschrieben?
- Werden die betriebsspezifischen Probleme abgedeckt?
- Sind Lernziele und -inhalte auf die Zielgruppe zugeschnitten?
- Kann der vorgesehene Termin oder Zeitraum wahrgenommen werden?

Methoden und Medieneinsatz, Rahmenbedingungen

- Werden die Methoden im Angebot genannt?
- Sind diese Methoden den Zielen und Inhalten angemessen?
- Werden aktive Lern- und Lehrmethoden eingesetzt?
- Erhalten die Teilnehmer vorab schriftliche Unterlagen?
- Verfügt der Anbieter über zeitgemässe Einrichtungen?
- Entspricht der äussere Rahmen unseren Erwartungen?

Kosten und Kontrolle

- Was ist in den Kosten enthalten?
- Mit welchen Nebenkosten ist zu rechnen?
- Welcher Vorbereitungsaufwand entsteht im Betrieb?
- Besteht eine vertretbare Kosten-Nutzen-Relation?
- Könnte das Training auch intern durchgeführt werden?
- Sind in der Qualifizierung auch Erfolgskontrollen vorgesehen?
- Werden Hilfen für die spätere Umsetzung in die Praxis angeboten?
- Welche Folgeveranstaltungen werden angeboten?

Aufgabe 5

a) Vorteile von CBT

- Intensive Schulung von vielen Mitarbeitern in relativ kurzer Zeit
- Individuelle Bestimmung von Lernzeit, -dauer und -tempo
- Unabhängig von Seminarplänen und –räumen
- Angstfreies und selbstverantwortliches Lernen (auch ohne DV-Erfahrung)
- Bis zu 50 % reduzierte Lernzeit
- Individuell und unbegrenzt wiederholbare Lernsequenzen
- Einsparung von Trainingskosten

b) Merkmale und Regeln

- Beim Einsatz von CBT müssen die Vorkenntnisse und die Eignung der MA berücksichtigt werden
- Für das Training dieser grossen Gruppe sollte ein einheitliches Oberflächendesign geschaffen werden
- Standardanwendungen sind zwar kostengünstig, aber Eigenentwicklungen berücksichtigen mehr die speziellen Bedarfe des Unternehmens (z. B. Focus auf business english oder schriftliche Handelskorrespondenz)
- Es sind lernunterstützende Maßnahmen zu schaffen (Handbücher, Übungen usw.)
- Kontakte zwischen Lernenden im Betrieb sind sinnvoll und sollten von der Personalentwicklung organisiert werden
- Ganz ohne Trainer (= Prozessbegleiter) geht es doch nicht, bei auftretender Schwierigkeiten sollte ein Ansprechpartner zur Verfügung stehen
- Reine CBT-Programme eignen sich ausschliesslich für kognitive Lernziele
- Störungsfreie Lernzeiten schaffen

5. Situationsbezogenes Fachgespräch

5.1 Die Prüfungsordnung

§ 3 Gliederung und Durchführung der Prüfung

(1–4) ...

(5) Das situationsbezogene Fachgespräch geht von einem betrieblichen Beratungsauftrag aus. Der betriebliche Beratungsauftrag wird als Vorlage für die Geschäftsleitung verstanden, in dem der Prüfungsteilnehmer/die Prüfungsteilnehmerin der Geschäftsleitung einen personalpolitischen Entscheidungsvorschlag vorlegt und präsentiert.

Der Prüfungsausschuss stellt 14 Kalendertage vor der Prüfung das Thema, wobei die Themenvorschläge des Prüfungsteilnehmers/der Prüfungsteilnehmerin berücksichtigt werden sollen. Dazu soll der Prüfungsteilnehmer/die Prüfungsteilnehmerin zwei Themenvorschläge mit einer Grobgliederung einreichen. Der Prüfungsausschuss soll den Umfang des Themas begrenzen. Insgesamt soll das situationsbezogene Fachgespräch höchstens 30 Minuten dauern. In etwa 10 Minuten stellt der Prüfungsteilnehmer/die Prüfungsteilnehmerin mit geeigneten Medien seine/ihre Lösungsvorschläge dem Prüfungsausschuss vor. Davon ausgehend führt der Prüfungsausschuss in der verbleibenden Zeit ein Prüfungsgespräch.

§ 4 Anforderungen und Inhalte der Prüfung

(1–4) ...

(5) Im situationsbezogenen Fachgespräch soll der Prüfungsteilnehmer/die Prüfungsteilnehmerin nachweisen, dass er/sie in der Lage ist, sein/ihr Berufswissen in betriebstypischen Situationen anzuwenden und sachgerechte Lösungen vorzuschlagen. Insbesondere soll er/sie nachweisen, dass er/sie angemessen mit Gesprächspartnern innerhalb und ausserhalb des Unternehmens oder der Organisation sprachlich kommunizieren kann und dabei argumentations- und präsentationstechnische Instrumente sach- und personengerecht einzusetzen versteht

(Auszug aus der Prüfungsordnung)

5.2 Themenvorschläge für das situationsgebundene Fachgespräch

- Verbesserung des Informationsflusses zwischen den HR-Bereichen innerhalb eines konzernverbundenen Unternehmens mit Hilfe des Extranets
- Systematische Durchführung von Fehlzeitengesprächen als ein Instrument eines konsequenten Fehlzeitenmanagements
- Einführung von Mitarbeitergesprächen mit Zielvereinbarungen
- Prüfung der Einführung einer elektronischen Personalakte als Beitrag zur Kostensenkung im Personalbereich
- Die Nutzung von Profilabgleichen als Instrument im Rahmen der Bildungsbedarfsanalyse bei der US AG
- Die Einführung von Potenzialanalysen im Rahmen der Personalentwicklung der XY AG
- Einbindung des HR-Bereiches der XY AG in den Informationsfluss des Intranets – ein Konzept zur Verbesserung der Informationen für die Belegschaft
- Erhebung, Auswertung und Darstellung von Fehlzeiten als Voraussetzung zur Einführung eines Fehlzeitenmanagements
- Einführung von regelmässigen Beurteilungsgesprächen als Teil einer systematischen Personalentwicklungsplanung
- Datenschutz- und Datensicherungsprobleme bei der Einführung einer elektronischen Personalakte
- Erstellung von individuellen Qualifikationskatalogen zur gezielten und wirkungsvollen Mitarbeiterförderung bei der US AG
- Optimale Gestaltung von Rückkehrergesprächen durch Entwicklung eines Leitfadens für Vorgesetzte
- Überlegungen zur Einführungs eines Qualitätsmanagements im Personalbereich – Analyse von QM-Systemen
- Der Übergang vom betrieblichen Vorschlagwesen zum Ideen-Management in der ABC GmbH – von der Prozessgestaltung über die Schulung zur Realisation
- Redesign des Prozesses „Bewerbermanagement" – Beseitigung von Schnittstellenproblemen und Suche nach Kosteneinsparpotenzialen

5.3 Themensuche

Idealerweise haben Sie in der Vergangenheit tatsächlich einen Auftrag erhalten, den Sie bearbeitet und der Geschäftsleitung präsentiert haben. Dann sind Sie in Ihrer Präsentation sicher und in dem Gespräch authentisch und wenig angreifbar, denn Sie haben all das tatsächlich erlebt.

Registrieren Sie ansonsten alle Veränderungen, die sich in Ihrem Arbeitsbereich und dem ihrer Kollegen in der jüngeren Vergangenheit ergeben haben. Neue Prozesse, Arbeitsanweisungen, Verbesserungen, Workshops, Trainings geben häufig brauchbare Themen für ein situationsgebundenes Fachgepräch her.

In Ihrem Lehrgang haben Sie bestimmt die eine oder andere Gruppenarbeit mit einer klar umrissenen Aufgabenstellung erlebt, Mit eigener Informationsbeschaffung, gemeinsamer Themenbearbeitung und abschliessender Präsentation der Arbeitsergebnisse. Prüfen Sie, ob sich die Themenstellungen solcher Gruppenarbeiten möglicherweise für ihr situationsgebundenes Fachgespräch eignen!

Sprechen Sie Ihre Dozenten rechtzeitig im Lehrgang auf Ihre Schwierigkeiten an, ein geeignetes Thema zu finden. Sie sind bestimmt nicht allein in dieser Situation. Bitten Sie darum, einmal mit der Gruppe ein Brainstorming zur Themenfindung durchzuführen. Sie werden erstaunt sein, welche Themenvielfalt dabei heraus kommt.

Wenn Sie selbst an einem Seminar oder Fachvortrag teilnehmen – überlegen Sie, ob daraus nicht ein Teilthema für das situationsgebundene Fachgespräch geeignet ist!

5.4 Was Sie nicht machen sollten ...

Sicher kursieren auch in Ihrem Lehrgang Präsentationen von Teilnehmern, die vor Ihnen die Prüfung geschafft haben. Vermeiden Sie es, solche Präsentationen für ihre Zwecke zu kopieren, weniger weil man Ihnen eine Täuschung nachweisen könnte, sondern weil jede Präsentation untrennbar mit dem Vortrag des Prüflings verbunden ist und etwas sehr Individuelles darstellt. Und den Vortrag können Sie nicht kopieren! Diese „Brüche“ merkt ein erfahrener Prüfungsausschuss, vielleicht geben Sie ihm dadurch geradezu eine Steilvorlage für anschliessende kritische Fragen!

Lassen Sie die Finger weg von Themen, die nur theoretisch erörtert werden. Wenn Sie nur im Unterricht etwas von einer „Balanced Scorecard als Instrument eines Personalcontrollings“ gehört haben und nie in der Praxis damit gearbeitet haben, ist dies kein Thema für Sie.

Wenn Sie das Thema einer „Mitarbeiterbefragung als Methode für eine Betriebsklimaanalyse“ reizt, weil die Fachzeitschriften und das Internet voll mit Beispielen sind, Sie aber im Fachgespräch weder einen Fragebogen und schon gar keine Ergebnisse vorweisen können, dann lassen Sie die Finger davon!

5.5 Ihre Themenvorschläge

Sie haben das Recht, zwei Themenvorschläge zusammen mit je einer Grobgliederung nach Aufforderung bei Ihrer zuständigen IHK einzureichen.

Der Prüfungsausschuss wird diese Themen daraufhin prüfen, ob sie

- den Vorschriften der Prüfungsordnung entsprechen,
- in der vorgesehenen Zeit von 10 Minuten zu präsentieren sind,
- sich für ein Prüfungsgespräch eignen,
- sprachlich und inhaltlich korrigiert werden müssen.

Sie haben es in der Hand, durch Ihre Themenauswahl und Themengestaltung dafür zu sorgen, dass eins ihrer vorgeschlagenen Themen vom Prüfungsausschuss akzpetiert wird.

Da die Informationsbeschaffung für Ihre Themen zeitaufwendig ist, reichen Sie zwei Themen zu einem Themenbereich ein. Also nicht

Thema 1 „Die Einführung der Balanced Scorecard als Instrument des Personal controllings in unserem Unternehmen" und

Thema 2 „Die Durchführung eines Mitarbeiterbefragung als Methode zur Messung der Mitarbeiterzufriedenheit in der ABC GmbH"

sondern

Thema 1 „Die Balanced Scorecard in unserem Unternehmen – die Umsetzung personalwirtschaftlicher Ziele in Perspektiven und Kennzahlen"

Thema 2 „Die Balanced Scorecard in unserem Unternehmen – die schrittweise Einführung des Instrumentes"

oder

Thema 1 „Erarbeitung eines Fragebogens zur Durchführung einer Mitarbeiterbefragung in der ABC GmbH" und

Thema 2 „Auswertung und Ergebnisse einer Mitarbeiterbefragung bei der ABC GmbH"

So gehören die beiden Themenvorschläge jeweils zu einem Themenbereich oder Themenkomplex, sind aber gleichzeitig differenziert genug gestaltet und mit jeweils völlig unterschiedlichem Schwerpunkt ausgestattet.

5.6 Grobgliederung

Mit der Grobstrukturierung weisen Sie noch einmal auf die Schwerpunktsetzung in jedem Thema hin, gleichzeitig dient die Grobgliederung dem Prüfungsausschuss als letzte Entscheidungshilfe für die Zuweisung eines Themas.

Sie müssen sich also schon vor Einreichung der beiden Themen genauer damit auseinandersetzen, welche Akzente Sie in Ihrer Präsentation setzen.

Hier zwei Beispiele zu den beiden Themen mit der Balanced Scorecard.

Thema 1 „Die Balanced Scorecard in unserem Unternehmen – die Umsetzung personalwirtschaftlicher Ziele in Perspektiven und Kennzahlen"

Grobgliederung

1. Vorstellung des Unternehmens
2. Das Konzept einer Balanced Scorecard in unserem Unternehmen
2.1 Beschreibung der personalwirtschaftlichen Ziele
2.2 Die vier Perspektiven in der Balanced Scorecard
2.3 Die Ableitung von Kennzahlen und Planungsgrössen aus den Perspektiven
2.4 Das Ergebnis – die Personal-BSC

3. Das Leistungsspektrum der Balanced Scorecard für unser Personalcontrolling
4. Kritischer Ausblick

Thema 2 „Die Balanced Scorecard in unserem Unternehmen – die schrittweise Einführung des Instrumentes"

1. Vorstellung des Unternehmens
2. Das Konzept einer Personal-BSC in unserem Unternehmen
3. Der Einführungsprozess der BSC in unserem Unternehmen
3.1 Kommunikation der Scorecard
3.2 Konkretisierung der Scorecard für jede Abteilung
3.3 Einführungsveranstaltungen für alle Mitarbeiterebenen
4. Problemfelder und Akzeptanzprobleme im Einführungsprozess

5.7 Medieneinsatz

Zusammen mit der Aufforderung zur Einreichung der beiden Themenvorschläge wird Ihnen ihre Industrie- und Handelskammer auch mitteilen, welche Medien sie zur Verfügung stellt.

In der Regel können Sie damit rechnen, dass Sie über

- Flipchart oder Tafel
- Overheadprojektor
- Pinwand

verfügen.

Wenn Sie Laptop und Beamer benutzen wollen, müssen sie diese Geräte selbst mitbringen. Denken Sie in diesem Falle bitte auch an nötige Verlängerungskabel!

Das sonstige Präsentationsmaterial wie

- Schreibfolien
- Folienstifte
- Laser-Pointer
- Nadel für die Pinwand
- Packpapier
- Kartenmaterial für die Pinnwand
- Markierstift usw.

bringen Sie sicherheitshalber selbst mit!

Über die Fachkompetenz für das situative Fachgespräch verfügen Sie selbstverständlich – zeigen Sie jetzt, dass Sie auch die erforderliche Methoden- und Sozialkompetenz besitzen.

Nutzen Sie alle Medien, die Ihnen zur Verfügung stehen, aber achten Sie auf die Dosierung! Eine 10-minütige „Folienschaufelei", ob mit dem Overheadprojektor oder dem Beamer führt nicht nur beim Bewertungskriterium „Methodeneinsatz" zu herben Punktabzügen.

Burckhard Zicke

Denken Sie daran, dass es bei einer Beamerpräsentation auch mal technische Pannen geben kann. Nehmen Sie einen kompletten Satz an ausgedruckten Folien mit, um auf den Overheadprojektor umschwenken zu können.

5.8 Sicher präsentieren – wirksamer vortragen!

Die Literatur zu diesem Thema ist umfangreich genug. Deshalb zu diesem Thema einmal eine Präsentation, die nicht ausschließlich auf die Prüfungssituation, sondern eher auf betriebliche Erfordernisse zugeschnitten ist. Sie werden aber jede Menge Anregungen für Ihre Vorbereitung finden.

Meine Ziele – Warum stelle ich mich dem Publikum?

- Soll ich die Präsentation überhaupt halten?
  - erhebliche Vorbereitungszeit
  - vollständige Akzeptanz mit den Inhalten notwendig
  - ist die Präsentation wirklich wichtig
- Wer will, dass ich präsentiere?
  - wer ist mein Auftraggeber?
  - warum gerade ich?
  - Thema passend zum Publikum?
- Was will ich erreichen?
  - klare Botschaft vorhanden
  - will ich informieren, motivieren, schulen, Entscheidungen vorantreiben, beruhigen, Flagge zeigen, Gefühle beeinflussen?

1

Wer hört zu? – Zuhörer- und Situationsanalyse

- Zuhöreranalyse
  - Anzahl, Alter, Zusammensetzung, Vorgesetzte, Ausbildung
  - freiwillige oder erzwungene Teilnahme
  - persönliche Kontaktaufnahme vorher möglich
- Situationsanalyse
  - wie viele Zeit samt Diskussion steht zur Verfügung?
  - Präsentationssituation: Raumgröße, Raumform, Sitzordnung, Medienaussattung, Aufmerksamkeit und Stimmung der Zuhörer
  - einziger Vortragender oder Teil einer Vortragsserie?
- Raum erkunden und umräumen
  - sitzen, stehen oder gehen?

2

Themenwahl – „Tränen des Abschieds"

- Der Mut zur Lücke
  - Weniger bringt mehr!
  - Wenige Teilthemen als Schwerpunktthemen auswählen
  - Vorgespräche mit Teilnehmern erleichtern die Auswahl
- KISS: Kepp it simple (and) stupid
  - Reduktion auf das Wesentliche
  - Veranschaulichung von Komplexität
- Maximal drei Schwerpunkte und eine Botschaft
  - mehr als drei Kernaussagen werden vergessen
  - jede Präsentation braucht eine „message"
  - diese muss plakativ, einleuchtend und einprägsam sein
- Schlagzeile: „Fetzige" Titelwahl
  - als Thesen- oder Frageform oder Povokation
  - erleichtert den Einstieg

3

Nutzenorientierung – Vom Vortrag zum Wegtrag

- Die Botschaft muss beim Empfänger ankommen!
- Sie wollen Themen, Ideen oder Lösungen „verkaufen"!
- Mehr Wissen ist nicht mehr Nutzen
- Ihr Publikum merkt den Unterschied zwischen „nett anzuhören" und „wirklich nützlich"
- Werden Sie zum „Dolmetscher" zwischen Ihrem Thema und Ihren Zuhörern!

4

Damit der Vortrag nicht zum Irrgarten wird ...

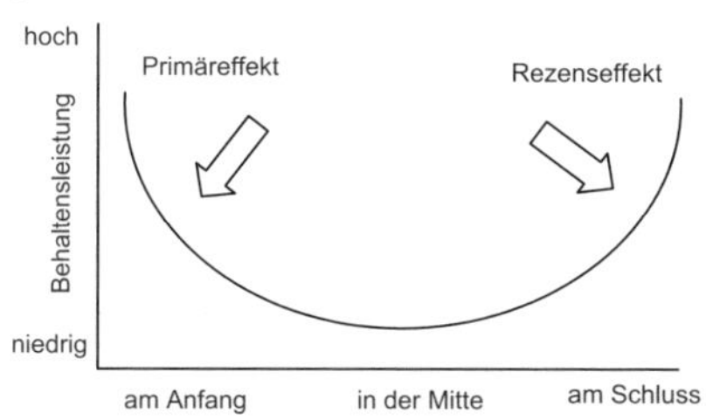

Behaltensleistung in Abhängigkeit von der Position

5

Gliederung – objektiv und subjektiv betrachtet

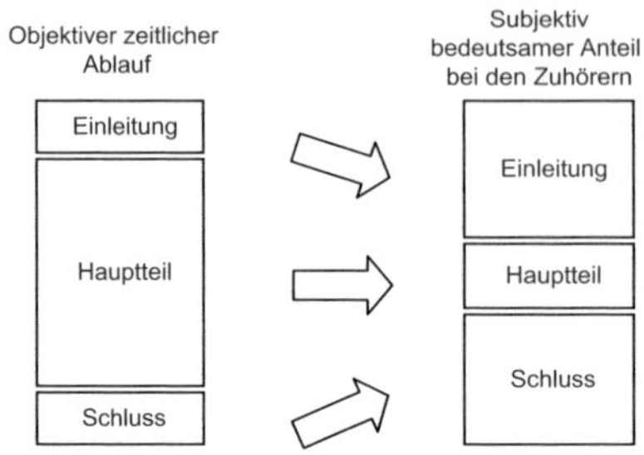

6

Planung: auf die Reihe bringen!

- Verzetteln – Planen mit Haftnotizen
- Grobstruktur auf FlipChartBogen quer übertragen
  - E (15 %)= – H 1 – H 2 – H 3 – S (15 %)
  - Päckchen Haftzettel besorgen
  - Alle Inhalte, Themen, Teilthemen auf Haftzettel schreiben
  - In die Felder der Grobstruktur fixieren
  - Haftzettel über Medien und Inszenierungsideen in anderer Farbe dazu tun – besser erst eine Nacht drüber schlafen
- Mitdenker suchen
- Planung per MindMap
  - vom Konkreten zum Abstrakten
  - von dem Beispiel zur Definition
  - von der Story zur praktischen Anleitung
- Planen Sie „Knautschzonen" ein

7

Aufbauschema einer Präsentation

- Einleitung
  - Erlebtes Beispiel/Anekdote
  - Definition
  - Zitat/Sprichwort
  - Zeitungsartikel/Zeitungsmeldung
  - Gegensatz zum Thema
  - Rhetorische Frage
  - Zahlen/Statisktik
- Hauptteil
- Schluss
  - Knappe Zusammenfassung
  - Zitat/Sprichwort
  - Ausblick ins Gegenteil
  - Diskussionslinie vorgeben

8

Vortragsbausteine und ihre Zusammenstellung (1)

- Die Reihung
  Wie Tagesordnungspunkte in einer Konferenz
  - Betriebliche Sozialleistungen in unserem Unternehmen
  - Die Kostenproblematik unserer Sozialleistungen
- Die logische Kette
  Vom Ausgangsbaustein her konzipieren und gedanklich verknüpfen
  - Freiwillige Sozialleistungen sind der Kern unseres Anreizsystems
  - Die Sozialleistungen müssen bezahlbar bleiben
  - Höherer Nutzen bei gleichen Kosten
  - Das Cafeteriasystem unter Koste/Nutzen/Apsekten
- Die zeitliche Kette
  geschichtliche Stufe, persönliche Entwicklungsstufen, Stufungen in der Forschung

9

Vortragsbausteine und ihre Zusammenstellung (2)

- These, Antithese, Synthese
  Betrachtung aus zwei extremen Blickwinkeln und deren Zusammenführung
  - Freiwillige Sozialleistungen sind wirtschaftliche Ziele des Unternehmens
  - Freiwillige Sozialleistungen als soziale Ziele aus der Sicht der MA
  - Die Auflösung des Zielkonfliktes – das Caferteriasystem
- Das Allgemeine und das Besondere berücksichtigen
  vom allgemeinen zum besonderen (deduktiv) oder umgekehrt (induktiv)
  - Die Entwicklung der Sozialleistungen in der Bundesrepublik
  - Bechnmarking – Freiwillige Sozialleistungen in unserer Branche
  - Individualisierung der Sozialleistungen durch Cafeteria-Systeme
- IST-SOLL-Analyse
  - Ich will Ihnen einen Überblick über unsere Sozialleistungen geben
  - Dieses Ergebnis ist nicht befriedigend, denn wir wollen
  - Deshalb schlage ich vor, dass ...

10

Vortragsbausteine und ihre Zusammenstellung (3)

- Pro – Kontra – Fazit
  - Cafeteriasysteme sind sinnvoll – sie sind nutzensteigernd
  - Cafeteriasysteme sind verwaltungsaufwendig und produzieren neue Kosten
  - Dann brauchen wir ein schlankes Modell eines Cafeteriasystems
- Problem – Ursachen – Lösungen
  - Unsere betrieblichen Sozialleistungen kosten viel und bringen wenig
  - Ursache ist die fehlende Akzeptanz dieses „Gießkannenprinzips“
  - Die Mitarbeiter sollen bei unterschiedlichen Budget individuelle Leistungen erhalten
- Ziel – Planung – Durchführung – Bewertung
  - Ziel ist eine Versorgung der MA mit bedürfnisgerechten Sozialleistungen
  - Dies erfordert die Ermittlung solcher Leistungen durch eine Befragung
  - Im Anschluss daran müssen „Menükarten“ mit Sozialleistungen erarbeitet werden
  - Diese Vorgehensweise hat eindeutig Vorteile – höherer Nutzen bei gleichen Kosten

11

Einstiegstechniken

- Aktueller Bezug
  - „Die Auswertung unserer Mitarbeiterbefragung hat ergeben ..."
- Direkt-Technik
  - „Begrüßung, Vorstellung der Person, Anlass und Thema der Rede, Ziel der Rede ..."
- Humorvoller Einstieg
  - „Witz, Anekdote, Bild auflegen, Karikatur ..."
- Fragenbündel
  - „Wie fangen wir die Kosten auf, was ist in Zukunft noch bezahlbar, was wollen die Mitarbeiter überhaupt haben, wohin führt das Ganze ..."
- Originelle Formulierungen
  - „Unser Sozialleistungssystem ist die Krankheit, für deren Heilung es sich hält"
- Provokationen
  - „Haben Sie wirklich nichts Besseres zu tun, als sich diesen Vortrag anzuhören?

12

Blickkontakt mit Manuskript

- Manuskript mit möglichst großen Buchstaben und möglichst vielen Absätzen schreiben!
- Zwischen den einzelnen Zeilen große, zwischen den Absätzen sehr große Zwischenräume lassen!
- Manuskript nur halbseitig beschreiben – also eine Hälfte des Blattes frei lassen!
- Jede Zeile nach Möglichkeit so konzipieren, dass sie einen Sinnzusammenhang bildet und leicht mit einem Blick wahrgenommen werden kann
- Manuskript in folgendem Rhythmus vortragen:
  - Zuhörer mit einem Rundumblick ansehen!
  - Blick senken. Text einer Zeile aufnehmen!
  - Blick heben. Blickkontakt herstellen! Zeile wiedergeben!
  - Moment verharren. Blickkontakt halten!
  - Blick senken. Test einer Zeile aufnehmen usw.

„Pausen"

13

Blickkontakt mit Stichwortzettel

- Als Material eignen sich DIN-A 6 Karteikarten
- Karteikarten durchnummerieren
- Stichworte sorgfältig auswählen
- Bei Zitaten, Kernaussagen usw. ganzen Text niederschreiben und später ablesen! (= Ausnahme von der Regel!)
- Stichwortkarten immer als Satz in der Hand behalten!
- Hinweise auf Einsatz von Folien, Übungen aufnehmen!
- persönliche Vortragshilfen einarbeiten! Pausen, Stimmlage, bestimmte Blickrichtungen bei speziellen Adressaten usw.!

„Stichwortzettel"

14

Muntermacher: damit alle wach bleiben!

- Zuhörer ganz persönlich „anklicken"!
  - Querbezüge herstellen
  - Zuhörer- oder Abteilungsnamen einbauen
  - persönliches Ansprechen der Zuhörer mit Namen
  - Funktionsbereiche ansprechen (Marketing/Entwicklung)
  - Benutzen Sie „Sie-Botschaften"
- Interaktionen – Dialoge pflegen
  - Methode USA – gleich am Anfang die Zuhörer fragen
  - Zuhörer miteinander ins Gespräch bringen
  - Doppel-Dank für Zuhörerfragen
  - Unpassende Fragen parken
- Signale setzen– Aufmerksamkeit wecken
  - Stories, Vergleiche, Irritationen, Provokationen, wörtliche Rede
  - Medienwechsel, Medienmix
  - Vorankündigungen als Aufmerksamkeitssignale

15

Finale: den Schlusspunkt setzen

- Perspektiven aufzeigen
- Weiterdenken
- Prognose abgeben
- Hinweise auf Anschlussthemen
- Literaturhinweise, Adressen
- Meinungsbild (Statementrunde)
- keine „Danke" – Folien

16

Abschlussdiskussion: die letzte Klippe meistern

- Teilnehmer werden nochmals aktiv
- Feedback für den Vortragenden
- Möglichkeit des „Nachjustierens"
- abschließende Akzente setzen
- vorher schon eine Frage – Antwort – Atmosphäre aufbauen
- Reibungspunkte anbieten
- jetzt Handouts verteilen
- Zeit und Diskussionsleitung vorab klären
- „Hat noch irgendjemand irgendwelche Fragen?" (Killerphrasen vermeiden)
- Zuerst alle Fragen sammeln
- Vorsicht: Dialogfalle

17

Visualisierungsmöglichkeiten*

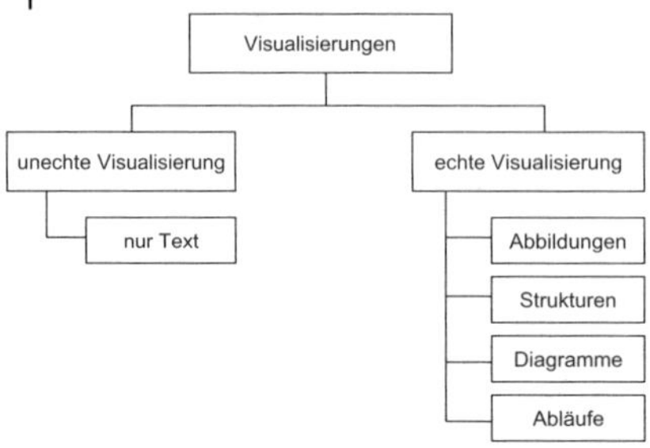

18

Visualisierung: Reize für Augenmenschen*

- Auge 84 %
- Ohr 11 %
- Geruch 3,5 %
- Tastsinn 1,5 %
- Geschmack 0,1 %

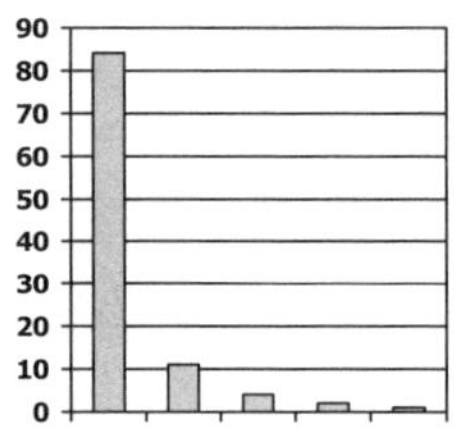

„Bild schlägt Ton"

19

Vorteile der Visualisierung

- Nutzt den dominanten visuellen Sinneskanal bei der Informationsaufnahme
- Spricht die unterschiedlichen Funktionsweisen der beiden Gehirnhälften an
- Verkürzt den Redeaufwand
- Liefert einen roten Faden für den Vortrag
- Setzt Schwerpunkte
- Verbessert die „Haftfähigkeit" der Information bei den Zuhörern

20

Bei der Visualisierung beachten

- Jede Information, die mehr als 3–5 Minuten in Anspruch nimmt, visualisieren
- Sie muss auch auf 5–8 Meter Entfernung noch wahrnehmbar sein
- Nur die Kerninformation visualisieren
- Sauber gliedern
- Nur Stichworte, keine ganzen Sätze verwenden
- Die grafische Qualität ist eher sekundär

Die Visualisierung hat die Funktion, den Präsentierenden zu unterstützen, der Präsentierende hat nicht die Funktion, die Visualisierung zu unterstützen …

21

Tageslichtprojektor

- **Vorteile**
  - Wiederholte Verwendung möglich
  - Einfach und schnell vorzubereiten
  - leicht als Handouts zu kopieren
  - fast überall vorhanden
  - auch bei großen Gruppen einsetzbar
  - Hülle als Stichwortmanuskript verwenden
- **Nachteile**
  - Folienschaufelei
  - Kurzfristmedium, nur während der Projektionsdauer sichtbar
  - Bindet Aufmerksamkeit stark an Projektionswand
  - Es ist immer nur eine Folie präsent

22

Flip-Charts

- **Vorteile**
  - Leicht zu transportieren
  - kein Strom nötig
  - gut vorzubereiten
  - Mehrfachverwendung
  - Dauermedium
  - leichte Handhabung
  - spontane Idee zu realisieren
  - Synchrone Betrachtung von mehreren Charts möglich
- **Nachteile**
  - Korrekturen nur schwer möglich
  - schlecht archivierbar
  - schlecht dokumentierbar
  - Umblättern kann stören
  - nur für kleinere Gruppen
  - kopieren von Bildern usw. nicht möglich

23

Metaplan-Tafel

- **Vorteile**
  - leicht zu ergänzen und umzusortieren
  - Abläufe/Vorgehensweisen/ Verfahrensschritte gut darstellbar
  - Gruppenergebnisse gut darstellbar
  - Dauermedium, laufend präsent
  - kann (inter-) aktiv gestaltet werden
- **Nachteile**
  - Spezielle Wände nötig Umgang mit dem Medium relativ schwierig
  - nur für kleine Gruppen geeignet
  - schwer dokumentierbar (nur über Fotos)

24

PC-Präsentationen

- **Vorteile**
  - leicht vorzubereiten
  - CD, Sticks leicht transportierbar
  - kann sofort verändert, ergänzt werden
  - Bewegte Bilder möglich
  - nahezu ständiger Blickkontakt
  - Simulationen möglich
  - schnelles Vor- und Rückblättern
  - leichtes Erstellen von Handouts
  - man kann eine Seite schrittweise aufbauen
- **Nachteile**
  - hohe technischer Aufwand
  - nicht alle System kompatibel
  - bei fremden Geräten Funktionsfähigkeit prüfen
  - Kenntnisse in speziellen Programmen nötig
  - oft alleiniges Medium
  - fast immer nur fertige Folien

25

5.9 Letzte Ratschläge für Ihren großen Auftritt

Bringen Sie rechtzeitig in Erfahrung, was Sie an Technik mitbringen müssen. Sprechen Sie mit dem zuständigen Mitarbeiter bei Ihrer IHK darüber. Oft ist es sogar möglich, den Prüfungsraum vorher in Augenschein zu nehmen. Sie wissen dann,

ob Sie eine Leinwand oder nur Rauhfasertapete erwartet, wo die nächste Steckdose sitzt und ob Sie ein Verlängerungskabel oder eine Mehrfachsteckdose benötigen.

Fertigen Sie Handouts zu Ihrer Präsentation an und verteilen Sie diese zu Beginn der Prüfung – vielleicht mit einem Folder, in dem Ihr Unternehmen, seine Produkte und Dienstleistungen dargestellt werden.

Umfangreiche Tabellen gehören nicht auf Folie, sondern auf Papier. Verteilen Sie diese während der Präsentation an die Ausschussmitglieder, aber im Gegensatz zu den Handouts erst, wenn Sie darauf zu sprechen kommen. Dies verschafft Ihnen nicht nur eine kleine Atempause, auch die Prüfer werden es Ihnen danken!

Burckhard Zicke

Halten Sie z. B. den Fragebogen einer Mitarbeiterbefragung zum Verteilen bereit. Im Prüfungsgespräch können Sie viel besser Rede und Antwort stehen, wenn den Prüfern dieser Bogen vorliegt. Das gilt auch für andere Ergebnisse, z. B. eine abgeschlossene Betriebsvereinbarung, ein neu eingeführtes Formular, einen Beurteilungsbogen usw.

Ihnen steht eine begrenzte Zeit zur materiellen Vorbereitung zur Verfügung, die nicht zur Prüfungszeit zählt. Nutzen Sie diese Zeit und legen Sie alle Materialien griffbereit in der richtigen Reihenfolge an ihrem „Arbeitsplatz" zurecht.

Prüfen Sie die Technik vor Ort. Vertrauen Sie nie darauf, dass der Overheadprojektor den richtigen Abstand zur Leinwand hat. Legen Sie die erste Folie auf, schalten Sie das Gerät ein und nehmen Sie das Ergebnis aus der Entfernung wahr.

Manche OHP dürfen währen der Präsentation nicht ausgeschaltet werden, da sie einige Zeit benötigen, um hochzufahren. Denken Sie auch daran, den Spiegel vorher hochzuklappen und machen Sie sich mit einem möglichen Lampenwechsel (Schalter oder Riegel) vertraut.

Legen Sie für die Pinwand ausreichend Nadeln griffbereit hin. Sorgen Sie für frisches Packpapier, wenn Sie Beschriftungen anbringen wollen.

Wenn Sie mit dem Beamer arbeiten, sorgen Sie dafür, dass die erste Folie aufgeblendet wird (Titelfolie). Nur so können Sie sicher sein, dass Sie am Anfang der Präsentation nicht noch Einstellungen am Laptop vornehmen müssen.

5.10 Fragen für das Prüfungsgespräch

Das Prüfungsgespräch findet unmittelbar im Anschluss an die Präsentation statt. Die Fragen ergeben sich also im wesentlich aus Ihrer Präsentation. Sie sollten sich in der Vorbereitung einen Katalog mit möglichen Fragen (und den Antworten!) erstellen.

Sollten Sie zusätzliche Folien vorbereitet, aber nicht eingesetzt haben: nehmen Sie diese zur Prüfung mit. Manche Fragen im Prüfungsgespräch lassen sich so viel besser beantworten und es spricht für Ihre gründliche Vorbereitung!

Seien sie gefasst auf Fragen zu Arbeits- und Sozialrecht – viele Themen haben eine arbeitsrechtliche Relevanz. Prägen Sie sich dazu die Gesetze und entsprechende Paragrafen ein! Dies gilt analog für Fragen nach Kosten und Nutzen für ihre Projekte und Maßnahmen!

Seien Sie selbstkritisch in Ihren Antworten. Wenn Sie eine Balanced Scorecard eingeführt haben und dafür nicht die nötige Resonanz und Akzeptanz bei Betriebsrat und Mitarbeitern gefunden haben, tragen Sie dies vor. Sie können nicht dafür bestraft werden, dass Ihr Ergebnis nicht den Erwartungen aller Mitarbeiter entspricht.

Wenn Sie Fehler bei einer Mitarbeiterbefragung gemacht haben, geben Sie dies ruhig zu und machen gleichzeitig einen Vorschlag, wie Sie es in Zukunft anders und besser machen würden.

Argumentieren Sie im Prüfungsgespräch, wie etwas in Ihrem Unternehmen gemacht wurde und nicht wie es im Lehrbuch steht. Wenn Sie sagen, dass Sie mit Ihrem Fragebogen zur Mitarbeiterzufriedenheit brauchbare Ergebnisse erzielt haben, kann Ihnen kein Prüfer das Gegenteil beweisen.

Wenn Sie nicht mit allen Aspekten der Präsentation selbst zu tun hatten, teilen Sie den Prüfern bei entsprechenden Fragen mit, dass Sie z. B. die Balance Scorecard zusammen mit anderen Kollegen in einer Projektgruppe erarbeitet oder die Mitarbeiterbefragung im Team durchgeführt haben.

Wenn Sie zum Ablauf Ihrer Präsentation oder zum Methodeneinsatz kritische Einwände hören, vermuten Sie nicht gleich das Schlimmste. Es ist den Prüfern häufig wichtig zu erfahren, warum Sie etwas so und nicht anders gemacht haben. Stehen Sie also zu Ihrer Präsentation – Sie haben lange genug dafür gearbeitet.

5.11 Beispielpräsentationen

Wir haben Ihnen einige Präsentationen von Teilnehmern im Handoutformat zur Verfügung gestellt. Dabei sind Hinweise auf die Unternehmen entfernt worden und das Layout ist vereinheitlich worden. Ferner konnten wir aus drucktechnischen Gründen keine Farben verwenden.

Wir haben uns auch bewusst jeder Visualisierung und Animation enthalten. Spätestens seit dem vorangestellten Abschnitt über wirksame Präsentationen wissen Sie um deren Bedeutung. Uns kam es darauf an, aufzuzeigen, wie

- die Themen inhaltlich bearbeitet wurden
- die Präsentation gegliedert ist
- die Schwerpunktsetzung ist.

Vielleicht haben wir aus Ihrer Sicht etwas zu viel der Verschlankung getan. Wir sind überzeugt, dass Ihnen diese Präsentationen dennoch eine Hilfe sind! Jeder Präsentation ist auch ein Katalog an Fragen zu dem Prüfungsgespräch angehängt. Wer will, kann sich also auch hierin noch üben!

Viel Erfolg!

Burckhard Zicke

5.12 Präsentation 1 – Vertrauensarbeitszeit

Vertrauensarbeitszeit

Leistungsorientierung
statt
Präsenzkontrolle

1

Ausgangssituation im Unternehmen

- Feste Arbeitszeiten
- Unterschiedliche Auslastung der Mitarbeiter
- Kurzfristige, teuere Übergangslösungen
- Hohe Mehrarbeitszuschläge
- Wettbewerbsprobleme

2

Ziele eines neuen Arbeitzeitmodells

- Entkopplung von Gehalts- und Arbeitszeit
- Wegfall der Mehrarbeitszuschläge
- Ökonomischer Arbeitseinsatz
- Reduzierung von Verwaltungskosten
- Steigerung der Attraktivität und Wettbewerbsfähigkeit

3

Was ist Vertrauensarbeitszeit

- Ein besonderes Arbeitszeitmodell
- Hohe Arbeitssouveränität des Mitarbeiters
- Aufgabenerfüllung ist die Messlatte
- Transparente Planung wird ermöglicht
- Vertrauen und Freiräume statt Anweisungen und Kontrolle

4

Voraussetzungen für die Einführung

- Vertrauenskultur im Unternehmen
- Einverständnis des Betriebsrates
- Management by Objektives
- Kompetente Führungskräfte
- Leistungsorientierte Vergütung
- Eigenverantwortliche Mitarbeiter

5

Vorteile für die Mitarbeiter?

- Eigene, flexible Arbeitszeitgestaltung
- Berücksichtigung individueller Bedürfnisse
- Partizipation bei Zielvereinbarungen
- Leistung wird belohnt
- Mehr Verantwortung im Unternehmen

6

Schwierigkeiten bei der Einführung

- Zusammenarbeit mit dem BR
  - Zustimmung gem. § 87, 1 Nr. 2 BetrVG
  - Überwachungsaufgaben nach § 80, 1 Nr. 1 BetrVG
  - Überprüfung der Mindestruhezeit nach § 5, 1 ArbZG
- Aufzeichnungspflicht gem. § 16, 2 ArbZG
- Überlastungssituationen bei den MA
- Widerstand bei autoritären Vorgesetzten
- Verschlechterung des Betriebsklimas

7

Problemlösung durch Vertrauenszeit?

- Stimmung im Unternehmen abklären
  - Mitarbeiterbefragung zur Vertrauensarbeitszeit
- Bei positiver Rückmeldung:
- Voraussetzungen prüfen
- Probleme offen diskutieren
- Probeweise Einführung
- Feedback auswerten

8

BAG – Urteil zur Vertrauensarbeitszeit

- Überwachungsaufgaben des BRates
  - Einhalten der ges. Bestimmungen § 80, 1 Nr. 1 BetrVG
  - Beachten der Ruhezeiten nach § 5, 1 ArbZG
- Arbeitgeberpflicht zur Aufzeichnung der Arbeitszeiten nach § 16, 2 ArbZG
- Auflage
  - Der AG hat seinen Betrieb so zu organisieren, dass die gesetzlichen und tariflichen Bestimmungen eingehalten werden

9

Beispiele für Fragen im Prüfungsgespräch

- In dem alten Modell mit festen Arbeitszeiten haben Sie als Nachteil die unterschiedliche Auslastung der Mitarbeiter als Nachteil herausgestellt. Was waren die Ursachen dafür?
- Inwiefern hatten Sie Wettbewerbsprobleme bei dem Modell mit festen Arbeitszeiten? Worin bestanden diese Probleme? Sind Sie wirklich ursächlich dem alten Arbeitszeitmodell zuzurechnen?
- Wer steuert den von Ihnen angesprochenen ökonomischen Arbeitseinsatz bei der Vertrauensarbeitszeit? Und wer kontrolliert, ob dieser wirklich ökonomisch ist?
- Sie haben unter anderem das Ziel einer Reduzierung von Verwaltungskosten im Auge. Welche Kosten entstehen bei der Implementierung der Vertrauensarbeitszeit? Haben Sie vorab eine Kosten-Nutzen-Analyse erstellt? Sind alle Kosten der Einführung und der Arbeit mit diesem Modell für Sie erfassbar und messbar?
- Sie weisen zu Recht darauf hin, dass auf beiden Seiten ein Vertrauen in der Anwendung dieses Modells vorhanden sein muss, dass im Unternehmen eine Vertrauenskultur vorhanden sein muss. Ist diese bereits vorhanden, mit anderen Worten, besitzen Ihre Mitarbeiter bereits die „Reife“, die notwendig für den Umgang mit diesem Modell ist?
- Welche „vertrauensbildenden Maßnahmen“ haben Sie vorgesehen?
- Vertrauen ist gut – Kontrolle ist besser! Welche Formen der Missbrauchskontrolle haben Sie vorgesehen?
- Voraussetzung für die Einführung von Vertrauenarbeitszeit ist bei Ihnen ein „Management by objectives“. Welche Möglichkeiten der Einwirkung haben Ihre Mitarbeiter in den Zielvereinbarungsgesprächen?
- Eine weitere Voraussetzung stellt für Sie die Einführung einer leistungsorientierten Vergütung dar – wahrscheinlich im Zusammenhang mit der Frage nach dem Grad der Zielerreichung. Welche Formen existieren in Ihrem Unternehmen?
- Wir vermuten, dass Sie nicht ohne Grund das BAG-Urteil zur Vertrauensarbeitszeit an den Schluss Ihrer Präsentation gestellt haben. Wie haben Sie die darin angesprochene Aufzeichnungspflicht nach § 16,2 ArbZG in Ihrem Unternehmen umgesetzt?

5.13 Präsentation 2 – Fehlzeitengespräche

Fehlzeitengespräche

Systematische Durchführung
als Instrument
eines konsequenten Fehlzeitenmanagements

1

Das Unternehmen

- mittelständisches Unternehmen im Elektronikbereich
- 150 Mitarbeiter, 30 Angestellte und 120 Arbeiter
- Kunden sind Industrieunternehmen in ganz Deutschland
- maßgeschneiderte Produkte von der Idee zur Serie
  - Projektmanagement
  - Beschaffung
  - Produktion
  - Reparaturservice

2

Fehlzeiten – IST-Zustand

- Ergebnisse im Vergleich der letzten beiden Jahre Anstieg insgesamt von 3,5 % auf 5,7 %!
  - Spitzenwerte im März und April 2007 mit 7,8%!
  - Besonders auffällige Abteilung Reparaturservice!
  - Auffällig hohe Kurzkrankheiten bei jüngeren MA!
    - häufig ohne Krankmeldung
    - häufige Arztbesuche während der Arbeitszeit
  - Relativ niedrige, aber lange Fehlzeiten bei älteren Mitarbeitern
    - immer mit Arbeitsunfähigkeitsbescheinigungen

3

Einstieg ins Fehlzeitenmanagement

- Definition der Größe „Krankenstand"
- Entwicklung des Krankenstandes in den letzten Jahren
- Arbeiten mit dem Kalendarium
- Verteilung der Fehlzeiten auf die Betriebsteile
- Entgeltfortzahlungskosten darstellen
- Sparbeträge dokumentieren bei Rückgang der Fehlzeiten
- Kritische Gruppen identifizieren (Alter, Geschlecht usw.)

4

Fehlzeitenmanagement – Instrumente

- Informelle Maßnahmen
- Disziplinarische Maßnahmen
- Belohnende Maßnahmen
- Betriebliche Gesundheitsförderungen Prävention
- Fehlzeiten- und Rückkehrergespräche

5

Folgen von Fehlzeiten im Unternehmen

- Mehrbelastung der Kollegen durch Überstunden schlechtes Betriebsklima
- Schwierigkeiten in der Urlaubsplanung/ Urlaubsverzicht
- Probleme mit der Personaleinsatzplanung
- Ersatz des fehlenden Personals
- Einarbeitung von Aushilfen
- Entgeltfortzahlung
- unzufriedene Kunden
- Qualitätsverlust

6

Stufenkonzept – Überblick

• **Stufe 1 – Begrüßungsgespräch** **„Schön, daß Sie wieder da sind!"**	• Mitarbeiter • direkter Vorgesetzter
• **Stufe 2 – Mitarbeitergespräch** **„Haben Sie schon gewußt, daß ... ?"**	• Mitarbeiter • direkter Vorgesetzter

7

Stufenkonzept – Überblick

• **Stufe 3 – Signalgespräch** **„Wir müssen darüber reden!"**	• Mitarbeiter • direkter Vorgesetzter • nächsthöherer Vorgesetzter
• **Stufe 4 – Personalgespräch** **„So wird es nicht weitergehen!"**	• Mitarbeiter • direkter Vorgesetzter • Vertreter des Personalwesens

8

Stufe 1 – Begrüßungsgespräch

„Schön, daß Sie wieder da sind!"

Information
- Was ist inzwischen in der Abteilung passiert?
- Was steht in den nächsten Stunden, Tagen an?

Befragung
- Wie geht es Ihnen?
- Sind Sie wieder voll einsatzfähig?
- Hat Ihre Krankheit mit dem Betrieb zu tun?

Ergebnis
- freundliche Atmosphäre
- alle freuen sich auf den „alten Kollegen"

9

Stufe 2 – Mitarbeitergespräch

„Haben Sie schon gewußt, daß ... ?"

Information
- Hinweis auf bisherige Fehlzeiten
- Was ist alles liegengeblieben?

Befragung
- Gibt es einen Zusammenhang mit der vorherigen Krankheit?
- Können wir etwas tun, um zu helfen?

Ergebnis
- freundliche, aber sachliche Atmosphäre
- Einsicht, daß Fehlen dem Arbeitsablauf schadet und Kollegen Mehrarbeit übernehmen müsse

10

Stufe 3 – Signalgespräch

„Wir müssen darüber reden!"

Information
- Hinweis auf Fehlzeitenstruktur
- Mehrbelastungs- und Kostensituation

Befragung
- Was unternehmen Sie gegen die Fehlzeiten?
- Werden Sie weiterbehandelt?

Ergebnis
- sachliche und bestimmte Atmosphäre
- letzte Chance vor massiveren Schritten

11

Stufe 4 – Personalgespräch

„So wird es nicht weitergehen!"

Information
- Stand der Fehlzeiten in den letzten Monaten/Jahren
- Keine Perspektive für weitere sinnvolle Zusammenarbeit
- Arbeitsverhältnis ist gefährdet

Befragung
- Sind Sie sich über die Folgen im klaren?
- Wollen Sie überhaupt noch für uns arbeiten?

Ergebnis
- es können unmittelbar danach Personalentscheidungen getroffen werden
- nur durch massive Veränderungen kann der MA die Kündigung abwenden

12

Beispiele für Fragen im Prüfungsgespräch

- Ein Anstieg der Fehlzeitenquote von 3,5 % auf 5,7 % innerhalb von 24 Monaten ist in der Tat aussergewöhnlich. Hat es in dieser Zeit gravierende Veränderungen in Ihrem Unternehmen gegeben, auf die Sie diesen Anstieg zurückführen können?
- Ihr Unternehmen arbeitet nicht saisonabhängig. Was sind Ihrer Meinung nach die Ursachen für die „Aussetzer“ in den Monaten März und April?
- Mit der Ermittlung des IST-Zustandes haben Sie ja schon den ersten Schritt in die richtige Richtung getan. Gibt es von der zeitlichen Lage der Fehlzeiten gesehen bereits ein auffälliges „Strickmuster“? Haben Sie eine Häufung bei Brückentagen oder im Zusammenhang mit Feiertagen feststellen können?
- Wie, in welchen Intervallen und wann erfassen Sie ihre Fehlzeiten?
- Sie wollen mit dem Kalendarium arbeiten, legen Sie dem Mitarbeiter im Gespräch auch dieses Kalenderblatt mit seinen Fehlzeiten vor? Welche Wirkung erhoffen Sie sich dadurch?
- Sie haben in der Liste Ihrer Instrumente auch betriebliche Gesundheitsförderungen als präventive Maßnahme vorgesehen. Was gehört im einzelnen dazu und wie findet diese Prävention statt?
- Sie wollen auch belohnende Maßnahme einsetzen. Wie sehen diese aus, handelt es sich um Anwesenheitsprämien? Wenn dies der Fall ist, welche Vor- und Nachteile können Ihnen bei der Gewährung von Anwesenheitsprämien entstehen?
- Welche Kosten entstehen Ihnen direkt und indirekt durch die Fehlzeiten?
- Auch die Schulung der Führungskräfte auf Rückkehrergespräche hin kostet Geld. Haben Sie Ihrer Geschäftsleitung einmal vorgerechnet, ob sich der Einsatz dieser Mittel auch in finanzieller Hinsicht lohnt?
- Wie gehen Sie mit Mitarbeitern um, die völlig uneinsichtig gegenüber den von ihnen zu vertretenden Fehlzeiten sind?
- Sie haben ein Vier-Stufen-Modell vorgeschlagen, hätten es nicht zwei Stufen auch getan?
- Gibt es schon messbare Erfolge, d. h. können Sie wirklich eine Reduzierung der Fehlzeiten feststellen, die ursächlich auf Ihr Fehlzeitenmanagement zurückzuführen ist?

5.14 Präsentation 3 – Personalentwicklung

Erstellung eines Konzeptes
und eines Strukturplans für die

Personalentwicklung

in einem mittelständischen
Unternehmen des Sonderfahrzeugsbaus

1

Unternehmensdarstellung

Firma	SOMAG GmbH Hannover
Gründung	1952
Branche	Nutzfahrzeugbau, Sonderfahrzeuge
Mitarbeiter	ca. 380
Produkte	– Fahrzeuge für die Abfallwirtschaft – Feuerwehrfahrzeuge – Fahrzeuge für Stadtreinigung und Kanalbau
Kunden	überwiegend Kommunen und Landkreise

2

IST-Zustand der Personalentwicklung

- keine eindeutige Zuordnung in der Organisation von PE-Massnahmen (Personalabteilung oder Fachabteilung)
- ungleiche Chancen für die Mitarbeiter zur Teilnahme an PE-Massnahmen
- es existiert so gut wie keine Erfolgskontrolle
- für Weiterbildungsanbieter existieren unterschiedliche Ansprechpartner im Betrieb

3

Burckhard Zicke

SOLL-Zustand der Personalentwicklung

- zentrale Organisation der gesamten Personalentwicklung über den Personalbereich
- jeder Mitarbeiter soll die Weiterbildung erhalten, die er für die Arbeit an seinem jetzigen oder künftigen Arbeitsplatz benötigt
- Erfolgskontrollen nach Durchführung einer PE-Maßnahme
- Einbindung der Personalentwicklung in das Personalcontrolling

4

Strukturplan für das PE-Konzept

Ermittlung des Bildungsbedarfs
⇩
Weiterleitung der Bedarfsmeldung an den Personalbereich
⇩
Zusammenstellung von Angeboten verschiedener Anbieter
⇩
Buchung und Organisation des Trainings durch PE
⇩
Transferkontrolle nach der WB

5

Information über die Abläufe

- Information der Geschäftsleitung über das neue Konzept
- Weiterleitung einer Kopien an den Betriebsrat (Berücksichtigung der §§ 96–98 BetrVG)
- Vorstellung durch den Bereichleiter Personal während des nächsten Führungskräftetrainings
- Veröffentlichung im Intranet
- Information der Mitarbeiter mit der nächsten Gehaltszahlung

6

Vorteile des neuen Konzepts

- alle Mitarbeiter bekommen die Chance zu einer Personalentwicklungsmaßnahme
- regelmäßige Anpassung an neue Technologien/Programme/Software/Know-how
- Kontrolle der Maßnahmen im Hinblick auf
  - Kosten
  - Nutzen
  - Erfolg
- Entlastung der Führungskräfte bei der Organisation der Qualifizierungen
- Nutzung von Rabatten bei den WB-Anbietern

7

Beispiele für Fragen in dem Prüfungsgespräch

- Sie sprechen von ungleichen Chancen der Mitarbeiter für Entwicklungsmassnahmen nach dem alten Modell. Wäre dies nicht ein Fall für ein Führungskräftetraining gewesen – etwa ein Workshop „Optimierung von Fördergesprächen"?
- Sie wollen eine Zentralisierung der gesamten Personalentwicklung erreichen? Welche Rolle spielen die Führungskräfte in diesem neuen Modell? Was ist deren Aufgabe?
- Gibt es nach wie vor Schnittstellen zwischen dem Personalbereich und den Vorgesetzten? Wer ermittelt z. B. den Bildungsbedarf in Ihrem neuen Konzept? Die Vorgesetzten? Sind die Führungskräfte dazu in der Lage?
- Mit welchen Methoden wollen Sie in Zukunft den Bildungsbedarf ermitteln?
- Bei der Personalentwicklung geht es einerseits um Bildung und Qualifizierung, andererseits um die bestmögliche individuelle Förderung der Mitarbeiter. Wie ermitteln Sie diese Bedürfnisse der Mitarbeiter?
- Ist in Zukunft der Personalbereich in der Lage, die Bedarfsmeldungen durch die Vorgesetzten inhaltlich zu bearbeiten?
- In der Personalentwicklung werden interne und externe PE-Maßnahmen durchgeführt. Welche Maßnahmen überwiegen bei Ihnen? Nach welchen Kriterien legen Sie fest, ob eine Maßnahme intern oder extern durchgeführt wird?
- In dem neuen Strukturplan sehen Sie im Anschluss an die Trainings auch Transferkontrollen vor. Sind dies die einzigen Formen einer Evaluation? Wie kontrollieren Sie den unmittelbaren Seminar- oder Trainingserfolg?
- Sie wollen ein Personalentwicklungscontrolling einführen. Wo setzt dieses Controlling an? Welche Teilbereiche sind Gegenstand dieses PE-Controllings?
- Wie erfassen Sie Kosten für Personalentwicklungsmassnahmen und welche Kostenstellen werden damit belastet?
- Wie verwirklichen Sie in dem neuen Konzept die Chancengleichheit im Hinblick auf PE-Maßnahmen, die Ihnen ja ein berechtigtes Anliegen ist?

5.15 Präsentation 4 – Potenzialanalysen

Ein Konzept zur

Einführung von

Potenzialanalysen

in eine bestehende

Personalentwicklung

in der Sparkasse Musterhausen

1

Die Sparkasse Musterhausen

- Regionale Sparkasse mit 86 Filialen
- ca. 1400 Mitarbeiter, davon
  - 23 MA im Personalbereich
  - 20 MA in der Personalentwicklung, d.h.
    - Ausbildung
    - Weiterbildung
    - Fördermaßnahmen
    - eigenes Trainingszentrum
- Personalentwicklung ist Profit-Center
- Zusammenarbeit mit Fachhochschulen und freien Trainern

2

Voraussetzungen für Potenzialanalysen

- Vorhandensein einer strategischen Unternehmensplanung (Leitbild)
- Quantitative und qualitative Personalbedarfsplanung
- Stellenbeschreibungen und Anforderungeprofile
- Mitarbeiterbeurteilungen
- Jahresmitarbeitergespräche
- Zielvereinbarungen

3

Die Situation in der PE der Sparkasse

- Eine potenzialorientierte Förderung der Mitarbeiter wurde in der Vergangenheit nicht praktiziert
  - Die Notwendigkeit ist den Führungskräften nicht bewusst
  - Es war kein konkreter Anlass vorhanden, sich mit dem Thema zu befassen
  - Die Führungskräfte waren mit der jährlichen Mitarbeiterbeurteilung „ausgelastet"
  - Es sind keine geeigneten Instrumente für eine Potenzialanalyse im Unternehmen vorhanden

4

Kritische Analyse der IST-Situation

- Die bevorstehende Umstrukturierung der Sparkasse erfordert eine Neubewertung der Fähigkeiten der Mitarbeiter
- Fehlende Stärken-Schwächen-Profile lassen keine strategische und individuelle PE zu
- keine Laufbahn- und Nachfolgeplanung wegen fehlender objektiver Einschätzungen der Eignung
- Gefahr der Abwanderung von MA wegen fehlender Entwicklungsperspektiven

5

Gründe für die Einführung

- Gewinnung von Informationen über das zukünftige Leistungsverhalten von Mitarbeitern
- Vermeidung von Fehlbesetzungen bei der anstehenden Restrukturierung der Sparkasse
- Förderung einer offenen Unternehmenskultur durch Transparenz von Personalentscheidungen
- Erhöhung der Identifikation der MA mit dem Unternehmen
- gezielte Personalentwicklung bei gleichzeitiger Kostenreduzierung

6

Methoden und Instrumente

- Potenzialbeurteilungen durch den Vorgesetzten als Teil der Fördergespräche
- Potenzialinterviews durch externe Fachkräfte
- Teilnahme an Assessment-Centern
- Beauftragung von ausgesuchten Mitarbeitern mit Sonderaufgaben
- on-the-job und near-the-job-Maßnahmen
- Selbsteinschätzungstest
- 360-Grad-Beurteilungen

7

Kritischer Ausblick

- MA werden auf vielfältige Art und Weise informiert
- Eine Befragung ergab eine hohe Akzeptanz bei den Mitarbeitern, jedoch
- eine deutlich niedrigere Akzeptanz bei Führungskräften
- Unterstützung durch Unternehmensberater und/ oder Fachhochschule ist nötig und zugesagt
- Das neue Instrument erfordert intensive Schulung

8

Beispiele für Fragen in dem Prüfungsgespräch

- Ihre Personalentwicklung haben Sie als Profit-Center ausgestaltet. Können Sie uns bitte schildern, aus welchen Gründen dies geschah? Ist die Personalentwicklung outgesourct worden oder nach wie vor ein Teilbetrieb innerhalb der Sparkasse?
- Sie stellen hohe Anforderungen an die Voraussetzungen für die Einführung von Potenzialanalysen. Welche davon sind bei Ihnen bereits realisiert?
- In welchen Bereichen der Sparkasse werden Zielvereinbarungsgespräche geführt? Auf welche Akzeptanz stossen diese Zielvereinbarungsgespräche bei den Mitarbeitern?
- Wenn doch bereits Beurteilungen und Jahresmitarbeitergespräch zum Repertoire Ihres Unternehmens gehören, warum sehen die Führungskräfte keine Notwendigkeit von Potenzialanalysen? Bedurfte es tatsächlich erst der Restrukturierungmassnahme?
- Welche Strukturveränderungen sollen durch diese Restrukturierungsmaßnahme erreicht werden?
- Sie haben alles an Methoden und Instrumenten zur Analyse der Mitarbeiterpotenziale angeführt, was gut und teuer ist. Welche Methoden sind denn bereits zum Einsatz gekommen? Mit welchem Erfolg?
- Gibt es Kosten-Nutzen-Überlegungen bei Ihnen, d. h. haben Sie sich Gedanken über die direkten und indirekten Kosten gemacht, die im Zusammenhang mit der Einführung von Potenzialanalysen entstehen? Wie werden diese Kosten verrechnet? Der Personalbereich ist ein Profit Center! Handelt es sich um Overheadkosten oder werden die Kosten spitz verrechnet?
- Womit erklären Sie sich die geringe Akzeptanz bei den Führungskräften, was die Einführung angeht? Kann es Ihrer Meinung nach sein, dass bei den Führungskräften so etwas wie eine „Belastungsgrenze" erreicht ist?
- Sie arbeiten mit einer Fachhochschule zusammen. Welche Unterstützung erhalten Sie von der Hochschule? Welchen Vorteil hat die Hochschule von der Zusammenarbeit?
- Sie schlagen als Analyseinstrument vor, die bisherigen Mitarbeiterbeurteilungen zu einer 360-Grad-Beurteilung „aufzubohren". Nun sind Beurteilungen nach ihrer eigenen Darstellung vergangenheitsorientiert. Welchen Nutzen versprechen Sie sich für die Potenzialanalysen?

Burckhard Zicke